Emilie und Theodor Fontane
Die Zuneigung ist etwas Rätselvolles

 aufbau

EMILIE UND THEODOR
FONTANE

DIE ZUNEIGUNG IST ETWAS RÄTSELVOLLES

Eine Ehe in Briefen

Herausgegeben
von Gotthard Erler

Mit 10 Abbildungen

ISBN 978-3-351-03717-8

Aufbau ist eine Marke der Aufbau Verlag GmbH & Co. KG

1. Auflage 2018
© Aufbau Verlag GmbH & Co. KG, Berlin 2018
Einbandgestaltung zero-media.net, München
Satz und Reproduktion LVD GmbH, Berlin
Druck und Binden Kösel, Krugzell
Printed in Germany

www.aufbau-verlag.de

I

ENDLICH VERHEIRATET, ABER SCHON WIEDER GETRENNT: EIN SOMMER IN LONDON UND LIEGNITZ (1852)

»[…] wie wohl thut mir Deine wiedergewonnene, geistige Elasticität, ach, mein Herzensmann, ich will *Alles*, *Alles* ohne Murren tragen, sehe ich doch jetzt schon, welche Erndte Dein Geist sammelt u. wie reich Du zurückkehren *mußt*!«

Emilie an Theodor Fontane, 10. April 1852

Emilie Rouanet-Kummer als Braut, Pastellbild von Th. Hillwig, 1848

Am 16. Oktober 1850 stehen der einunddreißigjährige Apotheker Theodor Fontane und die sechs Jahre jüngere Emilie Rouanet-Müller-Kummer in der Kirche der Berliner Klosterstraße vor dem Traualtar, und als der Pfarrer die Zeremonie abschließt, findet endlich die quälend lange Verlobungszeit ihr glückliches Ende. Mit der Kutsche fährt man quer durchs alte Berlin in die Bellevuestraße am Tiergarten, wo das gemütliche Lokal von »Georges« die kleine Gesellschaft erwartet. Die Türen des Gartensaals stehen weit offen, und draußen strahlt die Herbstsonne. Er habe viele hübsche Hochzeiten mitgemacht, aber keine hübschere als seine eigene, wird der Bräutigam später einmal bekennen. Und er kann ja tatsächlich zufrieden sein, denn seine temperamentvolle Emilie ist eine attraktive schwarzhaarige junge Frau, und sein Hochzeitsanzug ist vom Honorar für seinen ersten Gedichtband sogar schon bezahlt.

Was dem aufmerksamen heutigen Leser eventuell auffallen könnte, ist der vielteilige Name der Braut, der auf deren wahrlich »romanhafte Lebensgeschichte« hindeutet. Emilie ist nämlich als Tochter der Pfarrerswitwe Thérèse Müller, geborene Rouanet, zur Welt gekommen, und zwar 1824 in Dresden, »heimlich, zu keines Menschen Freude«. Die weitverzweigte Familie Rouanet – das Oberhaupt ist angesehener Stadtkämmerer in Beeskow – transferiert das unerwünschte Baby von einer Station zur nächsten, bis die Dreijährige über eine Anzeige in der »Vossischen Zeitung« von dem Berliner Globen- und Reliefkarten-Hersteller Karl Wilhelm Kummer adoptiert wird.

Kummer wohnt in der Burgstraße, an der Spree und neben dem Schloss. Und dort wächst die Kleine, von Kummers Dienstmädchen eher vernachlässigt als erzogen, ziemlich verwahrlost auf. Sie besucht zwar eine gute Schule, wirkt aber wie eine schmuddelige »Ziegenhirtin aus den Abruzzen«. Diesen Eindruck zumindest macht sie auf ihren Spielkameraden, den halbwüchsigen Apothekersohn Theodor Fontane aus Swinemünde, der seit 1833 im Haus nebenan bei seinem Onkel August lebt und in der Wallstraße in eine Gewerbeschule geht. Doch da führt eines guten Tages Philippine Fontane, Onkel Augusts Frau, eine ehemalige Schauspielerin, die Nachbarskinder zusammen und weckt deren Begeisterung für das Theater, das sie gemeinsam besuchen und zu Hause nachspielen. Diese Leidenschaft scheint die Kinder eng aneinander gebunden und für später geprägt zu haben: Fontane wird lange Zeit als prominenter Theaterkritiker arbeiten, und die vielgelobte Vorleserin Emilie blieb zeitlebens eine passionierte Theater- und Operngängerin.

Aber noch sind unsere Helden im Jugendalter und auf ganz anderen Pfaden. Fontane beginnt 1836 in der Apotheke »Zum Weißen Schwan« in der Spandauer Straße eine pharmazeutische Ausbildung und trifft seine Kinderfreundin wohl nur gelegentlich. 1839 wird sie konfirmiert und erfährt bei dieser Gelegenheit schmerzlich, dass sie gar nicht die leibhaftige Tochter des geliebten Vaters Kummer ist. Im Herbst dieses Jahres heiratet Rat Kummer zum dritten Mal, und das Ereignis soll für die kommende Partnerschaft von Emilie und Theodor von Bedeutung werden, denn Fontane schreibt für seine Freundin ein Huldigungsgedicht auf die neue Frau Kummer, und Emilie trägt es zum Polterabend in Dresden vor – ein erstes bescheidenes Vorspiel für die spätere künstlerisch-handwerkliche Kooperation.

Emilie hält sich in jenen Jahren meist bei Verwandten in Ludwigslust und Schwedt und vor allem bei ihrer mit dem Oberförster Triepcke verheirateten Mutter Thérèse in Liegnitz auf. Parallel dazu setzt Fontane seine Ausbildung unter anderem in Leipzig und Dresden fort, bevor er 1844 wieder in Berlin eintrifft, um seinen Militärdienst als »Einjährig-Freiwilliger« zu absolvieren. Der Kontakt zwischen den beiden scheint nie länger unterbrochen gewesen zu sein, und als Emilie auch wieder in Berlin auftaucht, konnte man, wie sich Fontane erinnert, »den alten Ton gleich wieder aufnehmen«. Dieser »Ton« scheint in ausgiebigen Briefen herzberührend und herzbewegend angeklungen zu sein, und die Buddelkasten-Beziehung wandelt sich in eine erotische Verbindung. Als Fontane am 2. September 1844 eine kurze Nachricht an Emilie formuliert, bemerkt er in einem PS über dieses »Normal Billet«: »endlich 'mal fünf Zeilen statt fünf Seiten. Ich nehme Gratulationen darauf an.« Erhalten ist freilich nichts davon.

Emilie hatte sich inzwischen sehr »verhübscht«, war eine begehrenswerte Zwanzigjährige geworden, die auch die Versproduktion ihres Freundes gern akzeptiert. Kurzum: man war sich einig, und am 8. Dezember 1845 verloben sich die beiden auf der Weidendammer Brücke in Berlin. Man kann den Weg des Paares an jenem Abend noch heute nachgehen: Emilie holt Theodor gegen 10 Uhr an der Polnischen Apotheke in der Friedrichstraße (wo er damals angestellt war) ab, sie überqueren die in idyllischer Ruhe dahinfließende Spree und biegen dann – nun verlobt – in die Oranienburger Straße ein, wo Emilie wohnt.

Nach dem Schock über den Vater, der nicht ihr Vater ist, nach der Heimatlosigkeit mit ständig wechselnden Aufenthaltsorten scheint sich nun an der Seite des jungen Apothekers ein sicherer Platz abzuzeichnen. Doch da der geliebte Theodor über keine eigene Offizin verfügt – Vater Fontane hat das bescheidene Vermögen der Familie mit Spiel und anderen Machenschaften längst durchgebracht – und da der Pharmazeut ohne eigenes Apothekengeschäft in der Werteordnung der Zeit nur als »Giftmischer« gilt, ist diese Hoffnung auf Sand gebaut, und Fontane verbringt die kommenden Jahre auf der Suche nach einer passenden Anstellung, die die Gründung einer Familie ermöglicht. Die Wartezeit wird sich über fünf Jahre hinziehen, schließt die Aufregungen der Revolutionszeit von 1848 ein, und Emilie befindet sich mehr als einmal am Rande der Verzweiflung.

Wir wissen nicht viel über das tatsächliche Verhältnis der Verlobten zueinander. Aber es gibt Hinweise, dass sie zeitweise in beträchtlicher Spannung gelebt, sich heftige Szenen geliefert und sich mit Eifersucht gequält haben. Ob Emilie von den Eskapaden Theodors in Dresden erfahren hat – er bekennt sich selber als Erzeuger zweier Kinder mit einer Unbekannten –, weiß man nicht; aber dass Emilie nach Fontanes Tod den gesamten Briefwechsel aus der Brautzeit – es muss ein höchst umfangreiches Konvolut gewesen sein – verbrannt hat, spricht dafür, dass sie um diese voreheliche Vaterschaft wusste und dafür gesorgt hat, dass die Affäre zum bestgehüteten Geheimnis der Fontane-Familie wurde.

Diese Dinge werden wohl auch künftig im Dunklen bleiben; die Version von Günter Grass in »Ein weites Feld« hat einiges für sich, ist aber erzählerische Fiktion. Immerhin haben wir die Briefe Emiliens an ihre Stiefmutter Bertha Kummer, in denen Emilie immer wieder ihre unverbrüchliche Liebe zu ihrem Theo bekundet.

Und endlich, man schreibt das Jahr 1850, kommt die Wende. Fontane wird, mit einem mickrigen Gehalt, im »Literarischen Cabinet« der preußischen Regierung angestellt, und es kann geheiratet werden. 1851 kommt das erste Kind zur Welt. Aber gleichzeitig wird freilich auch das »Cabinet« aufgelöst, und die junge Familie steht erst einmal mittellos da. Da kommt ein Auftrag der »Centralstelle für Preßangelegenheiten« zu rechter Zeit: Fontane soll nach London gehen und dort aktuelle Berichte für die »Preußische (Adler-)Zeitung« schreiben. Er nimmt das Angebot an, das freilich Trennung von Frau und Kind auf unbestimmte Zeit bedeutet, und reist im April 1852 über Köln, Aachen und Brüssel in die britische Hauptstadt. Was er dort für das Berliner Blatt schreibt, wird er 1854 in dem Band »Ein Sommer in London« zusammenfassen.

Emilie indessen, die unmittelbar nach der Abreise ihres Mannes von Hebamme Jung eine erneute Schwangerschaft bestätigt bekommt, empfindet die Trennung von ihrem »Herzens-Theo« als besonders schmerzlich. Um sich abzulenken und um aus den beengten Wohnverhältnissen in Berlin herauszukommen, reist sie mit dem kleinen George nach Liegnitz, wo sie sich im Hause ihrer leiblichen Mutter und deren Mann aufhält. Ende Juni ist sie wieder in Berlin und wird von den Briefen Fontanes, der ständig neue Pläne für die Zukunft präsentiert, in ein strapaziöses Wechselbad der Gefühle gestürzt. Am 2. September 1852 wird, in Abwesenheit des Vaters, Sohn Rudolph geboren, der jedoch am 15. September stirbt.

Als Fontanes Mutter (wohl 1846) ihre künftige Schwiegertochter kennengelernt hatte, sagte sie dem Sohn: ›Du hast Glück gehabt; sie hat genau *die* Eigenschaften, die für dich passen.‹ Die kluge Frau wird sogleich Emiliens kommunikative Fähigkeiten registriert haben, das Talent, auf andere zuzugehen und mit ihnen in Kontakt und Gespräch zu kommen. Und so wurden Theodor und Emilie (nach einer Formulierung in »Grete Minde«) ein »plaudrig Ehepaar«, das alle Aktualitäten in Familie und Freundeskreis, in Kunst und Gesellschaft gründlich durchzuhecheln pflegte. Diese Gewohnheit war der abendlichen »Papel-Stunde« vorbehalten oder – bei Abwesenheit eines Partners – der *Korrespondenz*.

Der alte Fontane, wie ihn die zeitgenössischen Porträts von Carl Breitbach, Hanns Fechner und Max Liebermann oder die

Fotos aus den Studios von Loescher & Petsch oder E. Bieber zeigen: der weise, gütige, sympathische alte Herr, präsentiert sich in den Briefen an seine Frau auch als der ständig gestresste, auf den Gelderwerb verpflichtete Autor, der sich in seinen Nöten oft ruppig und rechthaberisch-doktrinär geriert und nur selten den liebevollen Ehemann gibt, der von sich bekannt hat: »Egoistisch bin ich, aber nicht lieblos. Das ist ein großer, großer Unterschied.«

Die eigentliche Überraschung indes sind die Briefe von Emilie Fontane, die sich als starke Persönlichkeit, als die »passende« Frau an seiner Seite ein halbes Jahrhundert lang bewährt hatte. In den ausgiebigen Briefdebatten zwischen ihr und ihrem Mann, im freundlichen Gedankenaustausch, in der schroffen Auseinandersetzung, ja auch im heftigen Streit und der zärtlichen Versöhnung begegnet der heutige Leser der klugen, liebe- und verständnisvollen »Dichtersgattin«, die ihm den Alltag organisierte, die Arbeitsbedingungen sicherte und obendrein als kritische Lektorin und zuverlässige Abschreiberin in seinem »kleinen Romanschriftsteller-Laden« in der Potsdamer Straße unentbehrlich war.

THEODOR AN EMILIE FONTANE

Aachen d. 6<u>ten</u> April 52.
Dinstag.

Meine liebe Frau.

Ich schreibe einen Tag früher als verabredet, was Du mir wohl nicht übel nehmen wirst. Seit gestern Mittag 2 Uhr bin ich hier und habe einen Empfang gefunden, der an Herzlichkeit noch Eure Erwartungen, geschweige die meinigen übersteigt.

Doch laß mich hübsch nach Ordnung und Reihenfolge berichten. Die Reise bis Cöln ist eigentlich langweilig, oder richtiger die *Art* des Reisens ist es. Um sich darüber hinwegzusetzen, daß man an einer Fülle von interessanten Dingen vorbeifliegt, oder um lediglich die Schnelligkeit des Fortkommens zu preisen, dazu geht es doch noch nicht schnell genug. Man hat das Gefühl: nichts gesehn und sich strapazirt zu haben, wogegen man früher von seinen Reisestrapazen wenigstens eine Ausbeute hatte und in kommenden Zeiten nothwendig dahin kommen muß, wenn auch nichts zu sehn so doch wenigstens auch – nicht gequält zu werden.

Meine Reisegesellschaft war außergewöhnlich gut: 3 Leute mit denen sich reden ließ, dennoch macht' ich von diesem ihren Talent wenig Gebrauch, weil ich immer mehr dahinter komme, daß der bloße »gebildete Mensch« wenn er sonst nichts hat, eigentlich zu den ledernsten Geschöpfen Gottes zählt; – an jeder alten Bauerfrau, deren Friesrock 120 Falten schlägt, und deren Plattdeutsch man ebenso wenig versteht wie den Baustyl ihres Kopfputzes hat unsereins mehr Ausbeute, – mehr »Stoff« würde Lepel sagen. Das einzige gescheidte Wort was ich auf der ganzen Reise hörte, floß von den Lippen eines Berliners, der die Klagen eines Militair-Waisenhaus-Zöglings über die ewige Suppen-Esserei im Waisenhause mit der gewichtigen Bemerkung abschloß: »na, des weeß ich wol, wer de ollen Supfen erfunden hat, des is keen Bratenfreind nich jewesen!« Man kann nicht leugnen, daß diese Anschauung viel für sich hat.

Interessant sind einzelne Bahnhöfe: der Braunschweigische, der Hannöversche und der Düsseldorfer, besonders der erstre, obwohl er nicht ganz 3 mal so groß ist wie unser Hamburger in Berlin, was Witte zu behaupten für gut befand. Besonders aber erquickte mich die Fahrt durch Westphalen. Es war Sonntag, schönes klares Wetter, geputzte rothbäckige Menschen am Wege und auf den Bahnhöfen, der Himmel lachte und die Menschen auch, – es war sehr reizend und ich dachte mir, mit welcher Herzensfreude muß der König durch solche gesegneten Lande fahren, wo selbst das Leblose tausend Geschichten von Glück und Zufriedenheit erzählt und die ganze Landschaft zu Einem aufschaut wie ein Auge voll Liebe. Solch Anblick geht viel über Ehrenpforten und weißgekleidete Jungfraun.

Um 9 Uhr Abends war ich in Köln. Die Stadt ist scheußlich, der Dom das herrlichste, großartigste was ich überhaupt je gesehn. Wenn man den Kölner Dom sieht und noch in Zweifel ist ob dem griechischen oder gothischen Baustyl der Vorzug gebührt, so kann man meinetwegen ein guter Mann und sogar ein doctrinairer Kunstverständiger sein, aber ein Herz im Leibe hat man nicht: *das* weiß auf der Stelle wohin es sich zu wenden hat. »*Schönheit*« mag dort wie hier sein, aber solch Dom ist mehr als schön; ganz andre Kräfte die das Menschenherz bewegen, finden darin ihren Ausdruck. Es ist der Zug nach dem Höchsten, die Sehnsucht die über das Irdische hinausgeht, was diese »himmel anstrebenden« Dome schuf.

Begeb' ich mich vom Dome in's Hôtel. Es ist so, wie hundert andre. Beefsteaks, Kellner, abgerissene Klingel – alles wie bei uns zu Lande; nur von dem Bett muß ich Dir eine Beschreibung machen. Das Gestell groß, hoch und von einer Solidität der Bauart als sollten 6 Brautpaare wie König Gunther und Brunhilde ihr Beilager darin halten; dazu ein Deckbett von der Größe eines mäßigen Oreiller's, so daß ich mich gezwungen sah Schlafrock und Mantel als Hülfstruppen heranzuziehn. Half aber doch nichts, ich fror jämmerlich und laborire seitdem an Zahnweh, das ich auch hier nicht los werden dürfte, da mein Schlafzimmer kalt und ein Erscheinen in Filzschuhen, Shawl und andren Zierrathen meiner Gesundheitsnecessaires leider unangebracht ist. – Das Interessanteste in meinem Cölner Hôtel war das Water-Closet: es ist sehr eng darin und die Wand vor Einem befindet sich so nahe, daß man sie mit der Nasenspitze berühren kann. Diese zudringliche Nähe war von talentvollen jungen Malern, die sonst wohl die Mauern und Wände der Häuser mit gewissen mehr riesigen als naturgetreuen Abbildungen auszustaffiren pflegen, zu ähnlichen Kunstleistungen benutzt worden, die theils aus Bleistiftzeichnungen, theils aus dauerhaften tiefen Gravirungen bestanden. Mitten unter diesen lautren Schöpfungen der Phantasie und Laune befand sich, wie ein Professor im Bordell, die bekannte Figur des pythagoräischen Lehrsatzes, die mich vor Zeiten auf der Quartaner-Bank immer sehr traurig gestimmt, heute aber mein hellstes Lachen zur Folge hatte. […]

Nun noch ein Paar Worte mit und zu Dir, mein liebes süßes Herz. Wenn dieser Brief keine Liebes- und Sehnsuchtsversicherungen enthält, so suche die Gründe nicht anders als wo sie liegen. Ich darf ehrlich behaupten, daß ich vielfach in Worten und immer in Gedanken um Dich und unsren lieben kleinen Jungen bin. Des Morgens beim Baden bin ich immer bei Euch und selbst Nachts wenn ich aufwache, seh' ich Minen in bekannter Attitude an dem Drei-Handtücherplatz wie sie sich quält den schlafenden kleinen Fontane zu einer muntern Fontaine zu machen. Küsse mir das Kind und die gute Alte recht herzlich, Du aber schreibe bald (nach *hier*, der Brief wird mir nöthigenfalls nachgeschickt) Deinem

Theodor.

Emilie an Theodor Fontane

Berlin d 7. 4. 52.

Mein Herzens-Mann!

Es war 6 Uhr; sehnsüchtig erwartete ich Minen, die seit gestern vom Scheuerdeibel besessen, womöglich Kind u. mich bei Muttern wohnen ließ, da erschien sie Deinen Brief in der Hand. Das söhnte mich mit ihrem Zustand aus, ich konnte nun gleich unserer guten Alten Deinen lieben, lieben Brief mittheilen, der uns unendlich erfreute; habe tausend Dank mein Herz, er ist so ausführlich u. von so erfreulichen Stoff wie wir nur wünschen können u. die Hauptsache: zwei Tage früher in meinen Händen als ich rechnete. Deine Innigkeit am Schluß that mir wohl u. weh u. namentlich beim nochmaligen lesen hier zu Haus' that mir das Herz ein wenig weh.

Nun laß Dir erzählen mein Herz, meine kleinen Erlebniße. Ich bin so daran gewöhnt Dir jede Kleinigkeit mitzutheilen, daß ich Dir wo möglich schreiben möchte, der Zucker ist einen Sechser billiger u. der Glaser hat mir 4 Scheiben aus dem alten Glase über den alten Fritz, gemacht. Doch nun. Max brachte mich mit freundlichen Worten zu Hause, ich küßte unser Kind, schlief bald ein, träumte tolles Zeug u. um 6 Uhr weckte mich unser freundlicher George. Wenn er lacht verscheucht er meinen Kummer u. an dem Morgen war ich so gefaßt u. die Worte: »traun, wer nicht will von dannen gehen, der bringt sich selbst um's Wiedersehn, all Leid hat seine Freude« klangen mir tröstend in's Ohr, waren sie doch auch von meinem süßen Mann. Dann kam Mama, blieb bis gegen Mittag u. wir freuten uns noch der uns unverhofft geschenkten, angenehmen Stunden. Dann verzehrte ich meinen Eierkuchen u. als ich eben an Herrmann schrieb, erschien Lepel mit großer Liebenswürdigkeit auf ein Stündchen, dann Max, später die Müller, außergewöhnlich herzlich, so daß ich bis gegen 6 Uhr Besuch hatte. Da legte ich mich vorn auf's Sopha u. schlief wohl ein halbes Stündchen, aber als ich erwachte, da mußte ich trotz allen Zusammennehmens doch den eigentlichen Abschiedsschmerz durchmachen. Ich war so kreuzunglücklich, so riesenhaft lange kam mir die Trennungszeit vor, ich mir so erbärmlich u. verlassen, daß ich es nicht fassen konnte, wie ich in Etwas so Ungeheures willigen können. Endlich als ich nach 8 Uhr, erschöpft, ermüdet u. eiskalt zur Besinnung kam, beruhigte ich mich in dem Gedanken: Du könntest ihn ja für immer verloren haben u. auch das müßtest Du tragen u. ich bat Gott flehentlich »bewahre mich vor dieser Prüfung, u. ruhig ohne Murren, will ich die Trennung sie sei noch so lange, ertragen aber ein Wiedersehn!![«]

Montag, Waschtag, Mutterchen kam schon früh. Nachmittag Besorgungen gemacht, mich abonnirt u. Fanny Lewald's Buch über England, gehohlt. Sehr weitschweifig, sehr merklich daß es von Frauenhand geschrieben, aber doch höchst interreßant für mich, da sie viel mehr lobt wie tadelt u. Vieles so beschreibt, wie, findest Du es eben so, Dir angenehm sein wird. – Während meiner Abwesenheit war der Commerzienrath bei uns gewesen u. ließ mir durch Witten mittheilen, Vater hätte wegen 200 ℞ an ihn geschrieben, die er ihm auch geben würde, aber die 60 ℭ für Dich, möchte er nicht gern außer Händen geben u. mich daher fragen, wohin sie Dir schicken – Ich werde nun Morgen hingehen u. danken, ihn um Rath fragen, wegen eines Banquiers u. namentlich erfahren, auf welche Weise Papa den Borg noch möglich gemacht u ob Sommerfeld dennoch unterschrieben – Da mir es gestern u. heut unmöglich war hinzugehen, so war Max gestern da, ob er ihn getroffen, weiß ich nicht, da er heut früh nach Letschin abgereist ist. – Dann ist noch ein Brief vom Dr Jung aus Königsberg an Dich gelangt, nebst Einlage an Dunker u. Varnhagen; ein so liebenswürdiger aber auch so trostloser Brief an Dich, daß ich weinen mußte; er dankt für Deine Bemühungen u. bittet Dich flehentlich damit fortzufahren; mit Tag u. Nacht steigender Unruhe erwartet er das Honorar, seine Frau ist krank, Unglücksfälle aller Art überschütteten ihn u. er schließ[t] damit: es sei etwas unglückseliges ein deutscher Schriftsteller zu sein. Wie groß muß das Elend dieses Mannes sein, daß er so einem Fremden schreibt! Ach Theo, erst beim Unglück Anderer, sehe ich immer dankend gen Himmel. – Ich werde nun antworten, denn auch Dunker schickte heut eine abschlägige Antwort, werde durch Witten noch Bath die Sache anbieten u. dann mit ausgesuchter Herzlichkeit u. Theilnahme ihm schreiben u. Deine Abreise mittheilen – Mehr können wir Arme ja nicht für unsere Mitleidenden thun. – Gestern u. heut von früh an bei Mutterchen; der Kleine sehr, sehr liebenswürdig, der Husten nur noch unbedeutend. Diese Zeilen habe ich an seiner Wiege, beim Schein der Küchenlampe geschrieben. Eben schlägt es 9 Uhr, vielleicht geht mein Brief noch mit. Den lieben Aachnern tausend Grüße, sage ihnen, die Dir wiederfahrene, freundliche Aufnahme von ihnen sehe ich für eine gute Vorbedeutung Deiner Reise an. Die Alte küßt Dich herzlich. George sieht ganz ernst aus, wenn ich frage: wo ist Papa? Witte grüßt, den Stoß vom Eisenbahnhof habe ich ihm noch nicht beigebracht. Lebewohl mein einziges, mein bestes Herz, meine treusten Wünsche geleiten Dich unabläßig.

Deine Emilie.

EMILIE AN THEODOR FONTANE

[Berlin,] d 10.4.52.
Geliebter Mann.

Mir ist heut so entsetzlich bange, daß ich, obgleich ich nicht eimal weiß wo meine Gedanken Dich suchen sollen, doch einige Worte an Dich richten muß. Seit gestern weiß ich durch die Jung mein Schicksal u. da ich Dir Nichts vor lamentiren will, so will ich Dir nicht beschreiben, wie mir seit dem zu Muthe ist. Aber ich bin trostlos! Mutter F. war Gott sei Dank mit mir u. hörte die Entdekkung mit an u. konnte mich in eine Droschke packen, wo ich denn im Fieber zu Hause kam. Ach zu Hause, ich habe nicht mehr zu Hause, denn Du mein Leben fehlst ja. Doch still, vernünftig, ich habe gelobt ruhig u. ergeben Alles zu ertragen, vielleicht endet dann die Prüfungszeit. Ich wollte Dir erst nichts schreiben, aber das hätte ich doch nicht über's Herz gebracht. Ich verspreche Dir, in meiner übergroßen Liebe zu Dir, daß ich *Alles* hier ohne Dich durch machen will u. daß Du meinetwegen nicht zurückkommen sollst, wenn Du irgendwie ein bischen Glück zu erfassen meinst, aber mein süßes Herz, gieb auch mir nun das Recht, mich ohne sündhaft zu sein, unglücklich zu nennen. Ich habe noch nicht Glauben u. Ergebung genug, um still zu dulden. Doch nun »Gute Nacht« ich lamentire doch. Unser Junge schläft süß, ach, könnte ich es auch. […] Nun genug mein Herzensmann, der Brief soll noch rechtzeitig zur Post. Bekümmere Dich nicht zu sehr meinetwegen, ich werde schon nach u. nach wieder in Schick kommen, nur das

würde mir am schwersten zu tragen sein, wenn ich erfahren müßte, Dir ginge es schlecht. Mit dem herzinnigsten Kuß wie immer
Deine Emilie.

Theodor an Emilie Fontane

Brüssel. d. 17*ten* April 52.
Sonnabend.

Meine liebe, arme Herzens-Frau.

Vorgestern früh verließ ich Aachen; Jung-Heinrich (von dem Schwester Benedicta sagt: »der Heinrich, nit wahr, der ist was Gutes«) in meiner Gesellschaft. Das Erste was wir im Coupé hörten waren französische Worte: »pas pleurer!« rief ein blaukittliger Wallone, der mit seinen rußigen Eisenarbeiterhänden unaufhörlich bemüht war sein blasses weinendes Kind zu beschwichtigen. – Wir kamen nach Verviers; Douaniers durchwühlten meinen Koffer, 5 Minuten lang war ich in scheußlicher Gefahr meine eignen, *neugebundnen* Werke hoch versteuern zu müssen, mein Französisch litt Schiffbruch, dumm und verlegen stand ich da, – endlich klang eine leidliche Grobheit von den beschnauzbarteten Lippen und ich war blamirt aber – gerettet. »Pas pleurer![«] dacht' ich und weiter ging es nach Lüttich. – Lüttich – wenn es noch keinen Beinamen hat – würd' ich die Leierkastenstadt nennen, überall Lahme und Blinde, und rechts und links flötentönige Sehnsuchtswalzer. Es war sehr heimathlich, und mit dem Gedanken an die Heimath kam ein flüchtiges Heimweh, mais »pas pleurer« dacht' ich, und weiter ging es nach Löwen. Im Hôtel de la Cour du Mons ist gutes Nachtquartier; erquickt stand ich auf und sah durchs offne Fenster zum blauen lachenden Himmel hinauf und dann hinab in den grünen lachenden Garten. Eine junge Frau in niederländischer Tracht, ihr Morgenhäubchen coquett auf dem Kopf balancirend, stand unter einem blühenden Aprikosenbaum und lachte ihren bärtigen, rothbackigen Hausherrn an, der ihr mit der Hand, streichelnd und schmeichelnd, über den krausen Scheitel fuhr. Ich sah's, – mais »pas pleurer!« und weiter ging es nach Brüssel. – Das Coupé war ein Nationen-Congreß: deutsch, niederländisch, französisch, englisch klang es mal hier mal dort aber ich hatte wenig Ohr dafür, ich sah ein freundliches, unsrem kleinen George in Wahrheit ähnliches Kind an, das auf dem Schooß der Bonne schlief, – ich dachte dies und das, mais »pas pleurer!«. – Heute früh erhielt ich Deinen lieben Brief (für den ich Dir danke soviel Schweres er auch enthielt) und setzte mich, nachdem ich mit einem Armsündergesicht 2 Stunden lang an Heinrichs Seite umhergewankt war, auf eine sonnenbeschienene Bank des Parks um Deine lieben, traurigen Zeilen noch einmal durchzulesen. Ich las und weinte; mais »pas pleurer!« klang mir's wieder im Ohr und ich athmete auf und schritt weiter. –

Mein liebes armes Herz was soll ich Dir für Trost sagen! ich habe selber nicht viel, und Du weißt ich kann nichts sprechen und schreiben was mir nicht von Herzen geht. Ich kann Dir nur zurufen, was ich Dir schon so oft zugerufen habe: »laß uns mit Ergebung tragen, was der Himmel über uns verhängt.« Wir sind beide nicht vom christlichen Märtyrergeschlecht und werden es schwerlich zur *Freudigkeit* des Leidens bringen, aber laß uns wenigstens *Fassung* darin finden, daß wir nichts andres tragen als was uns bestimmt ist und von Anfang an bestimmt war. Uebrigens sollst Du nicht *alles* ohne mich durchmachen: entweder – und das gebe Gott – hab' ich die große Freude Dich schon im Sommer zu mir zu rufen, oder ich verlasse London zu Ende August und steh' Dir in der schweren Zeit, so gut ich's kann, zur Seite. Vorläufig ist mir Deine Reise nach Liegnitz ein großer Trost; Du wirst da manches thun und hören müssen was Dir nicht gefällt, im großen Ganzen aber wird man Dir mit wahrer herzlicher Liebe begegnen und das bleibt auf die Dauer doch das Beste. –

Ich wende mich jetzt zu Einzelheiten Deines Briefes. Daß Du mal wieder mit der Menschheit zürnst und mir schreibst: »keine Katze habe sich um Dich gekümmert« scheint mir ungerecht zu sein. Ich glaube wir haben beide den Fehler: von den Menschen mehr zu verlangen als wir verlangen dürfen und namentlich mehr, *als wir ihnen bieten.* Wir haben diesen Fehler nicht von Natur, aber durch die Umstände und Verhältnisse, die uns gereizt und als Folge davon ungerecht gemacht haben. Lepel ist 2 mal bei Dir gewesen, Frau Müller hat Dich besucht, über die Liebenswürdigkeit Günther's und der Frau Dr Hahn schreibst Du mir ein Längres, Mutter Fontane ist Dein täglicher Schutz, sobald Du ihn beanspruchst und doch »keine Katze …!« Das Einzige was mich wundert, ist das Ausbleiben der Frau v. Merckel; von *andrer* Seite her konntest Du wohl kaum eine wahre Theilnahme erwarten. Heyse's und Kugler's haben mit sich selbst zu thun: die einen sind verstimmt und krank, die andern hundertfach in Anspruch genommen, da bleibt keine Muße zu einer Pilgerfahrt in die Luisenstraße. Und noch eins! Dir wird die Zeit jetzt lang: als Du schriebst waren erst 11 Tage vergangen, und wie oft haben wir wochenlang allein gesessen! wer hat mich besucht als ich Ende vorigen Jahrs krank und niedergeschlagen die Tage abwickelte?! Die Menschen lieben nur das Glück, den Glanz und die lachenden Gesichter, und zuletzt – wer will es ihnen verargen?! –

Was Du mir über unser Kind schreibst, ist mir allemal eine große, große Freude. Fahre ja damit fort, und gebe Gott, daß es immer so Frohes ist wie bisher. Küsse mir den kleinen Kerl recht recht herzlich und erzähl ihm viel von mir, damit er mich nicht vergißt. –

Laß uns nicht klagen! Denke an den armen Alex: Jung von dem Du mir in Deinem ersten Briefe, – und an Rudolph Scherz, von dem Du mir gestern schriebst. Das Bild der jungen Frau, die so frische rothe Backen hatte, steht mir seitdem immer vor der

Seele; ach, wir müssen alle harte Nüsse knacken, der eine heut, der andre morgen, das ist der ganze Unterschied. –

Ueber meine Reiseerlebnisse und das Hundertfache, was ich in Lüttich, Löwen und Brüssel gesehn und bewundert habe, kann ich mich heut nicht auslassen, mein Brief würde sonst endlos werden, man reist ohnehin um zu *sehn* und nicht um zu *schreiben*. Zwei Briefe kosten einen Tag und ein Tag kostet viel Geld. Nur mit einzelnen Bemerkungen, die sich mir aufgedrängt haben, will ich nicht zurückhalten. Es ist mindestens ein Fingerzeig, daß die mittelalterliche Kunst und Cultur nirgends herrlicher geblüht hat, als in den Bürgerrepubliken der lombardischen und flandrischen Städte, die trotz kaiserlicher Oberhoheit ächte Republiken waren und selbst den Arm und die Macht eines Barbarossa oder fünften Karl nicht scheuten, wenn es galt für ihr Recht und ihre Freiheit einzustehn. Wie sind wir zurückgekommen! Das waren die noblen Tage der *Selbst*-Regierung, wonach wir jetzt schrein und wozu wir nicht mehr und nicht weniger mit bringen als – nichts. Die Bürger von damals dachten und thaten alles selbst, für unsre feisten Bourgeois' muß gedacht und gethan werden: der Götze der Bequemlichkeit hat den Gott der Freiheit in den Staub getreten. – Das Mittelalter! man nennt es eine *dunkle* Zeit, man spricht von Beschränktheit, und der liebe Pharisäer »Gegenwart« schlägt an seine Brust und spricht: »ich danke dir Gott, daß ich nicht bin wie jene Zeit des Aberglaubens und der Intoleranz.« Mag sein! aber das Zeitalter der Hexenprozesse hatte viel Licht neben seinem Schatten und mit der rohen Ueberkraft ist uns die Kraft überhaupt verloren gegangen. Mit den Flammen des Scheiterhaufens sind große Tugenden erloschen, und es drängt sich mir auf, als bedürfe die Menschennatur der *Beschränkung* um das Vollmaaß ihrer Kraft zur Erscheinung zu bringen und als wäre *Erweitrung* des Gesichtskreises gleichbedeutend mit Schwächung und aller Misère die sich daran knüpft. Wir bedürfen eines kleinen Kreises um groß zu sein, und sind klein wenn wir die Welt umfassen wollen; unser Geist der Sonnenbahnen berechnet, reicht doch wiederum nicht weiter wie unsre Arme und wer es leugnet überschätzt sich, und wer sich überschätzt ist – klein. – Den höchsten Anlauf (um auf etwas andres überzugehn) nahm die Menschennatur als sie einen gothischen Dom in seiner Vollendung *dachte*; aber er ist ein Ideal geblieben und mit Recht, denn das Vollendete muß unvollendet bleiben. *Die fertigen gothischen Dome sind nicht vollendet, und die vollendeten sind nicht fertig.* – […]

Nun leb mir wohl, küsse den Kleinen u. die Mama, grüße Max u. die Freunde, besonders den guten Lepel und schreibe bald (poste restante nach Gent) Deinem

Theodor.

Den einliegenden Brief an Quehl steck' in ein Frei-Couvert und gieb ihn zur Post. – Nochmals, leb recht recht wohl! Dein

Theodor.

Emilie an Theodor Fontane

Liegnitz d 4. 5. 52.

Mein Herzens-Mann,

So eben erhielt ich durch Mutterchen Deinen lieben Brief u. da Mutter zum Kaffee u. Großpapa spatzieren gegangen ist, so habe ich nichts eiligeres zu thun, als endlich eimal wieder mit Dir zu plaudern, Du mein Herzens-Leben! Vor allen wünsche ich sehnlichst *andere* Nachrichten von Dir zu erhalten, Dein heutiger Brief hat mich ganz aus meiner mühsam errungenen Fassung gebracht, pflege Dich nur u. denke 50 ℔ mehr oder weniger verbraucht, macht Nichts aus, u. erhalte uns Deine so kostbare Gesundheit, bedenke daß schon wieder ein Wesen mehr auf Dich Anspruch zu machen hat. Ich hoffe auch daß es Dir mit der Zeit besser behagen wird, so wie damals konnte es *jetzt* nicht sein, da warst Du frei wie der Vogel u. jetzt, wenn Dich auch die Liebe fesselt, so bist Du eben gefesselt. Unter den Empfehlungen die Du hast, werden schon einige angenehme Bekanntschaften sein u. solltest [!] es Dir garnicht behaglich werden, so wirst Du später um so mehr die Heimath mit ihren Schwächen schätzen u. Du hast den Gewinn: geprüft zu haben u. das Beste erwählen zu können. Vor allen Dingen mein Herz iß ordentlich, Du glaubst nicht wie unbehaglich mir Deine geschilderte Lebensweise vorkommt. Ach, mit welcher Herzensfreude will ich wieder für Dich sorgen, kochen u. plätten u. baden, selbst wenn das zweite Würmchen da ist. Unser Georg, könnte ich ihn Dir nur eimal zeigen, ist seit der Reise wie umgewandelt, zu jedem alten, schmutzigen Weibe geht er, lacht u. schäckert immer u. bekommt ordentlich rothe Backen; er schläft gut u. ist ganz reinlich; auf seiner Peitsche pfeift er wie ein Großer u. allgemein ist man hier erstaunt über ein solches Päpelkind. Fels, der mit Frau u. Kinder am 29ten (Großpapa's Geburtstag) hier war, fand ihn sehr weit für sein Alter u. Alle hatten sich ein kleines, mickriges Dingelchen vorgestellt, Marie sagt selbst, ihre Kinder wären kaum mit anderthalb Jahren so weit gewesen. Dein Bild küßt er früh u. Abends, Du kannst denken wie rührend mir das ist; frage ich »wo ist der liebe Papa?« so klatscht er in die Hände, zeigt nach dem Bilde u. sagt: ta, ta! Johanna ist glückselig über ihren Patchen, strickt u. arbeitet für ihn, ach, hätte ich diese Freundin in Berlin. Karoline ist die alte, treue Seele, voller Liebe zu mir, sie spielt in der Lotterie, daß sie Dir von dem Gewinnst eine Apotheke kaufen kann. Uebrigens kennt sie durch Mutter das wahre Verhältniß, in welchem wir stehen, was mir sehr lieb ist. Mir könnte es hier sehr gut gehen, denn die Eltern sind liebevoller denn je, Großvater kriegt mit Georg in der Stube umher, möchte mich womöglich mit Wein baden u. Mutter u. Karoline sinnen nur immer was ich gern esse, aber leider bin ich so lange ich hier bin krank, muß viel liegen, habe einen greulichen Husten u. fast immer Fieber, es wird wohl die Grippe sein. Bei diesem körperlichen Uebelbefinden leidet wie Du weißt, mein Gemüth stets mit; die Anspannung die die Reise mit ihren Vorbereitungen mir gab, hat nachgelassen u. wenn ich nicht zum Glück der Großeltern wegen mich zusammen nehmen müßte würde ich wieder mal mein trübstes Gesicht zeigen. Ich gehe schon immer vor 9 Uhr zu Bett, länger kann ich nicht aushalten, dann, beim ausziehen, beim Schein der Nachtlampe schnürt oft die Sehnsucht nach Dir meine Brust zusammen u. ich könnte laut aufschreien. Dann knie ich an Georg's Wiege nieder u. wenn ich das liebe Gesichtchen sehe, rosig vom Schlaf u. friedlich wie nur ein Kind athmen kann, dann bitte ich wohl jedesmal Gott mit Thränen »führe uns wieder glücklich zusammen« aber ich fühle auch daß Du mein Leben noch mehr entbehrst denn ich, die ich mich an *unserem* Kinde erfreuen kann; hier findet man zu meiner Freude allgemein daß er Aehnlichkeit mit Dir hat, nun Dein heitres, liebes Gemüth besitzt er gewiß.

[…] Nun muß ich schließen, da ich noch einige Zeilen an Max schreiben will, u. es ist bereits 6 Uhr. Gott schütze Dich, meine Lebens-Freude, gieb bald erfreuliche Nachricht. Alles grüßt u. ich küsse Dich mit größter Zärtlichkeit

Deine treue Frau Emilie.

Theodor an Emilie Fontane

[London]
1. Tavistock Square
Montag d. 6^(ten) Septemb. 52.

Meine liebe süße gute Mila.

Also mit Gott N° 2, und wieder ein Junge! Wäre der Witz nicht zu alt, so würd ich von dem 7ten sprechen, zu dem wir auf gut-preußisch den König zu Gevatter bitten wollen. Aber auf meine Prophetengabe thu ich mir nun wieder was zu gute und die gedruckte Scharte wegen Louis Napoleon (»er ist es nicht«) ist einigermaßen ausgewetzt.

Daß Du vor- und nachher wie mir die Mama schreibt wieder hast wacker aushalten müssen, erfüllt mich mit aufrichtiger Betrübniß; ich dachte eigentlich Du hättest Dein Schmerzens-Pensum das vorige Mal abgearbeitet und erwartete mit ziemlicher Bestimmtheit: es würde diesmal Kinderspiel sein.

Daß der »Wurm« mir ähnlich sein soll, ist wohl nur so, zur Erhöhung der Vaterfreuden, auf gut Glück mit in die Wagschale geschmissen. Ist's aber wirklich so, so wirst Du schließlich eifersüchtig werden, daß die Natur mehr mit meinem Bilde als mit dem Deinigen zu stempeln scheint. Vielleicht wächst er sich in das Rouanet'sche Gesicht hinein, wie George – der anfänglich Dir täuschend ähnlich sah – in das Fontane'sche.

Laß Dir nur bei Deiner Pflege nichts abgehn und nehmt, wenn's noth thut, eine Wartefrau. Sage nicht: »der hat immer gut reden; – wo es her nehmen u. s. w.« ist so viel Geld in die Fichten gegangen, kann es wahrhaftig auf 5 gepumpte Thaler mehr oder weniger nicht ankommen. Für gute Suppen hoff' ich wird man vor dem Potsdamer Thore und unten in der Wilhelmsstraße Sorge tragen. Um die Theilnehmerschaft daran komm ich nun diesmal.

Wenn Dich diese Zeilen erreichen wird gerade der 9te Tag sein; gebe der Himmel, daß Du diese Krisis wie jede andre glücklich hinter Dich bringst. Sobald es der D^{r} erlaubt – *aber auch sicherlich nicht eher* –, erwart' ich ein Paar Zeilen von Dir, worauf ich, wie Du Dir denken magst, nicht wenig begierig bin. Wirst Du diesmal nähren? Die Mama schreibt nichts darüber. Angegriffen wie Du bist, wird Dir's am Ende auch diesmal untersagt werden. Nur, wenn ich bitten darf, keine schlimmen Brüste wieder.

Lebwohl, mein gutes altes Thier, küsse den Großen (der hoffentlich wieder auf den Beinen ist) und den Kleinen und versprich jedem eine Zuckerdüte im Namen Deines etwas auf Kohlen sitzenden

Theodor.

Theodor an Emilie Fontane

Brighton 16ten Septemb. 52.
(12. Charlotte Street)
Donnerstag.

(Dieser Brief ist zunächst nur von *Emilien selbst* oder sonst *gar nicht* zu lesen.)

Meine liebe, gute Herzens-Mila.

Von englischem Boden aus vermuthlich die letzten Zeilen! Möchten die freundlichen Umgebungen unter denen ich sie schreibe eine gute Vorbedeutung sein und möchte Deine Seele – das ist der mir zunächst liegende Wunsch – in *diesem* Augenblick wenigstens so harmonisch gestimmt sein wie die meinige. Leider darf ich mich dieser Hoffnung nicht unbedingt in die Arme werfen: Du leidest wieder, siehst Dich abermals um einen Deiner innigsten und natürlichsten Wünsche gebracht, siehst den Jüngsten nicht recht vorwärts und den Aeltesten sogar rückwärts kommen – wo soll die Seele da Harmonie und Genüge finden!

Zunächst indeß zu Deinem Briefe. Vorerst laß Dir sagen, daß ich eine herzinnige Freude hatte, als ich Deine Handschrift auf dem Couvert erkannte; leider wurde sie durch viele Einzelnheiten Deines Briefes wieder gedämpft, so daß vom Guten fast nichts übrig blieb als Wilms, die Freundlichkeit einzelner lieber Leute (die die Lieblosigkeit Andrer mehr lächerlich als ärgerlich erscheinen lassen) und vor allem die gute Nachricht über Jenny. Ich bin sicher, Du wirst sie nach *dem*, was das arme Wurm das vorige Mal durchzumachen hatte, diesmal um ihr bessres Glück nicht beneiden.

Du wirfst mir vor, mein erster Brief nach Deiner Entbindung sei nüchtern gewesen, und – während ich diese Zeilen schreibe – verurtheilst Du gewiß den zweiten noch mehr. Ich muß mir das nicht nur gefallen lassen, ich muß sogar zugeben Du hast Recht und ich fühlte selbst so was. Aber ich bitte Dich inständigst das nicht meinem Herzen und meiner vielverschrienen Liebe-Unfähigkeit in Rechnung zu stellen. Ich habe mich genau nach der Ursach gefragt und ich kann lächerlicherweise keine andre finden als – Mutter Kummer. Wenn ich in spätestens 14 Tagen zurück bin und Du den Brief der guten Frau liest, sollst Du selbst urtheilen, ob ich recht habe oder nicht. Du kennst den Ausspruch, daß ein witziger Mensch einem Langweiligen gegenüber selbst geistlos oder im besten Falle stumm wird; dasselbe gilt vom Gefühl: auch das leichtbeweglichste Herz kommt nicht aus seinem gewöhnlichen Pendelschlag, wenn man ihm eine Schreckensgeschichte unter Gähnen und mit den Zeichen äußerster Gleichgültigkeit erzählt. Der Brief der Mama ist so geschrieben, als wenn sie mir mitzutheilen gehabt hätte, daß das Feuerwerk in Treptow wegen heftigen Regens unterbleiben mußte und jedenfalls lag ihr die Kiste von Tootal & Browne mehr am Herzen, wie der ebengeborne kleine Fontane. Daß ich nicht übertreibe sollst Du später selbst sehn; auch wirst Du's ohnehin glauben, denn ich habe schon tollere Scenen mit der Frau durchgemacht, wo ihr meine knirschende Verzweiflung gleichgültiger war als eine Pfeife Toback des alten Kummer. Doch genug davon; wir haben heut mehr und bessres zu thun, als alte Geschichten aufzuwärmen. Nur das noch, daß sie mir in dem letzten Briefe ganz ruhig schreibt Emilie hat in Folge dessen »die Linke zu packen müssen«; Nächsten Dinstag ist unsrer guten Mama Geburtstag: gratulir ihr in meinem Namen und in den herzlichsten Worten die Du hast. Das einzige Geschenk was wir ihr machen können ist das sichre Versprechen unausgesetzter Kindermuhmenschaft bei allem was noch kommen mag.

Th. F.

Der Sicherheit wegen hab' ich Dir oben meine Wohnung angegeben; natürlich erwart' ich außer am Montag (über Schweitzers Adresse) weiter keinen Brief hier.

Emilie an Theodor Fontane

Berlin d 16 Sept. 52.

Mein Herzensmann.

Daß ich Dir heute schreiben muß, anstatt zu Dir reden zu können, wird mir auch schwer, aber der liebe Gott prüft mich sehr mein Theo, u. oft habe ich in diesen Schmerzenstagen jammernd meine Hände nach Dir ausgestreckt u. nur in ruhigen Augenblicken Gott gedankt, daß ich Alles für Dich mit habe tragen können. Ja, mein einziger Herzensmann ich leide viel; gestern Abend um 7 Uhr hat der liebe Gott unseren kleinen Neugebornen wieder zu sich genommen!

Mein lieber, lieber Mann, es thut sehr weh u. gewiß ist das Kind ein Stück vom Herzen der Mutter, denn das wehrt u. sträubt sich sehr, ehe es den kleinen Liebling hergiebt. Gestern Nachmittag erhielt der Kleine die Nothtaufe, Fournier war sehr liebevoll, sprach schön u. betete auch für den fernen Vater; wir haben ihn Rudolph taufen lassen. Was dem kleinen Wurm gefehlt hat, werden wir wohl erst heut erfahren, sie meinen, er hätte einen organischen Fehler gehabt. Unsere Mama, Mutter Kummer u. Vetter Steincke waren Pathen des kleinen Sterbenden! gestern Abend, erhielt ich Deinen Brief, ach Theo komm nun zu Deiner armen Mila, ich will auch gefaßt u. ruhig sein, aber nun muß ich Dich wieder haben! Fournier sagte mir, ich hätte doppelt schwer zu tragen, denn ich trüge für Dich mich [*Versehentlich für:* mit], u. glaube, in meinem größten Schmerz habe ich Gott gedankt, daß er Dir dies Leiden mit anzusehn, erspart hat, es hätte Dich wochenlang um den Muth u. die Ausdauer, die Du hier brauchen wirst, gebracht. Vetter Steincke hat uns in diesen Schmerzenstagen wie ein Bruder treu zur Seite gestanden; ach, ein gutes Herz ist die Hauptsache am Menschen; oft 3 mal des Tag's kam er, wollte auf seine Kosten dem Kinde eine Amme nehmen, weil er ihn dadurch zu retten dachte, er sagt, er habe Dir ja versprochen, für Deine Familie zu sorgen; er wird auch unsern kleinen Engel statt Deiner auf seinen letzten Wege begleiten. Auch unserer Zukunft wegen hat er mit N. gesprochen, der wird Quehl wegen Zulage angehen; auch will er mit zwei Herrn aus dem Geschäft englischen Unterricht bei Dir nehmen, ach Theo, verzage nicht es wird schon werden, Gott legt uns nicht zu viel auf, der Schmerz läutert, Du sollst Deine Frau geduldig finden, komm auch Du treu u. lieb zurück. Gott sorgt nun für unseren kl. Knaben, besser wie wir es gekonnt hätten, ach, er war freilich sehr nett, u. ich werde ihn nie, nie vergessen! aber George war 4 Wochen so krank, wir haben es Dir garnicht so geschrieben, den herzugeben, wäre mir doch noch schwerer geworden! jetzt erholt er sich, aber er ist lange nicht so, wie er war u. furchtbar eigensinnig in seiner Krankheit geworden, mein lieber Mann, schreibe, bald wann Du kommst, ich bin sehr schwach u. bin heut aufgestanden, Dir zu schreiben, ich habe zuviel Körperschmerzen auch ausgehalten. Meine Brust fängt an zu heilen u. wenn ich erst ruhiger bin

u. wieder Appetit bekomme, werde ich mich auch schnell erholen. Unsere Mama hat wieder wie ein Engel an mir gehandelt, ihr ist der Tod des Kleinen auch sehr nah gegangen, sie freute sich immer so sehr, daß er ihrem Rudolph so ähnlich sah. Seine schwarzen Härchen sind ihm abgeschnitten, die werde ich mir in meinen Verlobungsring machen lassen. […]

Unser Kind wird am Sonnabend Nachmittag beerdigt; ich wollte es nicht öffnen lassen, nun der liebe Gott es genommen, ist es ja ganz gleich, ob ich weiß was ihm gefehlt.

Schreibe mir bald, ich sehne mich unendlich nach irgend etwas von Dir; beiliegend den Brief von unseren guten Lepel, schreibe ihm doch ja, er ist doch unser guter Freund. Mutter grüßt Dich tausendmal, unsere Mine hat sich sehr, sehr brav genommen.

Lebewohl mein theurer, innig geliebter Mann.

Deine sehr betrübte Mila.

II
DER »KLEINE ENGLÄNDER«: FONTANE ALS HOBBY-GYNÄKOLOG
(1856)

»Ich wünsche recht *sehr*, daß Du ein gesundes Kind zur Welt bringst, das Geschlecht ist vorläufig gleichgültig und alles wird dankbar acceptirt. Nur keine allzu elenden Würmerchen; es ist eine Art Ehrensache; also nimm Dich zusammen und thu das Deine. Man schreibt mir sonst auf den Grabstein: seine Balladen waren strammer als seine Kinder.«

Theodor an Emilie Fontane, 5. Juli 1856

Theodor Fontane, Bleistiftzeichnung von Luise Kugler,
19. Mai 1853

Die England-Reise vom Sommer 1852 hat die wirtschaftliche Situation der Fontanes in keiner Weise stabilisiert, und auch die folgenden zweieinhalb Jahre bis Herbst 1855 bringen keine grundlegende Veränderung, wenn man von dem für Emilie entscheidenden Umstand absieht, dass ihr Mann jetzt nicht »unterwegs« ist. Sie kann ihn dringend brauchen, weil die kleine Fontane'sche Kinderfabrik auf vollen Touren läuft: 1853 bringt sie den dritten Sohn zur Welt, der nur knapp den Winter überlebt. 1855 wird der vierte Sohn geboren, der nur wenige Tage am Leben bleibt. Nur der Älteste, George, Jahrgang 1851, gedeiht und erfreut die Eltern. Emilie ist von den permanenten Schwangerschaften, den durchweg komplizierten Geburten und den nie unproblematischen Kindbetten reichlich geschwächt, zumal sie sich auch um die schwere Lungenerkrankung ihres Theodor sorgt, der sich keine Kur in der Schweiz oder in Italien leisten kann und sich stattdessen, gemeinsam mit ihr, in Kränzlin und Letschin in märkischer Luft wiederherzustellen versucht.

Beruflich schlägt sich Fontane mehr schlecht als recht durch: als Redakteur bei der Zeitung und als Journalist verdient er das Nötigste. Richtig Spaß macht ihm dagegen die Herausgabe der »Argo«, des belletristischen Jahrbuchs des Rütli-Kreises, das er mit seinen frühen Erzählungen bereichert. Und stolz ist er auch auf sein erstes Prosabuch »Ein Sommer in London«, das im Juli 1854 auf den Markt kommt.

Seine vielseitigen publizistischen Aktivitäten und seine redaktionellen Erfahrungen bringen ihm 1855 einen hochoffiziellen

Auftrag der preußischen Regierung ein: er soll in London eine »Deutsch-englische Korrespondenz« gründen und herausbringen – eine Art Nachrichtendienst, der europäischen Blättern die neutrale Haltung Preußens in den Konflikten des Krimkrieges erklären soll.

Finanziell und personell schlecht ausgestattet, ohne klare Vorgaben, ohne einen Zeitrahmen und unter der starken Konkurrenz eines längst etablierten gleichartigen Unternehmens hat Fontane eine schier unlösbare Aufgabe zu bewältigen. Und er muss sich obendrein als Singleton abhetzen, ohne familiären Ruhepunkt. Emilie und Theodor scheinen beizeiten beschlossen zu haben, diesen Zustand möglichst rasch zu beenden. Fontane, der ewige Skeptiker in Sachen Zusammenleben, malt seiner Frau den Aufenthalt in London allerdings in düstersten Farben; sie werde »neben Einsamkeit und Verlassenheit auch noch die ganze Koddrigkeit einer derartig dürftigen ›Chambre-garni Wirtschaft‹« zu ertragen haben, und er halte es für seine Pflicht, ihr »eher eine längere Trennung als *solch* Beisammensein anzurathen«. Gleichwohl fährt Emilie, die sich nach seiner Abreise teils bei ihrer Freundin Johanna Treutler in Neuhof bei Liegnitz, teils bei der Schwiegermutter in Neuruppin aufgehalten hatte, Ende Januar 1856 nach London, begleitet von George und Schwägerin Elise.

Das Experiment scheitert rasch: die »Deutsch-englische Korrespondenz« wird eingestellt, weil der Krimkrieg zu Ende ist, Fontane mutiert zum offiziösen Presseagenten der preußischen Gesandtschaft, und Emilie kehrt im Mai nach Berlin zurück. Wenn man den brieflichen Äußerungen trauen darf, einigte sich das Ehepaar darauf, um Fontane mehr Zeit für intensive Studien und Arbeiten zu schaffen. Emilie bekennt aber auch in einem Brief an Friedrich Eggers vom 22. April 1856: »Mein kleinbürgerlicher Sinn wird diesem Riesen-London nie Geschmack abgewinnen und die Bewunderung für ihre Größe fehlt mir.« Immerhin haben die neuen Positionen Fontanes in der britischen Hauptstadt und Emilies Besuch den Ehebriefwechsel wieder in Gang gebracht, und die Wochen in London haben sie – natürlich, möchte man sagen – wieder in andere Umstände versetzt.

Die dichte, weitgehend vollständig erhaltene Brieffolge von 1856 gewährt einen ungewöhnlich detaillierten Einblick in die Befindlichkeit der handelnden Personen beim Werden des »kleinen Engländers«, wie die Eltern das Kind nach dem Ort seiner Zeugung gern nennen. Da ist auf der einen Seite der gefühlvolle Part der zärtlichen, aber aus Erfahrung ängstlichen Emilie, die monatelang ohne eigene »Häuslichkeit« herumvagabundiert und erst im Sommer eine kleine eigene Wohnung findet. Und da ist der bis zur Ruppigkeit grobe Fontane, der weder mit seinen forschen Sprüchen noch mit seinen unbezahlbaren Ratschlägen noch mit seinen vermeintlich wissenschaftlichen Erklärungen über das »Kind im Mutterleibe« Trost und Hilfe zu spenden vermag.

Kurz vor der Entbindung am 3. November 1856 bereitet er ihr aber eine freudige Überraschung: er hat Urlaub und ist fünf Wochen bei ihr in Berlin. Die Rückreise gestaltet er zu einer Bildungstour durch Süddeutschland und Paris. Dort denkt er am 16. Oktober sogar an den Hochzeitstag und fügt ein paar nichtssagende Worte in seinen Brief an Emilie ein. Sie quittiert sie dennoch dankbar und schreibt den bekenntnisreichen Satz nieder: »Deine Herzlichkeit erquickt mich u. ich fange immer mehr an mit dem Maaß u. der Art Deiner Liebe zufrieden zu sein.«

Der »kleine Engländer«, Theodor Fontane junior, wird übrigens der einzige Fontane-Spross sein, der die Familie bis heute fortbestehen lässt.

Emilie an Theodor Fontane

Berlin d 21 Mai. 56.
Mein lieber, guter Theo.

Am Schreibtisch von Frau Amtmann Krüger sitzend, will ich versuchen, Dir zu schreiben, denn ich bin wie im Fieber u. kann kaum meine Gedanken ordnen. Zuerst will ich Dir unsere Reise beschreiben, die Gott sei Dank hinter uns liegt u. im Ganzen recht angenehm war. Meine Zeilen vom Schiff hast Du hoffentlich erhalten, ich schrieb sie noch halb krank. Wir trafen nette Leute auf dem Dampfschiff, 5 Herren u. eine ältere Dame, die alle nach Köln reisten. Schon auf dem Schiff hatten wir uns angeschlossen u. beschlossen nun die Reise gemeinschaftlich zu machen. Ein Weinreisender aus Kreuznach übernahm die Geschäfte u. hatten wir sehr viel Spaß; wir hatten zusammen 17 Stück Gepäck, u. kamen uns wie eine Auswanderfamilie vor. Um 8 Uhr kamen wir in Antwerpen an u. fuhren mit dem Extratrain nach Köln. Die Gesellschaft bestand aus: dem Weinreisenden, die alte Dame, ein junger, sehr netter Liverpooler, ein Surgeon mit seinem 18 jährigen Sohn (letzterer kam schon aus der Krim, war blessirt u. ging nach Ems) u. noch ein englisches Jüngelchen. Wir wurden bedient auf jede Weise, bei jedem Wagenwechsel bemächtigten sich die Herren unserer Sachen u. verloren Einzelne aus Diensteifer ihre eigenen Sachen. George war der Liebling u. Verzug Aller; in Verviers dinirten wir u. tranken Rothwein; ich hatte Waffeln gekauft u. bot sie den Herren an, dafür revangirten sie sich u. berechneten uns nicht das Diner; George habe ich nicht durchbekommen u. mußte in Köln schon im Waggon sitzend, noch ein Billet für ihn lösen. Um 5½ Uhr Montag kamen wir in Köln an; die Zollbeamten waren sehr nett, fragten mich ob ich verzollbare Gegenstände hätte u. als ich es verneinte, sahen sie auch nicht ein Stück von meinen Sachen nach. Leider mußten wir uns nun von all unseren lieben Reisegefährten trennen u. fuhren nach Deutz, um gleich weiter zu reisen, kamen aber leider 10 Minuten nach Abgang des Kourierzuges an. Ich hatte aber keine Lust mit Sack u. Pack in ein Hôtel zu gehen, fühlte mich nach überstandenen Qualen auf der See auch ganz wohl u. so beschlossen wir bis 9 Uhr bei der sehr netten Frau auf dem Bahnhof zu verweilen. Wir ließen uns ein Zimmer geben, säuberten u. restaurirten uns, nahmen noch eine halbe Flasche Rothwein mit u. bezahlten nur etwas über 1℃. Ich glaube die Reise über Antwerpen ist eher billiger u. wenn Du nicht auf Sturm triffst, wirst Du gern so reisen, nur mußt Du suchen, den Kourierzug nicht zu verfehlen, mit dem wir schon Dienstag früh 7 Uhr hätten hier sein können, während wir erst gestern Abend 8 Uhr hier eintrafen. Wir hatten von Köln bis hier eine nette alte u. junge Dame zur Reisegesellschaft. Potsdam schon begrüßten wir mit Entzücken; ein netter Droschkenmann fuhr uns in die Wilhelmsstr. aber unser Zimmer war besetzt, wir erfuhren aber daß Mutter uns Puttkamerstr. 4, 2 Trp. 1 Zimmer gemiethet habe. Da fuhren wir hin, fanden ein freundliches Zimmer u. nette, anständige Wirthsleute unseres Standes (er ist Lehrer.) Lischen holte noch Mutter Kummer, wir ließen uns Suppe kochen u. schliefen ungewiegt. Heut früh nach dem Kaffee gingen wir erst baden u. befreiten uns von dem Rest englischen u. Reiseschmutz; dann besuchten wir Mama Kummer frühstückten da, Lischen u. George gingen zu Tante Lottchen u. ich zu Metzel. Leider kein Brief aus Luckenwalde! aber Deine freundlichen Zeilen. Metzel war sehr liebenswürdig u. sagte er begriffe mein Unbehagen vollkommen, seine verstorb. Frau hätte sich nicht mal an die Uebersiedlung von Königsberg hierher fügen können. Er müßte mir aber sagen, *Du* könntest vor Neujahr nicht zurück, worauf ich erwiederte: er meinte hoffentlich nicht den Tag, sondern schon Mitte December damit, worin ich versuchen wollte, mich zu fügen. Er schien mich zu bedauern u. war so freundlich sich einen Theil der Schuld beizumessen. Auch unsern alten Wenzel sah ich, seine Frau ist leider noch bettlägerig. Merckel's sind noch verreist. Seit Mittag sitzen wir nun hier bei Tante Lottchen u. werden mit einer überaus wohlthuenden Liebe u. Freundlichkeit gepflegt. Ich bin aber doch sehr angegriffen u. hat der Gedanke, bis Weihnachten! doch etwas meiner Fassung einen Ruck gegeben. George ist allerliebst; war in der Kajüte Liebling aller Damen; weinend bat er mich immer: »sei nicht böse, es will doch raus.« Ich hielt mich am tapfersten u. saß 1½ Stunde länger auf Deck als die anderen Damen. Der Anblick des Meeres hat mich über Alles entzückt.

Tausend Grüße u. Küsse Dir geliebtes Herz! möge es Dir besser gehen wie bisher. Mit Ungeduld ersehne ich einen Brief aus Luckenwalde. Metzel hat uns nach Schöneberg (wo seine Familie Sommerwohnung wohnt) eingeladen. Schreibst Du mir, so addressire an Fr. Metzel, da bekomm ich den Brief am sichersten.

George läßt Dir sagen er wäre sehr artig.

Lebewohl u. behalte lieb Deine

alte gute Frau Emilie.

Viele Grüße unserem lieben Schweitzer u. Fr. Morris. […]

Emilie an Theodor Fontane

Luckenwalde d 1 Juni. 56.
Sontag Vormittag.

Mein geliebter Mann.

Dein Brief, den ich heut früh erhielt, war mir eine rechte Sontagsfreude, wofür ich Dir nicht besser zu danken weiß, als daß ich gleich antworte; ohnedies war meine Absicht diesen Vormittag dazu zu verwenden. Auch für Deine lieben Zeilen vom 26ten die ich erst gestern erhielt, habe Dank. Von hier aus kann ich Dir nur schreiben, »es ist nicht mehr wie sonst es war« ohne dadurch weder meiner Laura noch ihrem guten Manne zu Nahe treten zu wollen. In den ersten Tagen war mir ganz trostlos zu Muthe u. ein Klagebericht an Dich ist vernichtet, weil ich Dich nicht betrüben wollte u. erst eine gesetzte Stimmung wieder bei mir abwarten. Diese ist nun da, zugleich aber auch der Entschluß nicht hierzubleiben, den auszuführen mich leider ein Trauerfall unterstützt; unser lieber Großpapa Triepcke ist nämlich am 23ten d. nach 5 tägigen Leiden an der Grippe in Ludwigslust gestorben; ich erhielt am ersten Morgen meines Hierseins durch Clara die Nachricht. Mein Nicht hier bleiben wird nun hier bei den Leuten u. Verwandten erklärt, daß ich den Sommer über mit meiner Mama zusammen sein soll. Du wirst nun vor allen Dingen fragen: aber warum hälst Du nicht aus? ich könnte antworten ich werde hier gemüthskrank wie in London, aber ich muß Dir mein Leben beschreiben. Ich hatte meine Ankunft zum Dienstag gemeldet, kein Mensch auf dem Bahnhof. Nach herzlichen Empfang erklärte es sich, der Zug war eine Stunde früher gekommen, – aber ich hatte den trüben Eindruck fort. Dann ging ich in meine Wohnung; ein zellenartiges Stübchen, kaum mit dem nothwendigsten ausgestattet, empfing mich, ein entsprechendes Kämmerchen mit einem schmalen Bett schloß sich ihm an. So gut wie möglich richtete ich mich mit Georgechen in dem Bett ein u. wollte als ich mich sattgeweint einschlafen, als ein förmlicher Mäusekrieg begann, so daß ich mit Bett u. Jungen in der Nacht um 1 Uhr in die Stube zog, (wo ich erst in dieser Nacht etwas knabbern hörte.) Früh Morgens bringt meine Aufwartefrau Milch u. Semmel um 7 Uhr, dann frühstücke ich mit unserem Jungen u. nachdem wir uns angekleidet, sitze ich nähend oder strickend bis 1 Uhr. (George fast immer bei mir, da er sich mit Laura's Kindern nicht verträgt.) Dann kömmt unser knappes, laues Mittagsessen, zum Kaffee läßt mich Laura gewöhnlich einladen, kommt zufällig was Verwandtes, so sehe ich ihr an, *meine* Anwesenheit hat ihr etwas peinliches, mir ist dabei nicht *wohl* u. sehe ich *Laura's* u. unserer Freundschaft wegen ein, ich verschwinde zu unserem Besten so bald wie möglich. Ich bin jetzt ruhig mein Herzensmann, aber dies Alles hat mir heiße Thränen gekostet u. habe ich mich recht hülflos u. verlassen gefühlt. Wo aber hin? war mein Gedanke. Herumreisen, mich Freunden u. Bekannten immer neu verpflichten kann ich nicht mehr, also nach Berlin. Ich schrieb diesen Entschluß unserer geliebten Merckel u. daß ich um mich mit ihr zu Berathen am Mittwoch zu ihr nach Berlin kommen würde, (unser Junge bleibt den Tag über bei Laura). Ich hoffe ein Stübchen, *meine* Betten u. Kost für monatlich 20 ₸ in einer Familie in Berlin zu bekommen, was nicht viel mehr ist wie hier, wo ich Alles in Allem 18 ₸ ungefähr gebrauche, bei fast zu einfachem Leben. Ich büße freilich 5 ₸ für Miethe hier ein, doch scheint mir diese Summe gering, im Vergleich zum hier bleiben müssen u. werde ich sie schon wieder einbringen. Laura ist betrübt, sieht aber ein, daß die Verhältnisse nicht zu ändern sind. Etwas mehr Reiz wird mein Leben in Berlin haben u. ist es eine große Freude für mich, daß unsere Merckel nicht mehr verreist. Ich bin auch in directerer Verbindung mit Dir geliebtes Herz u. kann mit Ruhe u. Ueberlegung eine Wohnung für uns suchen. Du glaubst nicht wie trostreich es für mich ist, aus Deinen Briefen zu ersehen, daß unsere Trennung für *Dich* Nutzen hat, u. so will ich tapfer Alles tragen, mit dem Glauben: Gott hat es zu unserem Besten so gefügt. Im Juli kommt auch Mutter Fontane mit Lischen auf einige Wochen nach Bethanien. Hoffentlich hat mein Entschluß u. mein Plan Deinen Beifall u. möchte ich gern bald darüber etwas wissen – Was hat Dir Metzel geantwortet u. hast Du die 100 ℃ erhalten? theile ihm dann auch gelegentlich meine Anwesenheit in Berlin wieder mit. Ich habe eine leise Idee, wenn unsere Merckel nichts Besseres weiß, zu Korneks zu gehen, u. natürlich mir *anbieten* zu lassen, bei ihnen zu wohnen, (sie sagte mir nämlich im vorigen Sommer, daß dies bei ihrem großen Quartier ihre Absicht sei.)

Vor meiner Abreise von Berlin machte mir noch Fournier u. Lepel einen Besuch. Ersterer war unendlich liebenswürdig u. hat Dich sehr lieb. Ueber Höhne sagte er: es wäre ein Mensch der glaubte Alles zu können, was er wollte; u. unseren Schweitzer beurtheilt er auf ein Haar wie wir. Lepel war der alte, etwas linkisch aber treu, freut sich sehr auf einen Winter wieder mit Dir, in diesen Tagen geht er nach Wiek. Er kam noch eimal zurück u. bat mich, wenn es mir nicht viel Mühe mache, ihm seinen Musenalmanach zuzustellen, (bei Mama Kummer war er auch schon deshalb gewesen) ich versprach Alles, hatte aber Mühe mein Lachen zu verbergen. Koblank habe ich nur flüchtig gesprochen u. zwar noch auf dem Bahnhof, wohin er die Freundlichkeit hatte, mir nachzukommen; er rieth mir Marienbader; ich werde nun natürlich hier keine Kur beginnen.

Uebrigens fürchte nicht, daß ich mich übereile. Sollte ich kein passendes Unterkommen finden, so bleibe ich bis zum Juli hier, kommt Zeit, kommt Rath. Unser Junge ist lieb u. gut, nur Deine Briefe soll ich ihm nicht vorlesen, »die sind mir so langweilig.« Gestern Abend betete ich mit ihm laut, da sagt er: du sagst es ja so fein? wenn ich sage, sei recht lieb, dein Mütterchen muß ja ihren lieben Mann entbehren, dann zeigt er auf Dein Bild u. meint: da hast du ihn ja. – Das Wetter ist gräulich; Sturm, Regen u. Kälte.

Lebewohl süßes Herz! Gott segne Dein Dortsein! grüße Schweizer u. bleibe der immer mehr anerkannte gute Theo

Deiner alten Mila.

Sontag Nachmittag.
So eben lese ich die Todesanzeige von Wenzel's Frau in der Zeitung. Ich bin ganz außer mir. Am 30 Mai an einer Unterleibsentzündung. Die arme Familie.

THEODOR AN EMILIE FONTANE

London d. 11^t Juni 56.
23 New Ormond Street
Queen Square.

Meine liebe Frau.

Wenn Du bei Eintreffen dieses Briefes noch nicht geschrieben hast, so bitt' ich Dich, Dich gleich hinzusetzen und mir zu schreiben, (nur wenige Zeilen) wie es mit dem Kinde geht. Du mußt diesen Brief am Sonnabend früh erhalten und wenn Du gleich schreibst und auf irgend eine Weise, sei es durch eine Bitte auf der Post oder durch Uebergebung des Briefs an einen nach Berlin fahrenden Eisenbahnbeamten, den Brief schnell spedirst, so muß ich ihn am Montag früh haben. Ueberhaupt wenn Du es so einrichtest, daß ein nach Berlin gehender Mittagszug Deine Briefe mitnimmt, *müssen* sie noch am selben Abend weiter gehn. Das macht einen ganzen Tag Unterschied. Unter allen Umständen frankire *nicht*, das ist immer sicherer. Wie ich Dir schon gestern schrieb, ich hatte Mittwoch und Donnerstag-Nacht scheußliche Träume, immer von George und weinte im Traum. Von Sonntag auf Montag sah ich nichts wie vollgesogne Blutigel und ich ängstige mich wirklich, wenn es mir auch nicht ähnlich sieht. Ich halt' es nämlich für möglich, daß das Kind die Gehirnentzündung oder das Scharlachfieber gekriegt hat. In solchen Momenten fühl' ich nun freilich, daß meine alte Giftmischerei Dir fehlen muß, denn Du scheinst nicht einmal eine Ahnung davon zu haben, wie schlimm solche Dinge ausfallen können. Das einzig Tröstliche ist die Nachschrift »daß er mit Appetit seine Suppe ißt.« Ich hoffe zu Gott, daß alles gut vorübergegangen ist. Wenn der Junge wieder wohl ist und Du nach Berlin reist, so nimm ihn lieber mit; er wird sich ja wohl irgend wo unterbringen lassen. Wenn er doch in Luckenwalde bleibt, so leg' ihn Laura'n und besonders auch den Arbeitern in der Färberei aufs Herz.

Daß Dir mein Brief nüchtern vorgekommen ist, ist schlimm; aber er ist nicht nüchtern. Umgekehrt kannst Du nicht anders urtheilen; schlaflose Nächte, Angst, Sorge, Sehnsucht, ein krankes Kind und ein andres in Aussicht, – da verlangt man mehr. Aber der Schreiber eines Briefes kann nie die Lage und Stimmung dessen genau erwägen an den er schreibt. Ich hab' es gut gemeint und Dir wird es später selber so erscheinen.

Ich habe eben an Metzel geschrieben. Wenn Du nach Berlin kommst, sei so gut und gehe zu ihm, *er erwartet Dich.* Du mußt dann mit ihm über mein Kommen oder Bleiben sprechen; ich hab' ihm alles weit und breit auseinandergesetzt. Genire Dich ja nicht und wenn Dein Gefühl stärker ist als Deine Beherrschungskraft und die Erwägung künftiger möglicher Vortheile, so gönne diesem Gefühl die Entscheidung. Ich kann aus diesem Conflict nicht heraus; an persönlicher Entschlossenheit fehlt es mir nicht, aber ich will durch diese Entschlossenheit Dich nicht quälen und beständige Opfer von Dir verlangen. Das halte fest: Metzel muß Dir irgend was in Aussicht stellen, muß Dir sagen: wenn Ihr Mann nach Jahr und Tag zurückkehrt, geben wir ihm das und das, oder so und so viel; außerdem müssen uns 2500 ℔, wenigstens aber 2300 ℔ d. h. 1700 von der Centralstelle und 600 von der Vossischen oder einer andren Zeitung hier sicher sein. Wird mit dem Gelde gezwackt und versteht man sich nicht zu irgend welcher Zusage für die Zukunft, so zieh' ich doch am Ende die Rückkehr vor. Freilich lern' ich hier mehr als in Berlin und sitze bei meinen Studien immer an der Quelle, aber zum Abschluß, zur Zufriedenheit mit mir selbst werd' ich es nie bringen und etwas klüger oder dummer, unterrichteter oder ununterrichteter zurückkommen ist gleichgültig, wenn dies Plus an Wissen mir nicht bestimmte Aussichten eröffnet. Ich halte zwar viel vom Wissen und erkläre nach wie vor, daß ein ordentliches Wissen seinen Mann immer nähren wird, aber vielleicht bin ich bereits so weit, und habe nur kein rechtes Vertraun weil ich nie auf das blicke was ich überwunden habe, sondern immer nur auf das was vor mir liegt. […]

Leb wohl, schütze Gott Dich und das Kind, das ist der aufrichtige Wunsch Deines

Theodor.

Viele, viele Grüße Knochenhauers, den lieben Merckels und allen Freunden.

Emilie an Theodor Fontane

Berlin d 3ten Juli. 56.

Mein Herzensmann.

Gestern Nachmittag endlich bekam ich Deinen Zettel u. Dein Briefchen gleichzeitig u. danke ich Dir herzlich, da Dein ungewöhnlich langes Schweigen schon anfing mich zu beunruhigen.

Seit gestern ist nun auch Ruhe u. Behaglichkeit bei mir eingekehrt, da ich nun auch ein anscheinend gutes Mädchen durch meine liebe Merckel bekommen habe. Meine Wohnung ist so reizend, daß ich sehr bedauern würde zu Michaelis wieder heraus zu müssen, da Du sie dann garnicht mal zu sehen bekämst. Das Wohnzimmer ist ein Eckzimmer mit 3 Fenstern u. einer entzückenden Aussicht, u. so groß daß unsere beiden Sopha's drin stehen; (Dein Schlafsopha, wo die Lappen dran herum hängen, bekommt heut einen neuen braunen Ueberzug) es ist, wie auch unsere Merckel findet, noch hübscher wie Kugler's Wohnzimmer. Der Umzug ist mir etwas sauer geworden, so ohne jede Hülfe u. Mangel am nothwendigsten, seit gestern besitze ich erst wieder einen Topf zum kochen, so lange hat mich meine Merckel gespeist, die mir täglich zahllose Liebesdienste erweist u. mit ihrer Herzensgüte mich wirklich erquickt; dabei merke ich ihr an daß es ihr eine große Freude ist, mich in ihrer Nähe zu haben. Gestern Vormittag war sie hier 2 Stunden bei George, damit ich mir nur die nothwendigsten Einkäufe besorgen konnte. Das Schlimme u. mich sehr hemmende ist, daß unser armer Dicker ein Wechselfieber hat, vorgestern schickte ich Friedrich zu Koblank, der es auch sogleich dafür erkannte. Heut hat er es zum 4ten mal [...], es ist sehr heftig u. dauert von früh 6 bis Abends 6 Uhr; er ist sehr ungnädig, doch danke ich Gott daß es nichts gefährliches ist, ich hatte mich sehr um ihn geängstet. Mir geht es gut, ja trotz Arbeit u. Anstrengung so gut wie nie. Ich esse rasend viel, fühle jetzt schon bedeutend Leben u. denke das Töchterchen wird mir wohl zu meinem Geburtstag durch sein Erscheinen Freude machen; ich freue mich übrigens so auf das Kind, daß es auch ein Junge sein kann; es soll mich mit England u. der bittren Trennung versöhnen. Gestern erhielt ich auch beifolgende Zeilen von Metzel u. zu meiner großen Ueberraschung u. Freude die Angabe der verdienten Summe; erst dachte ich, wenn er so viel verdient, wäre wohl die Trennung nicht nöthig gewesen, aber freilich *unsere Anwesenheit* hätte Dich auch abgehalten, so viel zu verdienen. Daß ich mit dem Gelde, was Du geliebtes Herz, Dir so sauer erwirbst, mehr wie haushälterisch umgehen werde u. Dir von jedem Pfennig Rechnung legen, brauche ich Dir wohl nicht erst versichern, leider ist aber so Vieles *nothwendig*, daß ich berechnet habe, eben nur auszureichen u. Dir den trostlosen Bescheid geben muß, auch noch das Geld für Juli frei zu geben, um Schneider Herrmann zu bezahlen, für den ich beim besten Willen nicht 10 ℔. übrig behalten kann. [...] Dann aber verspreche ich Dir, noch von meinen 40 ℔. zu sparen. Unsere Kiste, die Du an König, anstatt an Warmuth adressiert hattest, kostet wieder einige 20 ℔. Beinah 4 Wochen hat sie auf dem Hamburgerbahnhof gelagert u. jetzt ist sie auf dem Zollamt; gestern war ich bei dem Spediteur, er zeigte mir die Quittung, von London bis Hamburg 15 ℔.! Fracht, (die unverschämten Engländer) u. von Hamburg bis hier nur 2 ℔. Am Ende muß ich, wenn der Schein vom Polizeilieutenant nicht ausreicht, noch selbst auf's Steueramt, da sie hier unmäßig penibel sind, ich würde dann meine Zuflucht wieder zum alten Schleider nehmen. Dieses Geld ärgert mich am allermeisten auszugeben, u. wie werde ich die Sachen verdorben wieder finden. Ich werde mir Deine Ergebung bei solchen Dingen anzueignen suchen.

Unser armer Junge stöhnt im Fieber u. alle Minuten muß ich aufspringen um ihm Wasser zu reichen, ich soll Dir auch ja schreiben, daß er krank ist, sonst ist er jetzt wieder allerliebst u. hat seine hübsche Zeit, die Merckel war gestern entzückt von ihm. Mit seinem Tuschkasten, den ich aber als Väterchens Geschenk bis zu seinem Geburtstag aufheben werde, bekommt wohl Mama auch ihre Taschentücher u. Deine alte Binde zum Maaß? Von Mutter u. Lischen bekam ich Montag sehr liebe Briefe, u. freute mich um so mehr daß ich Sontag auch recht nett an Mutterchen geschrieben hatte. Am 16ten kommen sie nach Bethanien u. hoffe ich auch einige Zeit auf ihren Besuch. Am 9ten kommt Mutter Triepcke auf einige Tage von Ludwigslust, sie schrieb sehr, sehr traurig über den Verlust des armen Papa's (eigentlich wollte ich schreiben »alt« aber Georgechen stöhnt so, daß ich immer »armer« Junge im Gedanken habe[)]. Eben kommt mein Frühstück, ich trinke Milch u. esse für 6 s. Semmel, wovon ich eigentlich noch nicht satt werde. Dazu lese ich mit meiner Flurnachbarin, ein Frl. Pankow, deren Namen Du vielleicht hast von Deiner Mama nennen hören, die Vossische Zeitung für monatlich 3 Sgr. wofür ich Deine unschätzbaren Artikel zu lesen bekomme, gestern stand, zu meiner Freude, weil ich noch dabei mitgewirkt hatte »Der Straßenlärm in London« darin. Ich kann nicht mehr schreiben, George verlangt ich soll mich an sein Bett setzen, nur noch die Bitte schreibe mal recht nett an die Merckel u. dann gestatte mir die monatliche Depense von 1 ℞. 15 Sgr. für ein Klavier? ich bin sonst gar so einsam.

Möge es Dir gut gehen u. Alles Lästige verschwinden wie immer
Deine gute Frau Emilie.

Zeitung.

Eben lese ich: Der Diätarius bei der Centralstelle für Preßangelegenheiten, Dr. Otto Metzler, ist zum Geh. Sekretair ernannt worden.

Todesfälle: Der alte Simon. Frl. Viereck.

THEODOR AN EMILIE FONTANE

London d. 5. Juli 56.
Café Divan.

Meine liebe Frau.

Ueber Deinen heut früh erhaltenen Brief hab' ich eine rechte Freude gehabt. Das Unwohlsein des Kindes ist, denk ich, von keinem Belang. Solch Fieber jagt andre Krankheiten fort, nur muß es sorglich traktirt werden d. h. *Rückfälle dürfen nicht vorkommen.* Zu dem Behuf sind die Schweitzerschen Pillen trefflich. Ich seh ihn heut Abend auf eine Minute und werde fragen wie stark sie sind; – ich schreib es Dir dann am Montag. Sei in dieser Sache achtsam; Fieber kehrt nämlich *immer* wieder, weil die Menschen *immer* dumm, leichtsinnig oder knausrig verfahren. Und wenn 7 Wochen bereits vergangen sind, müssen bestimmte Anordnungen und ein mäßiger Gebrauch von Chinin immer beibehalten werden. Sage dem kleinen lieben Kerl, daß ich ihm auch eine schottische Mütze und einen Bun mitbringen würde, vorausgesetzt daß er artig ist und gut einnimmt.

Daß Du an Deiner Wohnung Freude hast, freut mich mit und daß Du wohl und munter und vertrauensvoll bist, freut mich noch viel viel mehr. Alle Duckmäuserei und Kopfhängerei ist mir verhaßt; einen respektablen, ordentlichen Schmerz weiß ich zu achten, aber jeder Schmerz der doch zuletzt nicht andres ist wie Verstimmung und jede Minute in Heiterkeit umschlagen kann, ist mir mindestens langweilig. Ich wünsche recht *sehr*, daß Du ein gesundes Kind zur Welt bringst, das Geschlecht ist vorläufig gleichgültig und alles wird dankbar acceptirt. Nur keine allzu elenden Würmerchen; es ist eine Art Ehrensache; also nimm Dich zusammen und thu das Deine. Man schreibt mir sonst auf den Grabstein: seine Balladen waren strammer als seine Kinder.

Den Brief für Kugler leg' ich offen bei; es macht Dir vielleicht Spaß ihn zu lesen. Steck' ihn dann in ein Couvert und befördre ihn bald; Immermann wird wohl die Adresse wissen.

Wegen des Geldes ängstge Dich nicht; so viel ich habe kannst Du kriegen. Wenn ich's nicht direkt brauche, hab' ich eine Verachtung gegen den Bettel. Es wird mir immer Mittel bleiben, nie *Zweck*. Vom* August an (d.h. das Geld *für* den August) *muß* ich

---

* Das Juli-Geld ist noch Deine.

es allerdings haben, da die schottische Reise viel kosten wird und das Honorar kaum ausreichen dürfte das Ausgabe-Plus für jenen Monat zu decken. Das Fortepiano ist natürlich bewilligt, nur mit der *einen* Bedingung – mäßiger Gebrauch desselben, wenn meine Ohren wieder in der Nähe sind.

Des Fräulein Pankows entsinne ich mich sehr wohl. Ich sah sie bei der Oestreich; sie trägt eine blaue Brille und ist eine feine alte Dame. Sie hat ganz das Wesen einer alten Engländerin. Mit der Vossin bist Du besser dran als ich; ich habe noch immer *keinen* meiner Artikel gelesen. Schreibe mir nicht, daß sie »unschätzbar« sind – das ist Unsinn; aber schreibe mir, ob einzelnes gefällt und anspricht, mehr *wollen* sie nicht. Auch möcht' ich Einzelnes über Rütli, Ellora, Paul, Grete, Lepel etc. hören; so nett Dein Brief ist, so hälst Du mich doch etwas knapp mit Neuigkeiten. Simon, Viereck u. s. w. so was weiß ich, denn ich lese deutsche Ztngen und hab' es nun auch schon bis auf die Verlobungsanzeigen etc. gebracht.

Daß Mutter und Lischen liebevoll geschrieben haben, ist mir eine rechte Freude gewesen. Es taugt nichts, mit nächsten Verwandten um bloßer Lapalien willen gespannt zu sein. So was kann vorkommen, muß aber wieder einklingen.

An Frau v. Merckel schreib ich nächstens und so nett ich kann. Ich bin allerdings kein Meister im Danken. – Dir geb' ich den Rath, doch nicht zu intim zu werden. Ich fasle nicht solch Zeug wie die gute Hahn, aber ein Grashalm Wahrheit ist in dem Strohbündel Unsinn enthalten. – Zur Mama Triepcke sei nur recht liebenswürdig und aufmerksam. Grüße sie bestens von mir und drücke ihr meine Theilnahme aus. – An Scherz schreib ich in den nächsten Tagen; dann hab ich *keine* Briefschulden mehr.

Morgen (Sonntag) reis' ich nach Canterbury, einmal um Canterbury zu sehn und zweitens um meinem guten Burow auf 24 Stunden zu entfliehn. Es giebt doch wenig Menschen, mit denen man es aushalten kann. Ein guter Kerl, aber total schief gewickelt. Ein bischen Talent wie Bärme im Leibe und doch klietschig geblieben.

Laß bald wieder von Dir hören, halte Dich tapfer, küsse den Jungen, grüße Merckels und sei geküßt von Deinem

Theodor.

Theodor an Emilie Fontane

London d. 23ᵗ Juli 56.
23 New Ormond Str.
Queen Square.

Meine liebe Frau.

Ich habe eben einen langen Brief an Dᵣ Metzel beendet, der immer alles enthält was ich erlebe und dadurch Dich beeinträchtigt, da ich nicht »Centralist« genug bin, um dieselbe Geschichte 2 oder auch 20 mal hintereinander zu schreiben. Mehr oder minder geschäftliche Dinge: Times-lesen, Briefe-schreiben, Berichte-machen, Gesandtschaft, Simpson, Divan nehmen die ganze Zeit weg und wenn ich über sie gesprochen habe, so ist nichts andres mehr da, was noch Stoff zu einem Briefe böte.

Ich wollte Dir nur noch (ich hab' es mir schon lange vorgenommen aber immer wieder vergessen) eine Art medizinischen Vortrag über Deinen Zustand halten. Ich habe dabei den Zweck Dich zur Vorsicht und zu einem raisonablen Verfahren zu ermahnen. Was bei Dir schwach ist, sind die sogenannten Mutterbänder, die wie zwei Strippen das Kind in der Schwebe halten. Starke Strippen können viel tragen, schwache wenig. Daher sind Deine Kinder so klein und kümmerlich, weil die Natur in ihrer Weisheit an diese Bänder nicht mehr hängt, als sie einigermaßen tragen können. Wenn Du Dich nun aber viel ruhst (es giebt Frauen die die ganzen 9 Monat auf dem Sopha liegen) so ist kein Grund

vorhanden, warum das Kind nicht wachsen und gedeihen sollte*.
– Es kommt noch etwas andres hinzu. Die Ruhe ist von Behaglichkeit und Wohlbefinden, das Arbeiten und Umherlaufen von Ermattung und äußerster Nervenverstimmung begleitet. Also nicht nur, daß das Kind in der Ruhe *besser* wächst, nein, es wächst auch *gesünder* und wenn Du diesen meinen Rath befolgst und Gott nicht überhaupt es anders beschlossen hat, so wirst Du mit seiner Hülfe, durch dies ganz einfache Mittel, ein stärkeres und gesünderes Kind zur Welt bringen.

Deshalb würd' es mir *sehr* erwünscht sein, wenn Lischen bei Dir bliebe.

Es versteht sich von selbst, daß ich Dir nicht zumuthe Dich festbinden zu lassen; Du kannst ausgehn, ja es ist ein *gewisses Maaß* von Bewegung sogar nöthig, aber die Bewegung muß immer nur dem Bedürfniß, der *Freude* daran entsprechen und nie zu einer Anstrengung werden. Das wär' es. Und nun leb wohl! Grüße Mutter, Lise, boy und sei geküßt von Deinem

Theodor

* weil die Bänder dann wenig oder nichts zu tragen haben.

THEODOR AN EMILIE FONTANE

> London d. 5^t Novmb. 56.
> 92 Guilford Street.

Meine liebe Frau,
Meine liebe Mama,
Mein liebes Lieschen.

Habt alle Dank! Eure Anstrengungen sind zwar verschieden gewesen, aber nichtsdestoweniger Dank für euch alle, für Kind,

Hülfe und Brief. Nehme sich jeder davon was ihm zukommt. Daß es vorüber ist, preiß' ich aus ganzer Seele mit, denn ich bin diesmal halb mit entbunden worden. Man wird immer feiger und der jugendliche Leichtsinn, der einen glauben läßt: »ei was, es stirbt sich nicht so leicht« geht immer mehr verloren.

Also doch wieder ein Junge! Es scheint, daß wir auf Mädchen Verzicht leisten müssen und wir wollen uns auch weiter keine Mühe drum geben; das weibliche Geschlecht verdient es nicht einmal. In zehn Tagen wissen wir, ob wir ihn Buchanan oder Fillmore nennen; er ist zwar einen Tag zu früh geboren, aber das schadet nichts.

Wenn Du nur mehr Regelmäßigkeit in die Sache brächtest! Erst mit dem Kopf zuerst, dann mit den Beinen, nun gar mit dem Allerwerthesten; wohin soll das schließlich noch führen?!

Ich bin sehr froh, daß ihr so rasch eine Amme bekommen habt. Gebe Gott, daß sie gut einschlägt und daß das Kind gedeiht. Eine Schönheit scheint es wieder nicht zu sein, wenigstens kann ich mir nicht denken, daß Schönheit und »Aehnlichkeit« mit Wentzel neben einander bestehn können. Nun George mit dem großen Mund, ist ja schließlich ganz passabel geworden und so mag es drum sein.

Du liebe Mama sei nur recht streng und achte drauf, daß Emilie den Schlachtenruhm der Entbindung nicht wieder durch Thorheit und irgendwelche Uebereilung einbüßt. Du theure Gattin, geselle zu allen Deinen Tugenden auch die der Vorsicht und des Gehorsams.

Mit Spannung seh' ich Mama's nächsten Zeilen entgegen; Donnerstag ist der 4te Tag, da läßt sich schon ein Wort sagen.

Morgen schreib ich wieder. Heut nur noch so viel daß die Kleider besorgt sind (3 seidne und 1 kattunenes) und morgen Abend abgehn. Daß ich nicht ein viertes seidnes als Wochengeschenk habe beilegen können, verdrießt mich sehr, aber man hat ja nicht 'mal einen Menschen hier von dem man einen lumpigen 10 Thalerschein pumpen könnte und so muß ich galant sein zu einer reicheren Zeit.

Lebt alle wohl; für Dich meine liebe Frau noch tausend aparte Wünsche für Dein Wohl.

Gott lenke alles zum Besten. Das ist der aufrichtige Wunsch Eures

Theodor.

Den einliegenden Brief seid so gut bald zur Post zu schicken. Die Redakt: hat mich für monatliche Mittheilung engagirt. Vor der Zahlung von 3 Sgr kann ich euch nicht retten.

Th. F.

EMILIE AN THEODOR FONTANE

Montag d 10ten Nov. 56.

Mein süßer Mann.

Vor Allen muß ich Dir sagen, daß ich froh bin noch zu leben u. mich freue Dich mein zu nennen, mich auch sehr über meinen Engländer freue u. über George u. alle guten Menschen, aber vor Allen über Dich, Du lieber Kerl. Heut vor 8 Tage ging es hart her, *härter* denn je, aber, da ich *fühlte*, daß ich minutenlang in Todesgefahr war u. doch nicht vor ihm zitterte, habe ich empfunden, daß ich mich mal nicht feige benehmen werde. Unser Engländer sieht keineswegs Wenzel ähnlich, sondern gleicht Dir wie keins unserer Kinder; Frau Kugler ist ganz entzückt von ihm u. meint: sie habe selten ein so kleines Kind so hübsch gesehen. Er ist auch allerliebst u. unsere Freude, George ist überaus zärtlich zu ihm; durch *zwei* Tüten wurde er über die fehlende

Schwester getröstet. Er ist schrecklich durchtrieben u. könnt es garnicht aushalten, wenn die Menschen nicht so freundlich wären, ihn tagelang weg zu holen, so war er bei Metzel's, Kuglers, Merckel's.

Mein Bett steht unter Deinem Bild wo das braune Sopha stand u. in meinen größten Schmerzen flehte ich abwechselnd zu Gott u. sah Dich trostsuchend an; aber Du wandtest Dich ab; übrigens sollten wir für das Leben unseres Kleinen einige Garantie haben, Du hast es halb bekommen, halb unsere Herzensmutter, u. *ich* wahrlich ganz ordentlich, so lebt er doppelt, möge Gott ihn uns erhalten. Mir ist heute wieder wohl, übermorgen stehe ich hoffentlich auf. Am Sonnabend Abend war mir sehr schlecht; ich bekam wieder den Krampf u. Fieber u. weinte sehr nach Dir; auch gestern weinte ich viel nach meinem geliebten Theo; Du thust mir so unbeschreiblich leid, u. hoffentlich kann ich Dir durch mein Benehmen in England noch beweisen: *daß ich aus tiefster Seele anerkenne, was Du für mich u. unsere Kinder thust.* Verzweifle nur nicht, u. nimm Dir den Aerger nicht so zu Herzen; Metzel hat auch über M. viel gestöhnt aber – das Ende krönt das Werk. Wie steht es denn mit dem M. Ch? ich bin sehr begierig darüber zu erfahren. Habe tausend Dank für Deine lieben, heitren Briefe, gäbe Gott Dir wäre auch wieder so um's Herz. Deine Sachen, auch die Argo's, sollen jedenfalls mit nächster Gesandschafts-Gelegenheit abgehen, ich werde nun dafür sorgen. – Dein Brief vom 8$^{ten.}$ den ich heut früh erhielt, hat mir einige Thränen gekostet, nicht des Geldes wegen, sondern Deiner Aergernisse halber, theile mir doch mit, was Dich bedrückt, ich gehe dann mal zu Metzel u. mache ihm das Herz warm.

Nun von unserer Marie, unserer Amme; bis jetzt ist sie so außerordentlich, daß ich sie am liebsten mit nach London nähme, wenn ich nicht fürchtete, eifersüchtig zu werden. Sie ist phlegmatisch, gutmüthig, kerngesund. Dr. Klapproth, der sie von beiden

Kindern mit Zangen (beides Steißgeburten!) entbunden hat, hat mir sagen lassen, seit Jahren sei solch gesundes Frauenzimmer nicht in der Anstalt gewesen; nicht eine Minute nachher krank oder auch nur Fieber, am 12ten Tage haben wir sie schon her bekommen, mit rothen Backen. Ich danke Gott täglich dafür.

Schreibe mir doch wann Eggers Geburtstag ist, ich will George mit einem Bouquet hin schicken. – Als Dein 2ter so liebevoller Brief vorgelesen war, sagten Mutter u. ich wie aus einem Munde: ich bin *ihm* doch zu gut. Ja, mein Theo, Du bist u. bleibst die größte Freude meines Lebens. Heut bekam ich einen sehr netten Brief von Lisbeth, sie ist wieder in *Hoffnung*! siehst Du Klugschmus, hast Dich geirrt. Eben kommen die Pakete aus London! – Das Geldtäschchen ist ja reizend; ich danke Dir sehr herzlich dafür, ich habe es mir zu meinem Geburtstag zurück legen lassen; George ist glücklich über seinen Tuschkasten u. dem Dr. werde ich wohl in einer Stunde den seinigen einhändigen können.

Mutter u. Lischen sind sehr nett zu mir u. bemühe ich mich, unserer Mama zu zeigen, wie ich ihre Güte im Herzen dankbar empfinde. Mutter Kummer schickt die herzlichsten Grüße, so auch Mutter T.

Und nun mein Herzensmann lebe so wohl es irgend geht, mache Dir keine Sorgen, ich werde nach u. nach schon weniger brauchen. Unsere Amme ist durchaus nicht ausverschämt, u. Kolbank [!] so vernünftig sie Alles essen zu lassen. Unser Kleiner sah neulich ganz ernsthaft Dein Bild an; er hat große Augen wie Du. Ich küsse Dich im Geist; nun ich über den einen Berg bin, denke ich auch schon immer an den zweiten, die Reise, möge Gott uns auch zu seiner Zeit darüber fort helfen.

Wie immer, nach wie vor

Dein treues Weib.

Das Geld von Dir soll gewissenhaft in des kleinen Engländers Sparkasse fließen u. da noch keine für ihn vorhanden, so bist Du der Gründer derselben – nun sprich noch von schlechten Geldverhältnissen.

Theodor an Emilie Fontane

London d. 26ᵗ Novbr. 56.
92 Guilford Street.

Meine liebe Frau.

Dein heut erhaltner nicht blos schlechtgelaunter, sondern in furchtbarster Hast hingefludderter Brief war allerdings keine besondre Herzstärkung.

Du scheinst betrübt, aber noch mehr verstimmt und geärgert gewesen zu sein, vielleicht über einen Klatsch den Du nicht Zeit gefunden hast mir mitzutheilen.

Ich kenne solche Verstimmungen und habe alle Ursach sie milde zu beurtheilen; alles was ich tadle ist das, daß Du immer in der letzten halben Stunde Deine Briefe hinarbeitest, um nicht ein schlimmeres Wort zu gebrauchen. Zum Teufel Wetter wenn ich bei meiner Fülle von Arbeiten die Zeit finde Dir lange Bogen voll zu schreiben, kannst Du die Sache auch ein klein bischen sorgsamer nehmen. Ich will einem Menschen meine beiden Geburtstagsbriefe hinpacken und meinen Brief vom letzten Donnerstag dazu und will dann Deinen heut erhaltenen Brief daneben legen und fragen: ob es jemand für möglich hält, daß *das* die Antwort darauf ist. Ein mit blauer Dinte geschriebner »einziger Mensch mit etwas Liebe und Treue« ist mir zu wenig. Du hast *8 Tage* Zeit gehabt zum schreiben von Sonnabend den 15ᵗᵉⁿ bis Sonntag d. 23ᵗᵉⁿ; es ist ja nicht nöthig daß Du immer einen neuen

Brief abwartest, am wenigsten wenn die alten noch nicht einmal beantwortet sind. So fange doch das so oft angekündigte Tagebuchschreiben mal an.

Aber genug davon und meinetwegen auch zuviel. Aber Du hast wirklich Unrecht und nimmst nicht die Rücksicht die Du nehmen könntest. Es ist leicht mir immer Rücksichtslosigkeit vorzuwerfen.

———

Ich hoffe von ganzem Herzen, daß nun eine Amme bereits gefunden ist. Ich wünschte nicht, daß das Kind wieder verquiente; so viel Geld muß da sein und so viel *ist da.* Fehlt es mal, so mußt Du auch was dazu thun. Wenn Du glaubst, daß ich mir ein Vergnügen draus mache zu pumpen, irrst Du. Ich kann von hier aus nicht alles besorgen und unter Umständen mußt Du Dir selbst helfen. Spare kein Geld nach *der* Seite hin (ich meine für eine Amme) geh oder schicke wenn nichts da ist zu Metzel, man *muß* Dir dann was geben, sonst hol alles der Teufel. Man kann nicht den Agenten spielen und das große Thier und dabei nicht einmal die Mittel haben seinem Kinde Milch zu geben. Ich schreibe morgen wieder. Wenn Du Dir nur ein Muster daran nehmen wolltest. Der Postenlauf ist jetzt so unterbrochen durch Nebel und Sturm daß von regelmäßiger Correspondenz keine Rede ist. Tausend Grüße

Dein Theodor.

III
FAMILIENZUSAMMENFÜHRUNG UND VERGLEICHSWEISE FRIEDLICHE TAGE IN CAMDEN TOWN, ST AUGUSTINE ROAD (1857)

Dein Brief »that mir so wohl wie ein Liebesbrief u. ich alte Frau packte ihn ganz glücklich unter mein Kopfkissen, Du wirst finden daß ich gerechte Ursache habe mich zu ängstigen, eine alte Frau mit einem jungen Herzen zu werden«.

Emilie an Theodor Fontane, 20. Mai 1857

Der älteste Sohn George mit dem Hausmädchen auf dem Weg zur Schule, Zeichnung von Wilhelm von Merckel

Nach der Geburt von Theodor junior, den Komplikationen im Wochenbett und einer dramatischen Erkrankung des Babys berappelt sich Emilie allmählich und beginnt sich wieder für die Arbeit ihres Mannes in London zu interessieren. Fontane geht mit Vergnügen auf ein entsprechendes Stichwort ein und schickt ihr am 13. Januar 1857 folgende Selbstcharakteristik: »Ich bin gewiß eine dichterische Natur, mehr als tausend andre die sich selber anbeten, aber ich bin keine *große* und keine *reiche* Dichternatur. Es drippelt nur so.« Das lässt die Dichtersfrau nicht gelten. Auf dem Rand ihres Briefes vom 17. Januar – bei den Fontanes stehen wirklich wichtige Mitteilungen und Urteile häufig erst auf den Rändern! – notiert sie: »Wer einen ›Archibald Douglas‹ geschrieben, versündigt sich wenn er sagt: ›es drippelt nur.‹ Die ›Menge‹ macht den Dichter nicht, ein einziges Gedicht kann einen unsterblich machen. Dies ein früherer Ausspruch von Dir; in Beziehung auf Storm glaub ich.«

Was der Ehebriefwechsel in dieser Zeit besonders erörtert, ist das andauernde Dilemma mit den Ammen für Klein-Theo. Die Briefe vom Februar 1857 sind aufschlussreiche sozialgeschichtliche Dokumente über das damals hochentwickelte System der mietbaren Milchquellen, die von regelrechten Agenturen verwaltet werden. Sie belegen die verbreiteten volksmedizinischen Urteile und Vorurteile über den vermeintlichen Einfluss »fremder« Muttermilch auf die charakterliche Entwicklung der Babys. Fontane wettert über den »miserablen Fleischklumpen«, wie er das gerade weggejagte »Ammenbiest« nennt, der »das Leben anständiger Menschen vergällen« könne, und da er gern »weitreichende Schlüsse« zieht, nutzt er die Gelegenheit zu einer generellen deftig-heftigen Abrechnung mit Dienstboten, Ammen, Nachbarn und Hauswirten, die er nicht für eine »Auferlegung Gottes«, sondern für einen »schlechten Spaß Sr. Majestät des Deibels« hält. Fontane, der sich in späteren Jahren so nachdrücklich, ja liebevoll für den »gemeinen Mann« engagiert, spricht hier in ungewöhnlichem Vokabular von »Stänkereien mit gemeinem Pack« und verfasst einen erstaunlichen Kurz-Essay über den »Umgang mit Dienstboten«. Der Romancier Fontane hat in Gestalten wie Roswitha Gellenhagen oder Witwe Schmolke das »Pack« bravourös rehabilitiert.

Was freilich den Briefwechsel zwischen London und Berlin im Winter 1856/57 vor allem dominiert, sind die existenziellen Überlegungen zur Zukunft der inzwischen vierköpfigen Familie. Den gemeinsamen Aufenthaltsort sehen die beide zunehmend in London. Das berührende Gedicht, das Fontane für die Seinen zum Weihnachtsfest 1856 dichtet, spricht das Thema deutlich an:

> Es kommt, will's Gott, ein Wiedersehn,
> Es kommen Frau und Kinder,
> Es ist der Trennung bald genug
> Und leer wird auch ein bittrer Krug,
> Es geht nun mal nicht anders.

Doch Fontane ist bei solchen Plänen abhängig von der vorgesetzten Behörde in Berlin, und die Mühlen der preußischen Ministerialbürokratie mahlen beängstigend langsam; seine Anfragen nach der voraussichtlichen zeitlichen Begrenzung seiner Stelle als Presseattaché bleiben sämtlich unbeantwortet. Dieser demütigende Vorgang illustriert genau das, was Fontane die »poplige Unteroffizierswirtschaft« in der Hauptstadt nennt. Im Übrigen ist es Frau Emilie, die unter dem zermürbenden Hin und Her am meisten zu leiden hat. Sie verspricht völlige Anpassung, während Fontane sie weiterhin mit kühlen, ernüchternden Voraussagen über das gemeinsame Leben in London schockiert. Trotz des häuslichen Trubels – die beiden Söhne lassen keine Kinderkrankheit aus – nimmt Emilie bei Frau Neßler am Hausvogteiplatz Englischunterricht, und gelegentlich wechseln die Fontanes ihre Briefe sogar in der Fremdsprache.

Erst im Mai 1857 lässt man in Berlin durchblicken, dass Fontane noch einige Jahre auf seinem Posten bleiben könne.

Eh freilich die Berliner Behörde die amtliche Entscheidung getroffen und die damit verbundene Summe von tausend Talern für den Umzug bewilligt hat, vergehen noch Wochen. Fontane hat vorsorglich einen Urlaub im April zur Vorbereitung der Übersiedlung genutzt, so dass die Familie am 27. Juli 1857 in London eintreffen kann.

Fontane hat in einem nördlichen, ruhigen Stadtteil ein Reihenhaus gemietet, und dort, in der St Augustine Road in Camden Town, werden die Fontanes nun anderthalb Jahre leben – zum ersten und zum letzten Mal in einem eigenen Haus, und in langen Briefen an die Merckels, an Stiefmutter Bertha Kummer und an Fontanes Mutter beschreiben sie, mit einem gewissen Stolz, ihr Domizil im Detail. Fontane reimt sogar:

> Über Land und über Meer,
> Immer hin und immer her,
> Glück und Unglück up and down,
> Endlich Ruh in Camden Town.

Dieses (bescheidene) Haus, in das Fontanes am 10. August 1857 einziehen, ist ein echter Fontane-Erinnerungsort, und die Organisation »English Heritage«, sehr zurückhaltend mit der Vergabe der »Blue plaque« (und speziell bei nicht-britischen Persönlichkeiten), hat die Stätte sogar als solche ausgewiesen: »Theodor

Fontane. 1819–1898. German Writer and Novelist lived here 1857–1859«, steht auf der »Blauen Tafel«. Entsprechend der Satzung für solche Ehrungen ist das Haus tatsächlich so erhalten, wie es die Fontanes bewohnt haben – das hat Seltenheitswert bei den Wohnstätten des Dichters.

Und wie ist es mit der »Ruhe«, die Fontane gefunden zu haben glaubt?

Die sonst meist spannungsvolle Ehe pegelt sich auf ein Justemilieu ein; man kommt offenbar ganz gut miteinander aus. Fontane schreibt, in aller männlichen Überheblichkeit, am 18. September an seine Mutter: »Mit herzlicher Freude geb' ich Emiliens Benehmen gegen mich das beste Zeugniß; direkt quält sie mich so gut wie gar nicht und unsre Ehe hat sich nach der Seite hin sehr glücklich gestaltet.« Will man dieser Bemerkung glauben, müssen die Fontanes ein harmonisches, ja ein behagliches Familienleben geführt haben. In einem Brief an die Mutter vom 17. Dezember 1857 findet sich gar folgendes erotische Genrebild, wie dergleichen bei dem dezenten Autor nicht oft vorkommt: »Emilie unterhält mich jetzt dann und wann von meiner frühren Leidenschaft, von meinem arabischen Feuer und der erhabenen Gluth meiner Gefühle. Mir ist dann immer als erzähle sie von irgend einem Schah oder Sultan, der auf der Ottomane ruhend reizende Töchter von Circassien den Selam tanzen läßt und wenn Achme und Zuleika fertig sind ›frische Pferde‹ bestellt. So hat man die Märchen aus ›Tausend und einer Nacht‹ durchlebt, ohne es recht zu wissen und hat eigentlich keine Ahnung davon, daß man auch mal ein Kerl bei der Spritze war. Es ist auch recht gut; eigentlich werd' ich immer verlegen, wenn ich von meiner glorreichen Vergangenheit in der Liebe höre. Die Hauptsache ist, daß ich mich bei mehr Ruhe wirklich um ein erkleckliches wohler fühle und Selterwasser weit über Champagner stelle.«

Der Publizist Fontane arbeitet indes sein gewohntes Programm ab, schickt seine Berichte und Kommentare nach Berlin und lässt sich als Presseattaché einmal in der Woche vom preußischen Gesandten »bestandpunkten« (Briefing nennt man das heute). Selbst Emilie Fontane findet in Camden Town die Muße, um sich mit ihrer abenteuerlichen Herkunft auseinanderzusetzen und ihre leider fragmentarische »Jugendnovelle« aufzuschreiben.

Für freudige Aufregung zwischendurch sorgt der Besuch des Urfreundes Bernhard von Lepel 1858; mit ihm erfüllt sich Fontane einen Jugendtraum: er reist für vierzehn Tage nach Schottland und sucht die historischen Stätten auf. Ein anderes Ereignis bringt für Fontane zusätzliche Arbeit; für Emilie, die ein Herz für die Monarchen hat, ist es dagegen ein bewegendes Erlebnis: im Januar 1859 findet in London die Hochzeit des preußischen Kronprinzen Friedrich Wilhelm (des späteren Kaisers Friedrich III.) mit Prinzess Victoria statt – ein dynastischer Vorgang mit europäischer Dimension; Fontane hat darüber berichtet.

Fontane genießt es schon, mit seiner Familie zusammen zu sein, einen Ruhepunkt zu haben und nicht auf das Restaurant Simpson und auf Hammel und Lachs und Lachs und Hammel angewiesen zu sein. Aber zu Ruhe und Gemütlichkeit bringt er's bei seiner ewigen »Kribbligkeit« doch nicht. Und überdies: Fontanes England-Enthusiasmus, wie er 1844 und noch 1852 sprudelt, ist doch merklich abgekühlt. Die Begeisterung für den britischen Parlamentarismus ist überschattet von den Beobachtungen über den Tanz um das Goldene Kalb, und der Glanz des Victorianischen Zeitalters ist eingetrübt durch die Brutalität, mit der die Truppen des Königreichs zum Beispiel die Aufständischen in Indien niedermetzeln.

Alles in allem: *so* unbedingt muss Fontane nicht mehr in London leben, und das Ende der Idylle in Camden Town, wenn es denn eine war, kündigt sich immer häufiger und drastischer an. Ein Brief an die Mutter vom 17. September 1858 sagt es unverhohlen: »Hier ist alles beim Alten, im guten und schlechten. Man frißt sich durch, hat keine direkten Sorgen, kann mal einen Pfropfen aus der Weinflasche und einen Extra-Sixpence aus der Börse ziehn, aber die Verschlagung, das Exil, die Oede, die Langeweile wird immer größer und man darf von sich in Bausch und Bogen sagen: man gähnt sich anständig durch die Welt.« Fontane hat den Eindruck, eine »Pflanze im fremden Boden« zu sein. Die Sehnsucht nach der Heimat wächst, vor allem das Bedürfnis, im Berliner Freundeskreis über Dichtung zu diskutieren und selbst wieder Gedichte zu schreiben statt politische Korrespondenzen. Kurzum: Am 2. Dezember 1858 kündigt Fontane seinen Vertrag, um den er so lange gekämpft hat, und Anfang Januar 1859 ist er wieder in Berlin. Er wird die Insel nie wieder betreten.

THEODOR AN EMILIE FONTANE

London d. 8ᵗ Mai 57.
9 East Compton Street
Brunswick Square

Meine liebe Frau.

Der Brief spricht:
Bin ich auch nur klein,
Melden kann ich doch:
London soll es sein
Drei, vier Jahre noch.

Da hast Du die Bescherung. Der Gesandte war von einer aparten Liebenswürdigkeit, fand die Sache selbstverständlich und erschrak ordentlich bei dem Gedanken, daß ihm die Preßsachen auch noch persönlich und ohne Beihülfe aufgebuckelt werden könnten. Laß nun also Dein Herz hüpfen, aber nur leise und vor der Welt verborgen, denn einmal muß man den Neid und das Beredetwerden scheun, andrerseits ist nicht alles Gold was glänzt und wir werden auch hier unser schwer Theil Sorge, Aergerniß und Heimweh zu tragen haben.

Man soll nun von *Berlin* aus anfragen, darauf wird Graf Bernstorff antworten und dann erst kann die 1000 ℔ Geschichte betrieben werden. Ich denke indeß, da nur *formaliter* noch hin und her geschrieben werden muß, während *sachlich* die ganze Angelegenheit abgemacht ist, so werd' ich mich *jetzt* schon mit Hegel und Metzel über Aufbringung der 1000 ℳ in Verbindung setzen und Dir in spätestens 14 Tagen *sichren* Bescheid geben können. Vorläufig ist alles nur *wahrscheinlich*, aber *nicht gewiß*. Natürlich kannst Du bereits anfangen Vorbereitungen zu treffen, aber ganz im Stillen, ohne lebhafte Freudenszeichen etc. Denn es würde bei den leitenden Persönlichkeiten einen schlechten Eindruck machen, wenn man eine Sache bereits als gesichert betrachten wollte, zu der sie noch nicht formaliter ihre Sanktion gegeben haben. Handle überhaupt klug und weise. Das Fräulein Hertig kannst Du engagiren; bist Du aber auch sicher, daß sie einen guten Charakter hat? sieh Dich ja vor, denn Du weißt daß ich es schlecht verstehe immer zu rüffeln und Standpunkte klar zu machen.

Ein Nachttuch brauch ich, aber es ist gleichgültig was und wie. – Seidne Nachtjacken sind mir noch zu vornehm, Dir aber gönn' ich eine und wünsche sogar, daß Du eine kaufst. – Das Mitbringen der Sachen ist gut, aber die größre Hälfte: Bilder, Bücher und allerhand Dinge die eine Art Mobiliar-Charakter haben, möcht' ich vorher haben, damit ich alles ordentlich einrichten und Dich in ein *Haus* und nicht blos in einen Stall führen kann. – Gott erhalte Dich und die Kinder gesund.

Sei herzlich geküßt von Deinem

Theodor.

Die Zeilen an Zöllner steck in ein Couvert, adressire u. schick ihm zu.

Die Karte steck' in ein Couvert und schicke an Herrn Bachmann.

Theodor an Emilie Fontane

London d. 14ṭ Mai 57.
9 East Compton Street
Brunswick Square.

Meine liebe Frau.

Nur wenige Worte die Dir herzlich danken sollen für den liebenswürdigen Brief, den ich gestern von Dir erhalten habe. Ich werde mir denselben in's Taschenbuch stecken und ihn Dir später immer zeigen, wenn es nöthig sein sollte.

Nöthig wird es dann und wann sein, schon weil eine gewisse, alles schief und trüb sehende Melancholie sich bei Dir so sicher wieder einstellen wird, wie 2 mal 2 vier ist. Das ist kein Vorwurf. *Gegentheils.* Wer Geist und Gemüth hat, kann hier solchem Schicksal nicht entgegn [!]. Nur wer dumm ist und nichts vom Leben verlangt als essen, trinken, ein Kleid und Abends in das 2 schläfrige Bett zu kriechen, nur eine Lady *solchen* Schlages kann hier so gut leben wie überall.

Ich sage dies mit besondrer Rücksicht auf die Mittheilungen Deines letzten Briefes. Ich erschrak bei dem Gegensatz zwischen einer Woche *dort* und einer Woche *hier*. Du hast in 8 Tagen Frau v. Merckel 3 mal gesehn und Miß Jane und Locken-Clara; Du bist bei Kuglers und Baeyer's gewesen; Du hast Fritz Witte'n wiehern hören; Fournier hat eine Stunde mit Dir geplaudert u. s. w. London wird Dir auch diesmal nach *der* Seite hin gar nichts bieten. Mit Alberts wünsch' ich aus 120 Gründen einen sehr freundlichen aber sehr seltnen Verkehr; so bleibt eigentlich nur Beta (nebst Frau) und Schweitzer. Diese sind sehr brav und gut, aber es ist doch in jeder Beziehung tief unterm Niveau dessen, was wir gewohnt sind. Das Gefühl der Leere kann gar nicht ausbleiben; auch die beste, ungestörteste Ehe zwischen Leuten die sich lieben, kann das nicht hintertreiben. Geistig bewegliche Menschen bedürfen der Anregung von außen, sie müssen erleben, Stoff muß ihnen zugetragen werden; Kamin, Thee, Times und Liebe sind gut, aber sie reichen nicht aus. Hebe Du Dir diesen Brief *auch* auf, oder noch besser schick' ihn mir wieder, damit ich ihn Dir zu rechter Zeit vorlegen kann.

Du wirst mich nicht mißverstehn; ich will Dich nicht abschrekken, denn ich freue mich aufrichtig und von Herzen auf Dein Kommen, aber *dämpfen* möcht' ich soviel wie möglich, denn ich bleibe dabei, daß das Leben hier gesellschaftlich trostlos ist und daß der an Freunde, Witz, Humor, Gesellschaft und beständige Anregung gewöhnte Mensch, sich hier nur ähnlich wohl fühlen kann, wenn er *sehr* viel Geld hat und die Vergnügungen mitmachen kann, an denen auch hier kein absoluter Mangel ist, aber die so gut wie nicht da sind für den armen Teufel. – An George schreib ich das nächste Mal; über seine Einlagen hab' ich wieder sehr gelacht. Uebrigens erhielt ich den Brief einen Tag zu spät; er war erst zwischen 6 u 7 abgegeben und nicht in den Wagen, sondern in den Kasten gesteckt. – Das Casper'sche Geschenk geb ich heute ab; sage aber (mit meinen ergebensten Empfehlungen) ich *hätt'* es vor 2 Tagen schon in Person abgegeben. Eher hätt ich leider nicht gekonnt. – Mit dem Wohnungs-Arrangement bin ich sehr einverstanden; nur reise nicht mehr zu Johanna, verspare Dir das bis zum nächsten Jahr, *dann* wird es nöthig sein. Daß Dir der Brunnen bekommt und Du Dich erholst, freut mich sehr zu hören. Küsse die Kinder und sei geküßt von Deinem
Theodor.

Ich habe der † Ztng ein paar längere Aufsätze geschickt und ich denke immer noch, daß sie *nachträglich* zahlen wird. Vielleicht auch haben wir bei Tietz das betreffende Geld verkniffen. Das wäre theuer dinirt!

Die Karte an Kugler gieb entweder ab, oder siegle ein und schick' ihm zu.

Die Sachen für Eggers gehen übermorgen mit der Gesandtschaft hier ab.

Emilie an Theodor Fontane

Berlin d 20$^{t\cdot}$ Mai. 57.

Mein Herzensmann.

Deinen Brief vom 14ten erhielt ich am Sontag Abend, gerade als ich von Baeyer's kam. Er that mir so wohl wie ein Liebesbrief u. ich alte Frau packte ihn ganz glücklich unter mein Kopfkissen, Du wirst finden daß ich gerechte Ursache habe mich zu ängstigen, eine alte Frau mit einem jungen Herzen zu werden. Du mußt liebes Herz, was ich Dir jetzt über mein Leben u. Treiben berichte, nicht als Norm nehmen; hätte ich nicht die Uebersiedlung nach London vor, so würde ich auch weniger liebe Menschen sehen, es sind doch auch Wochen in Einsamkeit vergangen, u. dort habe ich – ohne Sentimentalität – Dich immer, u. bin glücklich mit diesem Tausch.

Die letzten Tage sind mir zu trubulös gewesen, u. fühle ich mich recht angegriffen, da zu dem Brunnen mehr Ruhe gehört, außerdem muß ich fast täglich zur Mrs. Neßler in die Stunde u. darf ich doch zu diesem liebenswürdigen Verlangen nicht »nein« sagen. Johanna ist heut mit ihrem Manne auf 2 Tage nach Hamburg, außerdem daß ich mit ihr im Theater war, habe ich sie noch einige Male gesehen, sie liebt mich sehr u. bittet mich mit den Kindern im Juli hinzukommen, aber Du hast Recht, es ist vernünftiger ich bleibe hier bis zur großen Reise. Treutler wird sich in Hamburg meines Gepäcks wegen erkundigen, wahrscheinlich schicke ich schon im Juni eine Kiste mit Bilder etc ab. Soll ich denn unsere Matrazen mitbringen? unsere Sachen werde ich wohl fast alle an Bekannte verkaufen, Dein Cylinder-Büreau an den General Baeyer. Gestern schickten mir Metzel's die Kleider, mein Baregekleid. […]

Eben schickt meine Merckel ein paar Zeilen u. Deinen Aufsatz »Die Shadwell-Theater«. Neulich las ich auch mit Furcht u.

Grauen von dem eingestürzten Hause; miethe nur nicht für uns solche Baracke.

George hat wieder Ausschlag, ist aber sonst mobil; neulich hatte er seine Tafel in der Schule gelassen, u. glaubte er hätte sie vergessen, worauf ich ihn mit Schlägen drohte. Abends weinte er bitterlich, u. sagte: bitte verzeih es mir doch noch eimal, ich laß mich nicht sehr gern schlagen. Da mußte ich doch verzeihen.

Nun lebewohl, theurer, bester Mann. Gott schütze Dich, ich liebe Dich sehr.

Deine Frau Emilie.

Theodor an Emilie Fontane

London d. 19/20 Juni 57.
9 East Compton Street
Brunswick Square.

Meine liebe Frau.

Habe Dank für Deine heut früh erhaltenen Zeilen, die mich über die Gesundheit der Kinder beruhigt haben. Du selbst mußt Dich auch sehr in Acht nehmen und könntest, glaub ich, nach der Seite von mir lernen, der ich auch bei 30° Grad Hitze nicht ausgehe ohne mein dickes Tuch überm Arm. Ob Mutter Kummer überhaupt noch kommt, scheint mir beinah fraglich, kommt sie indeß, so hab ich allerdings den lebhaften Wunsch, daß Du Dich 8 oder 14 Tage lang ein bischen pflegen mögest, nöthigenfalls in Luckenwalde. [...]

Heute hat der Gesandte über mich und meinen Verbleib referirt, wie ich vermuthe freundlich und es wird sich nun wohl in den nächsten 14 Tagen oder 3 Wochen arrangiren. Von dem Moment ab, wo ich das Geld in Händen habe, ist alles andre rasch gethan; in 14 Tagen will ich alles einrichten, vorausgesetzt daß ich die Kiste zu rechter Zeit erhalte. Es würde daher gut sein, daß Du vorher alles fertig machtest und nur meine Ordre: »jetzt schicke die Kiste« abwartetest. Es fragt sich dann freilich, in wieviel Zeit dieselbe voraussichtlich hier sein kann. Das *Mitbringen* der Kiste hat sehr viel gegen sich. Du findest dann eben alles halb fertig vor und das macht einen schlechten Eindruck. Vor Ende Juli wirst Du im glücklichsten Falle nicht hier sein können. Sich darüber zu ereifern, ist nutzlos; ich laß jetzt die Sache sich ruhig entwickeln und bin mit jedem Resultat zufrieden. Es ist nämlich immer noch möglich, daß sich die Sache zerschlägt, – auch das rührt mich nicht. Du besuchst mich dann, bleibst ein paar Monate und zu Weihnachten komm ich zurück. Das alles ist freilich nur eine Möglichkeit, aber man darf nicht vergessen, daß es so kommen *kann*.

Ich freu mich herzlich Dich wieder zu sehn, aber es erfüllt mich auch mit Sorge, denn es kann und wird uns hier nie gefallen und das sogenannte »häusliche Glück« (selbst wenn es da ist) reicht weder aus für Dich noch für mich. [Alle?] nervöse Menschen bedürfen zu ihrer Befriedigung mannigfacher von außen kommender Anregungen des Geistes und Gemüths und auf diese müssen wir hier schlechterdings verzichten.

Küsse die Kinder und sei herzlich geküßt von Deinem

Theodor.

EMILIE AN THEODOR FONTANE

Berlin d 22$^{t.}$ Juni. 57.
Lieber Mann.

Dein Brief kam mir heut sehr erwünscht, da ich im Begriff war, mit dem allmäligen Entwöhnen des Kleinen zu beginnen, womit ich nun natürlich warte, da meine Reise so spät oder auch so unbestimmt ist. Das einzig Unangenehme in diesem schwankenden Zustand ist, daß unsere Sachen bereits fast alle verkauft sind, was wenn wir garnicht nach England gingen, sehr nachtheilig für uns wäre. Es macht mich auch so besorgt, Dich stets mit Angst von unserem Kommen reden zu hören u. wäre es thörigt wenn Du mir gegenüber Scheu hättest auszusprechen, wenn es Dir allein dort besser behagte, denn die Rücksicht auf mich kann es nicht sein, da fremde Menschen einsehen, daß meine Existenz hier keine beneidenswerthe ist. Ich klage Dir nichts vor, weil Du nichts Unangenehmes hören willst, aber daß mein Leben hier im letzten Jahr voller Prüfungen war, wird mir Niemand abstreiten. Ich will aber um Gottes willen, Dein vielleicht mit mir unbekannten Reizen geschmücktes englisches Leben nicht trüben u. sollte es von hier aus bestimmt werden, daß Du dort bleibst, übereile Dich meinetwegen in keiner Beziehung, da ich ja recht gut bis Ende August hier bleiben kann, so lange steht mir die Wohnung zu Gebot, u. ist dann die Reise mit den Kindern über Hamburg noch nicht gefährlich.

Koblank war nach seiner Reise heut zum ersten Male wieder hier. Er hat George etwas verordnet, da er fast täglich 2 mal Nasenbluten hat, Himbeeressig u. Wasser zu trinken, ich werde Dir das Recept schicken. Der kleine Theodor ist meine Wonne, er sitzt bereits allein mit seinem Spielzeug an der Erde u. ist ein liebenswürdiges, stets frohes Kind, nicht annähernd so gnaugig wie George in dem Alter war. Er scheint Humorist, denn wenn er beim waschen o. dgl. weint, braucht nur George zu kommen u. zu singen »Pietsch kommt, Pietsch kommt, Pietsch ist kreuz fidele« dann lacht u. kräht er mit dem Großen um die Wette. […] George grüßt Dich, er ist mit seinem Briefe nicht fertig geworden. Ist denn Mr. Collins noch immer hier? könntet Ihr doch eure Rollen tauschen. – Wie immer

Deine alte Frau Emilie.

Theodor an Emilie Fontane

Manchester-Exhibition
am 2ᵗ July
[*Von Fontane mit Blaustift ergänzt:* 1857.]

Meine liebe Frau.

Mögen Dich diese Zeilen wohl treffen und möge vor allem die Frage, die uns nun schon so lange in der Schwebe erhält, bei Eingang dieses Briefes im Einklang mit unsren Wünschen gelöst sein.

Ich denke bis zum 5ten oder 6ten hier zu bleiben; wenn mein Geld reicht und nicht dies oder das meine raschere Rückkehr nach London wünschenswerth macht, so geh' ich vielleicht noch über York nach Edinburg. Es ist aber unwahrscheinlich, weil ich doch nun mal versprochen und bereits angefangen habe über die Kunstausstellung etc zu schreiben und eine Fortsetzung resp. Beendigung solcher ziemlich schweren Aufgabe gar nicht möglich ist, so lange man umher geworfen wird und jede Stunde neue Eindrücke empfängt. Auch andres kommt hinzu: ich erwarte jeden Tag die Nachricht von Dir, daß nun alles in Ordnung und Haus und Einrichtung also zu besorgen ist; außerdem könnte der Gesandte meine Gegenwart wünschen und schließlich wird es gut sein, daß ich meine Berichterstattung für die † Ztng wieder gründlich aufnehme.

Es ist hier sehr viel schönes zu sehn und man darf sich die Gelegenheit nicht entgehn lassen Dinge genau kennen zu lernen, die man so bequem und vollständig nie wieder beisammen hat. Heut oder morgen schick' ich den *dritten* Bericht an Metzel ab; Du mußt aus diesen gedruckten Briefen ersehn wie ich lebe und wie es mir geht. In den ersten Tagen war ich so krank, daß ich fast zurückgereist wäre und mich nur mit äußerster Anstrengung aufrecht hielt. Seit gestern geht es gut. Ich habe hier Titus Ullrich getroffen, was mir sehr angenehm ist. Grüße Mama Kummer, küsse die Kinder und sei geküßt von Deinem

Theodor.

Schreibe gleich. Adresse natürlich nach Compton Street.

THEODOR AN EMILIE FONTANE

Manchester 8^{t} Juli 57.
Blackfriars Hôtel.

Meine liebe Frau.

Nur wenige Worte.

Morgen will ich hier fort und denke also am 9ten Abends (Donnerstag) in London zu sein. Am 10ten werd' ich erst ein bischen arbeiten, an die † Ztng schreiben und dann ausgehn um eine Wohnung zu miethen. Wenn die niedlichen Häuschen, von denen ich früher sprach, weg sein sollten, nun so nehm' ich andre; – es ist wirklich ganz gleich. Wenn man sich nicht selber ein Haus bauen, bestellen, herrichten und zum Heimathshaus für Lebenszeit machen kann, so kommt es wirklich nicht drauf an ob man in einer grünen oder gelben Stube schläft und ob das Haus diesseits oder jenseits der Themse liegt. Hammelkeulen, black tea und Omnibusse giebt es überall und das heißt leben in London. Ich schreibe das in bester Laune und in aufrichtigster Freude euch alle, so Gott will, bald um mich zu haben, aber das Leben in der Fremde ist doch nun mal so und Du wirst Dich früh genug davon überzeugen. Uebrigens weiß ich sehr sehr wohl, daß dies Leben auch sein Schönes und Gutes hat.

Ein Brief von Alberts hat mir gestern mitgetheilt, daß die Angelegenheit jetzt geordnet ist. 1980 ℔ Gehalt, auf 3 Jahr bewilligt, 1000 ℔ Vorschuß. Ich denke Du gehst zunächst zu Metzel und sagst ihm freundlichst, übrigens *maßvoll*, meinen und Deinen Dank für die glückliche und schließlich doch ziemlich rasche Abwicklung der Sache. Sag' auch, so wie ich in London wäre schrieb ich selbst an ihn.

Ich denke nun Du richtest Dich so ein, daß Du am 21^t abreist, Du bist dann wahrscheinlich am 24^t Morgens hier. Die Einrichtung hier hoff' ich in 8 oder 10 Tagen bewerkstelligen zu können; die Kiste kommt auch wohl bis dahin. Von den Bildern schicke: Fehrbellin, Riedel's Bild, den alten Fritz und die 2 engl: aus Letschin; kaufe auch noch das Sanssouci Bild von Mentzel. Vielleicht recommandirt man Dir noch ein andres, aber es muß aus der preuß: Geschichte sein.

Am Sonnabend schreib ich wieder und kann Dir dann wohl schon Bestimmteres mittheilen; – auch noch Kleinigkeiten hervorheben, die mir jetzt nicht zur Hand sind.

Leb wohl, überanstrenge Dich nicht, rege Dich nicht auf, grüße Mama Kummer und alle Freunde und sei herzlich geküßt von Deinem

Theodor

THEODOR AN EMILIE FONTANE

London d. 11^t Juli 57.
9 East Compton Street
Brunswick Square

Meine liebe Frau.

Seit vorgestern Abend bin ich von Manchester zurück. Leider hab ich nur Unangenehmes im Kleinen und Großen seitdem erlebt. Mit den Details will ich Dich verschonen, nur soviel daß es gestern zu einer Art Scene zwischen Alberts und mir kam. Ich begreife seine Empfindungen und kann ihn nicht, wenn ich mich in seine Seele hineindenke, in Bausch und Bogen verurtheilen; dennoch ist das ganze Verhältniß von einer fast unerträglichen Peinlichkeit. Zu ändern ist darin nichts und ich muß mich damit trösten, daß jede Lebensphase nun 'mal ihre harten und bittren Seiten hat.

Du frägst an: wie Du die Kiste adressiren sollst. Natürlich einfach: Th. Fontane 9 East Compton Street Brunswick Square. Die weitren Details weiß ich nicht, kannst Du auch in Berlin besser erfahren; mir schwindelt der Kopf und ich bin außer Stande Erkundigungen darüber einzuziehn. Schweitzer will heut Nachmittag bei Purssell fragen und wenn er was Bestimmtes daselbst über die Art und Weise erfährt, so wird er es diesen Zeilen hinzufügen.

Heut über 14 Tagen seid Ihr hoffentlich alle wohlbehalten hier. Ich freue mich aufrichtig euch wiederzusehn; dennoch ist mir mein Herz schwer, denn die Situation ist schwer und ohne Dich kränken zu wollen, hat es doch nie zu Deinen Tugenden gehört mir das Schwere leicht zu machen. Es ist sehr leicht immer von Lieblosigkeit zu sprechen; Du siehst die Dinge wie Du sie wünscht, ich sehe sie wie sie *sind* und habe sie durchzufechten.

Ich wiederhole Dir daß Dir das nicht wehe thun soll, es soll Dich nur gerecht und billig und unter Umständen nachsichtig machen. Küsse die Kinder und sei geküßt von Deinem

Theodor.

IV
DAS PSYCHOGRAMM EINER EHE IN EINEM HEITEREN SOMMERBRIEFWECHSEL
(1862)

»Aber bitte Deine Photographie bald; wenn ich Dich auch im Herzen trage, treuer als die Photographie sein kann, so möchte ich Dich doch gern zeigen können, meinen schönen Mann.«
Emilie an Theodor Fontane, 27. Mai 1862

Fontane als Wanderer durch die Mark, Karikatur von August von Heyden, um 1860

Fontane findet bei seiner Rückkehr nach Berlin reichlich verworrene politische Verhältnisse vor und sucht nach einem Arrangement mit den neuen Leuten, die nach der Entlassung der Regierung Manteuffel das Sagen haben und ihn als vermeintlichen »Manteuffelianer« mit Skepsis behandeln. Fontane weiß um seine prekäre Position und schreibt am 22. Januar 1859 an Friedrich Eggers: »Im politischen Leben spielt die Fahne eine eben so große Rolle wie im militärischen; wo man steht, muß man fest stehn und nicht lange mäkeln und mucksen. Aber freilich muß eine Fahne *überhaupt da sein.*« Fontane lebt zu diesem Zeitpunkt wohnungs- und mittelos in der Stadt und fühlt sich denkbar unbehaglich, zumal ihm, nach den angenehmen Gewohnheiten in London, die Trennung von Frau und Kindern doch schwerfällt, die vorläufig in London zurückgeblieben sind. Seine literarischen Erfolge im »Tunnel über der Spree« (er erntet viel Zuspruch für seine »Prinz Louis Ferdinand«-Ballade) und im Arnim'schen Etablissement (wo er Vorträge über England hält) können seine desolate Situation nicht aufwiegen.

Da scheint ein Brief von Paul Heyse eine Lösung zu offerieren. Der lädt ihn – unverbindlich – nach München ein und deutet die vage Möglichkeit an, dass er vielleicht Privatbibliothekar am bayrischen Hof werden könne. Fontane reist sofort, aber die Angelegenheit zieht sich hin und – scheitert. Fontanes Briefe an Emilie referieren fast täglich die Ereignisse der Münchener Tage, aber in der Mischung von zärtlichen Anwandlungen und barschen Tönen und ständig veränderten Überlegungen verwirren sie die arme Emilie, die sich, nach der Rückkehr aus London, teils in Berlin, teils in Neuruppin aufhält. Ende März ist Fontane wieder in Berlin. München hat ihn um eine Erfahrung reicher gemacht, aber keine Anstellung eingebracht. Immerhin verhilft die treue, hilfreiche Henriette von Merckel den Fontanes zu einer »Sommerwohnung« in der Potsdamer Straße 33, mit »Geisblattlaube« und »ächter Berliner Gartenluft (Blumen vorne und Müllkute hinten)«, wie der Dichter spottet. Von dort aus unternimmt er seine ersten märkischen Wanderungen.

Das folgende Jahr, sie sind schon wieder umgezogen, lässt sich für die Familie gut an: am 21. März wird, erstmals ohne Komplikationen, endlich das lang erwartete Mädchen geboren: Martha, Mete genannt. Und am 1. Juni übernimmt Fontane die Redaktion des englischen Artikels bei der »Kreuzzeitung«, so dass die »Grundsicherung« der Familie gewährleistet ist. Die politische Richtung des konservativen Blattes ist ihm nicht recht geheuer, aber er bekommt sein Gehalt, arbeitet nur vormittags und hat Zeit für seine Wanderungen. Und er kann 1860 zwei Buchveröffentlichungen vorweisen: den Reisebericht »Jenseit des Tweed. Bilder und Briefe aus Schottland« und die Sammlung »Aus England. Studien und Briefe über Londoner Theater, Kunst und Presse«. Während die Fontanes ständig weiter umziehen, erscheint Ende 1861, was der Hausherr inzwischen bei seinen Streifzügen in Brandenburg aufgeschrieben hat: der erste Band der »Wanderungen«.

Emilie betrachtet die pulizistische Produktion des Gemahls mit Wohlwollen, denn sie verbessert durchaus den schmalen Haushaltsetat. Dass er – gerade Anfang 1862 – nachts noch an ganz anderen Dingen schreibt, weiß und duldet sie (auch wenn da noch lange kein finanzieller Ertrag in Aussicht steht). Er hat ihr mit Sicherheit längst von seinem Lieblingsplan erzählt, einen Roman über die »Franzosenzeit« zu schreiben, und sie kennt den Arbeitstitel: »Lewin von Vitzewitz«. Es sind die Anfänge von »Vor dem Sturm«.

1862 wird wieder ein ergiebiges Jahr für den brieflichen Gedankenaustausch mit ihrem »Herzensmann« werden, ein heiterer, überaus intensiver Sommerbriefwechsel. Emilie kann im Mai wieder einmal zu ihrer Freundin Johanna Treutler nach Neuhof bei Liegnitz reisen, während Theo seinen Dienst in Berlin absolviert und in der Mark umherfährt. Offensichtlich haben sich die beiden in bestem Einvernehmen und mit passablen Dispositionen für die Kinder getrennt: die knapp zweijährige Mete kommt mit nach Neuhof, die Söhne werden bei der Großmutter in Neuruppin untergebracht. Und Fontane selbst wird vom langjährigen Hausmädchen Mathilde Gerecke betreut und vorzüglich »bekocht«.

Unter diesen Umständen kann er relativ entspannt über die existenzielle Frage »Ob Du mir fehlst« philosophieren, aber auch im besten Feuilletonstil eine Fahrt nach Teupitz mit dem Schiff, einen strapaziösen Tag im Oderbruch oder die Aufpolsterung der ehelichen Matratzen schildern. Die Bändigung des Wildfangs Mete mit Hilfe der Rute nimmt er mit gemischten Gefühlen zur Kenntnis (die Kleine ist sein Liebling und wird erst später auch sein Sorgenkind werden), und für die Erziehung Georges bei Tisch fühlt er sich nicht zuständig. Seiner Frau gönnt er die vorzügliche Verpflegung und die erholsame Ruhe bei den wohlhabenden Treutlers, schärft ihr aber auch ein: »komme nur nicht so sehr fett und vollbusig wieder«. Der lockere Ton setzt sich fort, als er seine Briefe nicht mehr nach Neuhof, sondern nach Neuruppin schickt, wo Emilie im Juli die Söhne abholt.

Emilie an Theodor Fontane

>Neuhof d 21. Mai. 1862
>[*Tag und Jahr nachträglich von Fontane eingesetzt.*]

Mein geliebter Mann.

Es ist sehr liebenswürdig von Dir, daß Du mir schon geschrieben und so gute Nachrichten über Dein Befinden hast geben können. Unsere Reise ging glücklich von Statten, aber ich sehe doch, daß *ich* nicht mehr für solche nächtliche Strapatzen tauge, denn ich war halb todt vor Ermüdung. Martha schlief gleich ein, aber ich konnte vor 1 Uhr nicht müde werden; die stille Nacht durch die das schwere Ungetüm, der Zug, wie die wilde Jagd mit einem wahren Teufelslärm, sauste, machte mich ganz nervös. Dann schlief ich kurze Zeit und erwachte als Martha eben im Begriff war herunter zu kollern. Von da an kämpfte ich zwischen schlafen und wachen, um die Kleine zuzudecken, die immerfort ihre Reize enthüllte, was der Kühle und zweier Damen wegen, die in Glogau hinzugekommen waren, nicht wohl anging. Uebrigens kamen wir erst um 5 Uhr in Liegnitz an, trafen den Wagen und einen Diener und fuhren Neuhof zu, Martha frisch und heiter als hätte sie in ihrem Bettchen gelegen. Meine Johanna empfing uns, versorgte uns mit Frühstück, und spedirte uns in's Bett, wo wir bis 9 Uhr uns mit Schlaf erquickten. Gestern war ich aber doch recht angegriffen aber heut nun ich ausgeschlafen, ist mir sehr wohl und wünschte ich nur ich könnte meinem süßen Mann einen Sack voll von der frischen, erquickenden Luft mitschicken, die hier *weht*, aber vielmehr *ist*, denn Wind scheint nur in Berlin zu herrschen. Hier ist seit 14 Tagen viel Regen, Felder und Gärten stehen in voller Pracht und das Landleben tritt mir überall in seinem Reiz und seinem Reichthum entgegen. Johanna hat mich schon so gepflegt, daß mir ist als genösse ich all das Gute bereits seit 14 Tagen. Martha ist mir ganz abgenommen, ich darf sie nicht anziehen, ihr nicht zu essen geben; sie ist immer mit den wirklich liebenswürdigen Kindern beisammen und das fühle ich thut mir am wohlsten, das kleine Thier nicht mehr beaufsichtigen zu müssen. Eimal ist sie erst geklettert, da ließ aber die Tante Johanna einen solchen Angstschrei ertönen, das Martha so erschrak, daß sie es seitdem nicht wieder versucht hat. Ich schicke Dir die Kinder, das Jüngste fehlt; Clärchen, die auf dem Stuhle sitzt, ist ein wundervolles Geschöpf, 4 Jahr alt und bereits der Intimus unserer Martha.

Johanna's Mann ist nach Berlin und Magdeburg und geht dann nach »Elster« in Sachsen, ein in seinen Wirkungen mit Franzensbad gleicher Brunnen. – Ich wünsche nun von ganzem Herzen daß es Dir wohl ergehen mag; genieße Deine Freiheit und hoffe darauf mich frisch und gebessert wieder zu sehn. Grüße meinen George, den ich sehr bitte recht vernünftig zu sein und täglich 3 Seiten *laut* englisch zu lesen, dann würde ich ihm auch etwas Schönes mitbringen. Mathilde grüße schönstens, Martha spräche viel von ihr, die Kleine würde nun Höschen bekommen.

Nun leb wohl mein Herzensmann. Du möchtest die Briefe an Johannan adressiren und drunter schreiben: »*für* Frau Fontane[«], ich muß sonst 4 sgr. bezahlen.

Wenn Du mal gesonnen bist, mir eine Freude zu machen, so schicke mir Deine Photographie. Nun leb wohl, sei von Johanna gegrüßt und schreibe bald wieder an Deine

alte Frau.

Theodor an Emilie Fontane

Berlin d. 23. Juni 62.

Meine liebe, gute Frau.

Es war sehr hübsch, daß Dein Brief am Sonntag Morgen hier eintraf; ich war zwar, trotz des windigen Wetters, in Teupitz gewesen, war aber schon wieder zurück. Ich reiste am Freitag Abend um 8 hier ab und war um 4 Uhr Morgens in Teupitz, schlief 3 Stunden in einem Bett, in dem *wenigstens* schon einer geschlafen hatte, fuhr dann über den schönen See, besuchte Schloß und Kirche, zuletzt einen Berg von dem aus man die ganze Herrschaft Teupitz mit ihren Bergen und Seen überblickt, fuhr um 2½ wieder ab und war um 7½ schon wieder in Berlin. Trifft sich's so, daß man die Posten benutzen kann, so spart man viel Zeit und Geld. Die Fahrt war sehr angenehm und da man auch, wenn man für 20 oder 25 Personen ein Dampfschiff (das Coepnicker) miethet, zu *Wasser* nach Teupitz fahren kann, so hat die Merckel den lebhaften Wunsch geäußert, daß wir, bald nach Deiner Rückkehr, eine solche Fahrt machen. Es geht an Stralow, Coepnick, Müggelsbergen, Koenigs-Wusterhausen etc. vorbei, immer fast auf breiten Seeen, Berge rechts und links, so daß es wirklich sehr schön sein muß. Kein Mensch ahnt, daß man in der *Mark* solche Fahrten machen kann, die wahrscheinlich mit den Fahrten auf dem Loch Neß und Loch Lochy (der sogenannte kaledonische Kanal, von Inverneß aus) die größte Aehnlichkeit haben. Die Fahrt wird ohngefähr 6 Stunden dauern, von 6 bis 12; von 12 bis 4 in Teupitz; von 4 bis 10 wieder zurück. Wein, pie und tarts muß man mitnehmen und in Teupitz nur Zander essen, der dort sehr schön ist.

Deine Bestellungen an Mathilde hab ich ausgerichtet d. h. alles auf einen Zettel geschrieben, so daß sie nun in meiner Abwesenheit, während dieser Woche, alles machen lassen wird. Das

Kindersopha flickt sie selber aus und zwar ganz gut, sie ist eben dabei beschäftigt.

Den Toast mache nur selber. Nicht daß ich mich davon drükken möchte, aber ich habe ein Gefühl davon, daß es hübscher, niedlicher ist, wenn Du es machst. Die Idee dazu ist ganz allerliebst; Du kannst ja schließen:

> So trinken wir denn in Wein aus Champagne
> Auf eine gute Winterkampagne.

Giebt es keinen Champagner, so ist's freilich schlimm und Du mußt diese kühnen Reime aufgeben. Buch und Geld (20 ₺) erhälst Du am 3. Juli. Eher kann ich nicht, worüber Du nicht böse sein wirst.

Du fragst, ob Du mir fehlst? Allerdings fehlst Du mir, nicht wegen Suppe und Braten (was wirklich für halbwegs anständige Menschen ein zu spießbürgerlicher Standpunkt ist) sondern aus allen möglichen andren Gründen. Es würde dies noch viel mehr der Fall sein, wenn ich nicht gerade in diesen Wochen wieder gesehn hätte, daß unsereins ein vollständiges Hetzleben führt und daß, wie es Frauen giebt die sich beständig fragen: was kochst Du heute? unsereins die Fieber-erzeugende Frage nicht los wird: was arbeitest Du heute? Der innerliche Mensch ist immer in einer Art Aufregung und Aktion, immer in der Angst: wie wird das werden? welches Buch brauchst Du? an wen mußt Du noch schreiben? wer weiß etwas davon? wie componirst Du dies, wie gruppirst Du das etc. etc. Dies ist die *Aufregung* bei der Arbeit; aber diese Aufregung ist lange nicht das schlimmste; das schlimmste ist die Sorge: wird es auch nicht dummes Zeug sein! oder das bestimmte Gefühl »so geht es nicht, das ist albern, das ist verbraucht« und in Folge davon die Nothwendigkeit, oft schon mit angegriffenen Nerven, etwas andres, neues, an die Stelle des alten zu setzen. Ich schreibe Dir über diesen Prozeß so ausführlich, um dadurch, allen Ernstes, Dein Mitleid zu erwecken. Denke Dir einen innerlich derart abgehetzten Menschen, der mit Recht verstimmt ist, weil die Sachen nicht so kommen wollen wie er möchte und solch armer Kerl soll nun wegen Lieblosigkeit, Mangel an Aufmerksamkeit etc. angeklagt werden. Es ist eine wirkliche Grausamkeit, der Essigschwamm für den Durstigen. Ich versichre Dich, daß ich oft viel lieber spatzieren ginge, oder plauderte, oder im Fenster läge, aber es geht nicht, und ich bitte Dich, mich in Zukunft nach *dieser* Seite hin etwas besser zu behandeln. Jeder geistig thätige Mann, dessen geistige Beschäftigung noch dazu das tägliche Brot schaffen muß, kann seine Zeit zwischen Arbeit und Familie nur sehr ungleich theilen; die Familie wird, was Zahl der Stunden angeht, immer etwas zu kurz kommen. Man sollte sich vielleicht nur öfter *Ferien* gönnen und alle Monate mal sagen: »nun wird 8 Tage lang nicht gearbeitet.« Weiß es Gott, das mir das sehr angenehm sein würde; aber ich habe bis jetzt zu dieser ruhigen Vertheilung meiner Zeit noch nicht kommen können. Auch ist es deshalb schwer, weil man innerlich eigentlich nie fertig wird und Neues gleich nachrückt (und zwar unaufgefordert) wenn das Alte abgearbeitet ist. Ich will diese lange Abhandlung doch mit einer trostreichen Betrachtung schließen. So unbequem dies beständige innerliche Engagirtsein für mich und so empfindlich es gelegentlich für Dich ist, so ist auf die Dauer – in a long run wie die Engländer sagen – eine solche Existenz doch für beide Theile die allein glücklich machende. Wer immer bei »Muttern« ist, wird nothwendig ein Philister, ein lederner Patron, dessen Langeweile nachher viel verdrießlicher wirkt, als die Unruhe des immer Beschäftigten, der eben nur Stunden und Tage hat, wo er zur Ruhe kommt, in solchen Stunden aber auch die Ruhe und alles Glück des Familienlebens doppelt genießt. Da hast Du's! […]

Nun leb mir recht, recht wohl, küsse den Liebling, empfiehl mich Deiner Freundin u. sei herzlichst geküßt von Deinem
Theodor.

Theodor an Emilie Fontane

Berlin d. 9. Juli 62.

Meine liebe, gute Frau.

Heute über 8 Tage also, wenn nichts Störendes dazwischen tritt, wirst Du schon 24 Stunden hier sein und wenn die Sonne ebenso hell scheint wie in diesem Augenblick, wollen wir in einer Droschke bis zum Charlottenburger Chausséhaus fahren, den Park besuchen und in einem Omnibus wieder nach Hause fahren. Ganz wie schon früher.

Du fürchtest allerhand Unangenehmes hier vorzufinden, worauf ich nur (unberufen und unbeschrien) erwidern kann: nicht daß ich wüßte. Natürlich wird dies und das nicht so sein, wie Du wünschst, aber nach meiner Kenntniß der Sachlage, kann es sich dabei nur um Kleinigkeiten handeln. Die Mahagoni-Stühle sind noch nicht in Ordnung und die Matratzen und Gurte auch nicht, weil der Tapezier gesagt hat: »das ginge nicht«; solcher Dinge wirst Du vielleicht noch mehrere vorfinden, aber nicht viel. Selbst in der Wirthschaft hab ich mich sehr zusammengenommen, theils war ich alles in allem 10 Tage fort, theils hab' ich durch ein Minimum von Gastfreundschaft die Ausgaben beschränkt. Die kleine Gesellschaft, die ich gleich nach Deiner Abreise gab, war zwar recht hübsch und bedaure ich nicht, sie gegeben zu haben, aber ich fand doch schließlich daß derlei Dinge für unserein zu kostspielig sind und noch dazu doppelte Ausgaben veranlassen, da ein verlorner halber Tag mich wenigstens um 3 ℃ bringt. Gesellschaften geben und *gemeinschaftlich* reisen, sind Dinge zu denen wir es wohl nicht bringen werden; will man dergleichen ordentlich und anständig in Scene setzen, so ist es sehr theuer, was dann zwischen Dir und mir leicht zu Streitigkeiten führt, abgesehen davon, daß Du die Schwäche hast von mir die Ausführung jedesmal dessen zu verlangen, was Dir als richtig vorschwebt ohne

Rücksicht auf *meine* Ansicht und *meine* Stimmung [...] zu nehmen. So erklär' ich mir's, daß wir mit unsren gemeinschaftlichen Reiseversuchen immer so herzlich schlecht gefahren sind; es ist ganz unmöglich in Reisestimmung zu bleiben, wenn man in seinem Benehmen gegen Wirthe, Kellner, Droschkenkutscher, Portiers und Kastellane beständig kritisirt d. h. getadelt wird. Du kannst Dir denken, daß ich Dir das nicht im Bösen sage, meine Seele ist frei von jeder Gereiztheit, aber vielleicht giebst Du mir Recht und findest, daß ich das traurige Faktum beständigen Aergers so wie wir gemeinschaftlich in die Droschke steigen, ziemlich richtig erkläre. Die kümmerlichen Verhältnisse in denen wir so viele Jahre gelebt haben und bis auf einen gewissen Grad noch leben, haben Dir eine Gewohnheit und ein Anrecht der Controlle über alles was ich thue gegeben, ein Controll-Recht das mitunter zu weit geht und namentlich dann bedrücklich wird, wenn man 'mal aus dem alten Geleise heraus und ein bischen freier aufathmen will.

Wider Willen bin ich in diese Betrachtung hineingerathen; ich wollte eigentlich nur einen kurzen Brief schreiben und nur Freundliches und Angenehmes; ich bitte Dich auch dringend das Vorstehende nicht als Anklage sondern blos als Versuch einer psychologischen Erklärung auffassen zu wollen.

Heute traf endlich der Brief von Georgen ein, den ich diesen Zeilen beilege. Es geht ja, Gott sei Dank, allen gut wie es scheint. Sehr komisch ist es, daß Theo's auswendig gelernte Lieder Georgen ersichtlich imponirt haben.

Heute ist der verstorb: kleinen Fanny ihr Geburtstag; Mathilde hat den Auftrag nicht vergessen, wir wissen aber nicht wo Schirrmeisters wohnen. Der Laden ist längst geschlossen und sie haben eine kleine Wohnung in der Prinzenstraße bezogen, wie ich zufällig von Onkel gehört habe, aber welche Nummer, davon hab' ich keine Ahnung. Es muß also bleiben, bis wir erfahren wo S's jetzt hausen.

Was Du über Lepel schreibst, trifft unser Verhältniß nicht; es wäre alles au fond ebenso, wenn wir auch dieselbe politische Ansicht hätten, denn bei Lichte betrachtet sind unsre politischen Ansichten blitzwenig verschieden, – es ist ja nur eine seiner Lederenheiten, daß er mit der ihm eigenthümlichen Obstinacität dabei bleibt, ich gehörte mit zu einer Klasse räthselvoller Verschwornen, die Waldecken als saure Sülze zum Frühstück und Twesten als künstlichen Rehbraten zu Mittag verzehren wollen. Unsre *Art* uns zu geriren, Welt und Menschen zu betrachten, stimmt nicht mehr zusammen, *da* liegt's, *nicht* in Civil-Ehe, Judenfrage und Militairbudget.

Blomberg, der mit seiner Frau in Thüringen war, besuchte mich vorgestern, – unterhaltend, sprudelnd, anregend, lehrreich wie immer. Wie er fortging, war ich, allen Ernstes, um ein gut Theil klüger als vorher.

Ich stecke jetzt noch wacker in den Arbeiten, aber heute beende ich das vorletzte Kapitel (von denen die ich abarbeiten wollte) und bis Sonntag jedenfalls das letzte – Zorndorf. Dann mache ich Schicht und die nächste Woche gehört ganz meiner lieben Frau, die ich mich herzlich freue wiederzusehn. Du kannst dann von mir fordern was Du willst, nur nicht 1000 ℔. Montag über 8 Tage fange ich dann wieder an zu arbeiten, da die Arbeit die der alte Meding bei mir bestellt hat, auf Erledigung wartet. – Richte es so ein, daß ich Deinen Brief am Sonntag früh erhalte, es wäre denn, daß Du zu diesem oder jenem Behuf vor Deiner Abreise noch einen Brief von mir erwartetest. Empfiehl mich Deinen liebenswürdigen Wirthen und drücke Ihnen auch *meinen* Dank aus für all die Liebe und Freundlichkeit die sie Dir erwiesen. Möchten Dich diese 8 Wochen recht gekräftigt und erheitert haben. Gruß und Kuß Dir und dem Liebling und euch beiden den Zuruf: glückliche Reise. Auf frohes Wiedersehn. Dein

Theodor.

Emilie an Theodor Fontane

Ruppin d 27 Juli. 62.
Mein lieber Herzensmann.
Vielen Dank für Deinen Brief, der mich sehr erfreut, namentlich die humoristischen Stellen über Klein-Martha. Deinen Urlaub nehme ich an und werde am Sontag früh wieder zu längeren Verbleib bei Dir eintreffen; gestern bei dem wunderschönen Wetter hatte ich ordentlich Sehnsucht nach Dir und freue mich schon auf unsere Parthie nach Charlottenburg, die ich in eine Fahrt nach Schönhausen möchte umgewandelt sehen. Bei Scherzen's waren wir noch nicht, Lisbeth ist erst gestern zurückgekommen, aber morgen sind wir dorthin eingeladen. Am Freitag war Concert und Feuerwerk im Verschönerungs-Park, wo ganz Ruppin und Umgegend auf den Beinen war; es war sehr hübsch und hätte ich mir hier nie ein solches Menschengewühl träumen lassen. Auch Frau Gentz habe ich meine Aufwartung gemacht, die leider viel zu dick ist. Mich findet man allgemein sehr erholt und natürlich auch verjüngt, George freut sich namentlich über meine Arme, die er mir ab und zu küßt. Ich finde den Großen aber recht unmanierlich und unfein, beim essen etc. darauf mußt Du doch sehn und ihn rüffeln; Mutter sagt auch er hätte viel netteren Anstand gehabt, als er aus England kam. Hoffentlich hast Du einen recht dringenden Brief an Merington's geschrieben, ich sehne mich wirklich nach Martha und denke mir den Winter höchst angenehm wieder in ihrer Gesellschaft; könntest Du geschickt in Deinen Brief einflechten, daß wir darauf halten würden, daß sie weniger 5 £. Noten verbrauchte, so glaube ich wäre das ganz gut, da ich nach Anna Wünn's Reden weiß, daß sie den Kostenpunkt dieser Reise sehr in Erwägung ziehen.
Heut Abend reist George, Du bist wohl so gut und schreibst uns morgen gleich wie er angekommen ist. Der Kleine ist wieder

ganz munter, und erholt sich von Tag zu Tage. Meine Herzens-Martha fehlt mir doch, obgleich mir die Ruhe auch wieder sehr wohl thut. – Vielleicht fahren wir in diesen Tagen mit dem Dampfschiff nach Carwe, heut ist Diner bei Knesebeck's, wozu auch Scherz geladen ist.

Mutter, Lischen und Theo grüßen Dich schönstens, der Kleine geht ungern von hier fort, Tante Lischen geht ihm über Alles, sie ist auch rührend gut zu ihm. Er ist so manierlich und nett geworden, daß ich nur wünsche er bliebe so. Dein Bericht über Mrs. Yelverston hat mich wieder sehr intereßirt. Nun bester aller Männer laß Dir die Zeit nicht zu lang werden und empfange freundlich Deine Alte. Küsse unsere Dicke und grüße Mathilden.

Deine Emilie.

THEODOR AN EMILIE FONTANE

Dinstag.
Berlin d. 29. Juli 62.
Meine liebe, gute Frau.

George ist heut früh munter und wohlbehalten und mit mäßig dicker Lippe hier eingetroffen, hat seinen Reisebericht abgestattet, die Namen der 8 Ruppiner Hauptleute als Uranfänge einer brandenburgisch-preußischen Geschichtskenntniß ausgespielt, 4 Stücke geklimpert und 3 Lieder vorgetragen und danach die alten Beschäftigungen des Tuschens und Schmökerns wieder aufgenommen, wogegen nichts zu sagen ist, da er sich doch irgendwie beschäftigen muß. Im Grunde ist meine Beschäftigung dieselbe: schreiben und schmökern.

Was Du über seine Unmanirlichkeit schreibst, ist sehr begründet. Wo soll es aber herkommen und wie willst Du es ändern?

Kaffe, früh und Nachmittags, und Abendbrod genießt er *immer* in der Küche, also formlos und völlig nach Bequemlichkeit, und die Mittagsmahlzeit verzehrt er dreimal von sechsmal auch ohne uns, weil ich zu spät vom Bureau komme und er, der Schule halber, nicht warten kann. Wartet er aber wirklich, so ist er doch jedenfalls pressirt, schluckt die Speisen 'runter und zum erziehn ist keine Zeit. Ich bedaure daß es so ist, aber es ist faktisch nicht zu ändern, denn ich werde doch deshalb Mittags nicht zu Hause traben, blos damit mein Junge *vielleicht* etwas manirlicher essen lernt. Ich unterschätze diese Dinge wie Du weißt gar nicht und habe, wenn auch selbst nur Mangelhaftes leistend, wenigstens Sinn und Neigung dafür, aber es ist nicht durchzuführen, ebensowenig wie eine englische oder französische Conversation u. all dergleichen mehr. Man muß dergleichen gar nicht 'mal *wollen*, man muß abwarten und sie *dann wollen* wenn die Möglichkeit des erreichens gegeben ist.

Eben trat der Gegenstand vorstehender kleiner Abhandlung zu mir in's Zimmer, um mir gute Nacht zu sagen, denn er ist nun (nach durchgewachter Nacht) natürlich sehr müde. Er war im Hemde, hatte geweint (Ursache nicht zu erfahren) präsentirte eine möglichst dicke Oberlippe und war ein Bild des Jammers. Die Billigkeit erheischt das Geständniß, daß ich schon schönere Kinder gesehn habe; er hat *mitunter* sehr glückliche Momente, aber im allgemeinen hab ich ein Gefühl davon, daß er dem versammelten Volk nicht sehr angenehm ist. Ich wünsche ihm und uns, daß es anders wird. Ich habe aber meine Bedenken; er spielt sich gern aus, ist eitel, empfindlich, bequem, und hat, außer mäßig guten Geistesgaben, eigentlich nichts Frisches, Gewinnendes, Elektrisches, das die Neigung der Menschen erobert. Aber: der Mensch denkt, Gott lenkt. Er kann ja doch der reizendste Kerl werden. Nur hab ich das Gefühl, daß er als kleiner Junge von 4, 5 u 6 Jahren angenehmer war, wenigstens *für mich.* […]

Besten Dank für Deinen sehr lieben Brief. Ich schreibe morgen oder übermorgen wieder.

Gruß und Kuß euch allen und vielen Dank meiner guten Mama. Wie immer Dein alter

Theo.

THEODOR AN EMILIE FONTANE

Berlin d. 31. Juli 62.

Meine liebe, gute Frau.

Dies werden nun also wohl die letzten Zeilen sein, die Dich vorläufig am Ruppiner See aufsuchen. Am Sonntag willst Du wieder hier eintreffen, ich erwarte Dich aber eigentlich schon am Sonnabend Nachmittag mit dem Hamburger Zuge; thu ich Recht daran, so laß es mich jedenfalls vorher noch in einer Zeile wissen, damit ich Dich und den Kleinen am Bahnhof erwarten kann. Es plaudert sich Sonnabends, mit der Aussicht auf den Sonntag am besten, daher mach' ich diesen Vorschlag […].

Erlebt hab ich in diesen Tagen wenig oder gar nichts, ich ging und kam, arbeitete (Thaer-Denkmal) trank Thee und ging zu Bett. Glücklicherweise störte mich auch niemand. So gleichförmig die Tage waren, so abwechslungsreich waren die Nächte. Vorgestern Nacht schlief Martha so unruhig, daß ich s zuletzt nicht länger aushalten konnte und Mathilden wecken mußte. Mehr in die Schleier der Nacht als in sonstige starke Hüllen gekleidet, packten wir an, quetschten uns mehrere Finger und trugen die Bettstelle in Mathildens Stube.

Dieser kleine Umzug hat aber wenig zu bedeuten und giebt Dir nur eine geringe Vorstellung von dem bunten Wechsel dieser Nächte. Am Sonntag schlief ich noch an alter Stelle und unter den alten gesicherten Verhältnissen, wenn man ein Liegen auf Sprungfedern, die alle auf dem Punkt stehn einem ihre Spitzen in den Leib zu bohren, noch »gesicherte Verhältnisse« nennen kann. Schon am Montag änderte sich die Sache. Der Tapezierer hatte meine Matratze abgeholt und so zog ich denn in *Dein* Bett, – meine Bettstelle wie einen Rahmen, in dem das Bild und das Glas fehlt, neben mir. Es hatte etwas Schauerliches, Abgrundhaftes, aber die Kute der alten wackern Matratze, in der ich sicher wie in einem Troge lag, enthob mich wenigstens des Gefühls einer drohenden Gefahr. Auch dies sollte anders werden. Am Dinstag kehrte meine Matratze zurück, ohngefähr so wie Du von Deiner schlesischen Reise – jung und dick geworden und *Deine* Matratze wanderte nunmehr den Weg des Tapeziers. So kam der Dinstag Abend; ich bestieg mein Lager ahnungslos; den Bettstellen-Abgrund, den ich am Abend vorher zur Linken gehabt hatte, hatt' ich nun zur Rechten und gefahrlos wie ich die vorige Nacht am Abgrund geschlafen hatte, hoffte ich diese Nacht wieder schlafen zu können. Aber da hatt' ich die Rechnung ohne den Wirth gemacht. Während ich die Nacht vorher auf der alten Matratze wie in einem sichren Troge gelegen hatte, lag ich jetzt auf der strammen, neuen Matratze wie auf einem *umgestülpten* Troge, jeden Augenblick in Gefahr von der Rundung herunterzukollern. Endlich stellt' ich den Nachttisch in die Höhle hinein, um eine Art Gegenhalt zu gewinnen und so vor dem Aeußersten gesichert, schlief ich ein. Seit gestern Abend ist auch Deine Matratze wieder zurück und der Abgrund hat sich geschlossen. Die Matratzen selbst sind aber durch die neue Polsterung so hoch geworden, daß ich gestern das Gefühl hatte, ich stiege in eine Art von Hängeboden oder schliefe in einer zweiten Etage. Du wirst einräumen, daß ich von wirklichen Nacht-Erlebnissen sprechen und die Einförmigkeit der Tage schon ertragen kann, wenn die Nächte so viel Wechsel bieten.

George's Schule hat heut wieder begonnen; gestern war Felix

bei ihm und sie haben ihre Reise-Erlebnisse ausgetauscht. Nach dem Thee war er eine Stunde bei mir und plauderte mit mir, ganz nett, verständig, und manirlich. Heut Mittag hatten wir folgendes Zwiegespräch:

George. Essen die Holländer immer holländische Sauce?

Ich. Nein. Ebensowenig wie die Braunschweiger immer Braunschweiger-Wurst essen.

George. So mein' ich es nicht. Ich mein' es *so*: wenn die Braunschweiger überhaupt *Wurst* essen, essen sie dann *Braunschweiger* Wurst.

Diese Deduktion, um gerecht zu sein, ist für einen kaum 11 jährigen Jungen allerdings ganz *brillant*; er fühlte sofort heraus, daß meine Erwiederung nicht genau passe und traf dann in seiner Weiterfrage sehr richtig und sehr scharfsinnig die schwache Stelle meines Vergleichs. Wir sind ja einig über ihn, er ist sehr ungleich, nett und klug, aber auch unausstehlich. – Nun tausend Grüße und tausend Dank an meine gute Mama und Tante Lischen. Uns gebe Gott ein glückliches Wiedersehn. Dein

Theodor.

Theodor an Emilie Fontane

[*Von Fontane mit Blaustift ergänzt:*] 16. Sept. 62

Meine liebe, gute Frau.

Diese Zeilen erreichen Dich hoffentlich in gutem Wohlsein. Mir geht es gut, nur mein Magen ist verstimmt – die letzten Klopse am Sonnabend widerstanden mir nämlich und ich aß sie doch; diese 3 Fleischklöße liegen mir nun wie drei Sünden im Leibe und werfen mich Nachts hin und her. Einnehmen kann ich nichts, da ich doch möglicherweise in den nächsten 24 Stunden mit Comtessen durch Parks schlendre, wo dann ein plötzliches: »Comtesse, entschuldigen Sie« mindestens keinen günstigen Eindruck hervorrufen würde.

Ich war am Sonntag in Falkenberg und Cöthen; um 4½ nach Freienwalde, um 6 bei Vater draußen, den ich sehr munter traf. Er hat ein schwarzes Schwein, einen großen Liebling, den er »den Pastor von Kükendorf« nennt. So hat er seinen kleinen Spaß. Wir plauderten 6 Stunden lang, unter der üblichen Verhöhnung aller Gesetze der Logik und Consequenz. Im Ganzen aber war er doch nicht so excentrisch und sprunghaft wie bei frühren Besuchen.

Gestern (Montag) früh in Neuenhagen, wo noch Uchtenhagensche Grabsteine sind; ich vermied die dortige Frau Oberamtmann und erhielt dann beiliegenden Brief nachgeschickt. Es war aber zu spät.

Gestern um 12 in Freienwalde. Sechs Stunden lang geklettert. Von 6–8 reizende Fahrt nach dem Schloßberg; von 8–11 mit dem Dichter und Drechslermeister Weise beim Biere geplaudert. Um 1½ nach Wrietzen, um 1 im goldnen Löwen zu Bett, um 2 eine Wanze gefangen und langsam gebraten, dann rachebefriedigt eingeschlafen. Heut früh hab' ich Briefe geschrieben, an Mama (einen Brief den ich schon in Falkenberg begann) an Frau Steinlein und diesen hier an die mir Angetraute zu Tisch und Bett.

Nun werd' ich einen Wagen nehmen und nach Cunersdorf fahren.

Ob ich noch 'mal schreibe, ist fraglich.

Grüße alles, groß und klein, besonders den Liebling und sei tausendmal geküßt von Deinem Gatten und Märker

Theodor.

Wrietzen
16 Septeb. 62.

V

»UNTERWEGS UND WIEDER DAHEIM«: REISEN IN MITTELEUROPA (1863–1869)

»Dein Brief ist sehr nett. Möchtest Du doch so ruhig bleiben und nicht alles gleich zu Lebensfragen machen. Nervöse Menschen sind zwar reizbar, aber es ist schon etwas, wenn man sich dies vorhält und so zu sagen vom Verstandes-Terrain aus die Gefühlswelt unter Controlle nimmt.«

Theodor an Emilie Fontane, 30. Oktober 1868

Emilie Fontane, um 1864

Mit den Zeilen

> »Auf, hinaus in die weite Welt«,
> Drauf war mir ehdem der Sinn gestellt,
> Mehr als Weisheit aller Weisen
> Galt mir reisen, reisen, reisen

beginnt Fontane 1895 sein Gedicht »Meine Reiselust (früher und jetzt)«, und wir dürfen dieses Bekenntnis durchaus wörtlich nehmen. Er lebt gern im Spannungsfeld von »unterwegs und wieder daheim«, wie er einen autobiographischen Gedichtzyklus überschreibt. Dergleichen Polaritäten konstituieren seine Lebensphilosophie: klein und groß, märkische Provinz und englisches Kolonialreich, lokale Beschränktheit und superiore Weltsicht. Der Europa-befahrene märkische Wanderer weiß genau, warum er gegen »Provinzialsimpelei« jeglicher Couleur polemisiert und die Dialektik von draußen und drinnen zur Maxime wählt, die er in den Jahren 1863 bis 1869 mit seiner Reisepassion üppig mit Leben füllt. Es ist eine Zeit intensiven Unterwegsseins mit »Aufenthalten anderswo« und einem winterlichen »Wieder daheim« in Berlin – nach den früheren ständigen Umzügen nun sogar an vorläufig stabilem Ort: seit 1863 wohnen die Fontanes Hirschelstraße 14 (ab 1867 Königgrätzer Straße).

Es beginnt im Mai 1863 mit einer dienstlichen Fahrt nach Hamburg, wo er im Auftrag seiner Redaktion über eine internationale Tier- und Landwirtschaftsmaschinen-Ausstellung berichten soll; die Begeisterung des Reporters hält sich bei dieser Materie verständlicherweise in Grenzen. Vergleichbare Auftragsreisen – er hat Verlagsverträge unterschrieben – führen ihn 1864 nach Schleswig-Holstein und Dänemark und 1866/67 nach Böhmen, Thüringen und in die Gegend von Kissingen, wo er jeweils auf den Schlachtfeldern der jüngsten Kriege Preußens gegen Dänemark und gegen Österreich recherchiert. Erholungs- und Bildungsreisen unternimmt er 1863 nach Usedom (wo er Stätten seiner Kindheit in Swinemünde und Heringsdorf aufsucht) und 1865 nach Köln und in die berühmten alten deutschen Kaiserorte sowie anschließend in die Schweiz. 1868/69 zieht er sich für einige Zeit zum Arbeiten nach Schlesien zurück, wo auch Emilie sich zwischendurch bei den großzügigen Treutlers restaurieren kann. Und zwischen Elbe und Oder hat er ganz »nebenbei« märkische Dörfer und Ackerstädte abgeklappert und für seine »Wanderungen« (inzwischen auf vier Bände konzipiert) liebevoll-kritisch beschrieben.

Diese erstaunliche geographische Weite schafft ein gedeihliches Umfeld für den Briefaustausch der Eheleute, und tatsächlich sind aus den Jahren 1867 bis 1869 besonders zahlreiche Texte erhalten, die außer den jeweiligen Familienangelegenheiten (mittel-)europäische Politik- und Kultur-Aspekte berühren: Beobachtungen über die angeblich minderwertigen »Czechen« und die Dänen, wie sie in den preußischen Propagandaschriften nicht vorkommen, oder etwa über den Kölner Dom, den er 1865 schon zur bloßen Touristenattraktion verkommen erlebt.

Die Briefe der Fontanes sind – selbstverständlich – zunächst Informations- und Kommunikationsbrücken, da aber beiden das regelmäßige Briefeschreiben ein Lebensbedürfnis war und Fontane auch beim Korrespondieren ein Schriftsteller ist, geraten ihm viele seiner Schreiben auch zu kleinen ausgereiften Feuilletons, die nicht etwa für den Druck gedacht sind, sondern als Geschenk an die Partnerin. So sind die Texte an Emilie oft espritvolle Miniaturen. Reisebekanntschaften wie der junge Mann mit seinem Plädoyer für würdigen Transport von Schafböcken, die Kellner im Restaurant Siecke in Hermsdorf und das Plumpsklo (Pardon: die Toilette) unter den Apfelbäumen beim Gendarmen Brey sind genauso amüsant wie die Debatte über Russland und den kurischen Adel mit der aktuellen Vokabel »Zeitungsschreiber-Lärm« (Fontane plaudert hier aus dem journalistischen Nähkästchen).

Natürlich kann Emilie mit seinem charmanten Witz, mit der geistvollen Darstellung pikanter Gegenstände, mit dem oft essayistischen Gestus seiner Briefe nicht ernsthaft konkurrieren. Ihre Stärke sind eher die »Notizenbriefe«, die assoziativ den anfallenden Stoff abarbeiten und vom Hundertsten ins Tausendste gleiten. »Ausmalungen im Stil Stiffterscher [!] Studien waren nie Deine Sache«, moniert der anspruchsvolle Gatte denn auch. Aber was sie mehrfach über ihre Erlebnisse in der Natur des sommerlichen Schlesien oder 1870 über die Wiederbegegnung mit London aufgeschrieben oder 1884 über Eindrücke in Berliner Kunstausstellungen notiert hat, weist sie zweifellos als ein echtes »Briefschreibetalent« aus.

Obwohl sich vielfach bei der Lektüre der Fontane'schen Briefe der Eindruck aufdrängt, dass sie sich wie Kapitel eines sinn- und absichtsvoll komponierten Kunstwerks aneinanderfügen, wird ihr Nacheinander tatsächlich nur von den Ereignissen des Alltags, von den Zufällen des Lebens bestimmt. Aber die Reihenfolge, in der die Dinge reflektiert und behandelt werden, regelt ein Regisseur im Hintergrund: der unersättliche Briefschreiber und Briefempfänger Theodor Fontane. Man könnte bei ihm von einer gewissen suchtartigen Abhängigkeit von kontinuierlicher brieflicher Kommunikation sprechen. Er gerät rasch in Panik, wenn ein Brief nicht zum erwarteten Zeitpunkt eintrifft, und ist andererseits stolz auf das, was er gern mit dem Wortungetüm »Briefbeantwortungspromptheit« benennt. Für den Briefwechsel mit seiner Frau hat er ein regelrechtes und regelrecht rigides Briefschreibesystem eingeführt, an das sich Emilie tunlichst zu halten hat. Eine Grundregel lautet groteskerweise: Briefe mit schlechten Nachrichten dürfen nie am Montag ankommen, weil ihm dann gleich die ganze Woche verdorben werde: »[…] laß es uns so einrichten, daß die Briefe [mit unangenehmen Mitteilungen] Donnerstags hier eintreffen, das klingt schon wie alle Donnerwetter«, schreibt ihr Fontane am 9. Februar 1857 aus London. Außergewöhnliche Vorkommnisse von familienpolitischer Relevanz werden ausdrücklich aus der »gewöhnlichen Korrespondenz« ausgegliedert und in »eingeschobenen Extras« verhandelt!

Gelegentliche Äußerungen Fontanes zur Ästhetik von Emiliens Briefen möchte man an liebsten als ungehörig bezeichnen – so wenn er sich »hingefludderte« Schreiben verbittet, nicht bedenkend, unter welchen Umständen sie ihre Texte zu Papier bringt, bedrängt von quengelnden Kindern und beansprucht von Schwiegermutter und Schwägerin. Auch mäkelt er mitunter an der Länge ihrer Briefe herum: sie habe im Grunde nach einem Bogen ihr Pulver verschossen, und mit dem zweiten Bogen sinke die Qualität ihrer Mitteilungen. Dass *er* eigentlich immer zwei Bogen braucht und häufig auf einen dritten übergeht, behält er sich als selbstverständlich vor (»quod licet Jovi…«) – wobei zugegeben sei, dass seine Briefe durchweg kalligraphische Kabinettstücke sind, die unter anderem durch die raffinierte Architektur der Randbeschriftungen auffallen.

Auf ein Standardthema spezifischer Art sei besonders hingewiesen: beide sind von fragiler Gesundheit, und der entlaufene Apotheker ist als Hausarzt immer zur Stelle, vor allem mit der Empfehlung: viel Bewegung in frischer Luft. Was er freilich seiner Frau unter diesem Aspekt vorschlägt, muss sie wie blanken Hohn aufnehmen: als ob die gestresste Ehefrau sich auch nur entfernt danach richten könne! Am 11. Oktober 1868 schreibt er allen Ernstes: »Du mußt versuchen Dein Leben etwas bequemer einzurichten und mußt Dir namentlich häufiger kleine Erholungen gönnen. Neue Eindrücke, keine Wirthschaftssorgen, keine Repräsentation, Heiterkeit, gute Pflege und change of air – das ist es, womit ich mich verpflichte Dich jederzeit wieder zu kuriren.«

Die Briefe fügen sich wie in einem gut disponierten Roman zu immer neuen Spannungsbögen, und so endet auch der Schluss dieses relativ friedlichen Jahrzehnts im Dezember 1869 mit der Vorausdeutung auf neues Unheil im nächsten Jahr. Emilie wird seine Bemerkungen am 4. Dezember mit Sorge gelesen haben: sein Verhältnis zu der ungeliebten »Kreuzzeitung« ist brüchig; er fühlt sich angeschmiedet und muss doch dankbar sein »für die Kette, an der zugleich mein Brot hängt«.

Im Tagebuch notiert Fontane, der am Silvestertag 1869 fünfzig geworden ist: »Unruhig traten wir ins neue Jahr, und es sollte ein Jahr der Unruhe werden!«

Theodor an Emilie Fontane

[Berlin,] d. 12. Juli 63.
Sonntag.

Meine liebe Frau.

Heute früh habe ich Dein Briefchen erhalten und mich sehr gefreut daß es Dir und den Kindern, eine schlimme Nase abgerechnet, wohl ergeht. Der Gegensatz von »good bye Miss« und »adje Aujuste« ist allerliebst und die »gute englische Aussprache« ist am Ende auch nicht zu verachten. Noch besser ist es, daß Dein Krentzliner Aufenthalt dem vorjährigen in Neuhof Concurrenz macht. Mehr kannst Du nicht verlangen.

Ueber das Malheur am »Cremmer Damm« war ich durch Lischen schon unterrichtet; da die Brandenburger zweimal ihre Köpfe dort verloren, so kann man immer noch von Glück sagen, wenn man blos die Mütze verliert. Lepel, der in Mannheim immer ohne Mütze über die Straße ging, wurde von den andern Jungens der »unkäppige« (von Kappe) genannt, ein Wort das ich für George in Vorschlag bringe.

Mir geht es ganz gut und wiewohl ich keineswegs immer in Einsamkeit leben möchte, weil es auf die Dauer nach meinem Geschmack entsetzlich sein würde, so muß ich doch andrerseits offen gestehn, daß man, auf eine kurze Zeit, in solcher Einsamkeit ordentlich aufathmet. Als glücklicher Familienvater, mit Frau und 3 Kindern um mich her, befind' ich mich eigentlich constant in der nervösen Aufregung einer Besatzung, die jeden Augenblick einen Angriff erwartet und ich darf wirklich sagen, daß ich dies Gefühl der Ruhe, des Ungestörtseins dankbar genieße. Des Morgens kann ich ruhig eine Viertelstunde lang gurgeln, ohne irgend wen zu belästigen und meinerseits durch Zeichen des Misfallens belästigt zu werden. Auch bei Tisch ist es mir eine Erquickung nichts von Erziehung zu hören oder selber erziehen zu müssen. Ich habe für diese Parthieen des Familienlebens keinen Sinn; es hängt das damit zusammen, daß mir überhaupt ganz und gar der bürgerliche Sinn fehlt und daß mich nur das adlige interessirt. Ich verwahre mich übrigens feierlich dagegen, daß das was ich »adlig« nenne, blos an der Menschenklasse haftet, die man »Adel« nennt; es kommt in allen Ständen vor, es ist der Sinn für das Allgemeine, für das Ideale und die Abneigung gegen den Krimskrams des engsten Zirkels, dessen Abgeschlossenheit von selbst dafür sorgt, daß aus jedem P– ein Donnerschlag wird. Die Alten ließen diesen Kleinkram durch ihre Sklaven besorgen; heutzutage hat man Bonnen zu diesem Zweck; oder (in Frankreich) Kloster-Pensionate. Ich weiß alles was dagegen zu sagen ist, aber ich kann mir nicht helfen, es ist alles mehr nach meinem Geschmack. […]

THEODOR AN EMILIE FONTANE

Kopenhagen September 1864.

Meine liebe Frau.

Ich bin heut früh 8½ hier in Kopenhagen eingetroffen. Wir verließen Lübeck mit dem Dampfschiff Bager (Bager) gestern Nachmittag 4½, sodaß die Fahrt gerade 16 Stunden gedauert hat. Mir wurde nach Mitternacht sehr flau, doch kam ich mit genauer Noth drüber hin.

Lübeck hat mich *sehr* interessirt; Kopenhagen gefällt mir auch, es ist eine bunte, muntre, malerische Stadt. Vor Mittwoch Abend werde ich nicht von hier fortkönnen, da ich doch auch Helsingör und Roeskilde, vielleicht selbst Ringstedt gesehen haben will. Ich hoffe Abends von 7 bis 10 schreiben zu können und möchte dann wohl ein paar Briefe an Beutner resp. die Zeitung richten. Darauf muß ich Dich verweisen. Dies soll Dir nur sagen: ich lebe, ich bin in Kopenhagen. Bis jetzt war das Wetter schlecht, heut ist es leidlich; – mit meinem Befinden geht es unberufen und unbeschri[en.] Bitte, laß Mama in Ruppin wissen, daß ich hier angekommen bin. Morgen will ich bei Quehl meine Visite machen. Jetzt zum Kaffe nach Krampenburg (Krampenborg oder Klampenborg) was etwa türkisches Zelt oder dergleichen vorstellt. Soll aber sehr schön sein. Grüße und küsse die Kinder herzlichst, auch Mama Kummer.

Dir besten Kuß und Gruß von Deinem

Theodor.

Kopenhagen 10. Sept: 64.
(Sonnabend in der Rütli-Stunde).

Bormann hast Du wohl gesehn. Ich freue mich sehr über die Begegnung.

EMILIE AN THEODOR FONTANE

Neuhof d 15$^{t.}$ Juli. 67.

Geliebter Mann.

Seit Sonnabend bin ich nicht dazu gekommen zu schreiben u. da wir heut Nachmittag leider zu einem Kaffee bei der Gerichts-räthin Kugler in die Stadt müssen, so will ich die wenige ruhige Zeit die mir bleibt, benutzen um Dir zu erzählen, daß wir am Sonnabend eine reizende Fahrt nach Kumbernitz, 2 M. von hier, auch zu Neuhof gehörigem Gute, gemacht haben. Der Weg durch prachtvolle Felder, das Gebirge en vue, dabei prachtvolles Wetter, liebe Menschen, es war reizend u. zum Wunder ist seitdem mein Husten bedeutend besser. Die 7 Kinder fahren immer voraus auf einem reizenden Wägelchen mit zwei Ponny davor gespannt. Gestern zum Schluß des »Mannsschießen« auf den Haag; es war glaube ich ungefähr wie Stralauer Fischzug, mit dem sehr anzuerkennenden Vorzug, daß hier kein Pöbel war, sondern heiteres, sich belustigendes Volk. Die Kinder würfelten u. als eins der Mädchen ein großes Herz gewann, wollte Friedel durchaus auch eins haben, so daß ich ihm eins eintauschen mußte. Martha fängt an sich recht zu erholen u. obgleich ihre Schönheit durch die Zahnlücke nicht gehoben, auch ihr Teint durch den Sonnenbrand nicht verbessert, so sieht sie doch wieder frisch aus. Ich kann ihrer aber nicht habhaft werden u. das Lernen werden wir hier ganz aufgeben müssen, da Friedel wie ihr Schatten ist und sie stört wenn sie mal wirklich Ernst machen will.

Dinstag Abend. Von unserem allabendlichen Spaziergang auf der Chaussee heimkehrend, fand ich um 9 Uhr Deinen lieben, langen, liebenswürdigen Brief vor; ich danke Dir so recht innig dafür. Du hast Recht, vorauszusehen, daß es mir täglich besser geht, heut hustete ich fast garnicht mehr, aber Johanna hat doch verordnet daß ich von morgen an Roggenmehlsuppe esse: um 6 Uhr mein Glas Ziegenmilch, um 7 Uhr Suppe um 8 Uhr Kaffee, das muß doch dem alten body gut thun.

Der Kaffee gestern war mäßig amüsant; vielleicht hatte man, um der Berlinerin zu imponiren, den hohen Adel eingeladen, der aber mit Ausnahme einer Gräfin Haugwitz geb. Prinzeßin Karolath, mich wieder ganz demokratisch hätte stimmen können. Zum Glück dauerte die feierliche Sitzung nur 2 Stunden, dann fuhren wir mit unseren schönen Apfelschimmeln fröhlich von dannen. Heut leider wieder Sturm und Regen bis nach Tisch, dann wurde es doch so, daß wir mit der Arbeit in der verdeckten Halle vor der Thür sitzen konnten. Gestern habe ich auch endlich an Frau Lübcke geschrieben, mir ist dadurch ein Stein von Herzen.

Alles mein Herzensmann was Du in Deinem Briefe geschrieben intereßirt u. erfreut mich u. thut meinem Herzen wohl, namentlich was Du Sontag zwischen 12–1 Uhr geschrieben hast. In meinem Gefühl u. meiner Ansicht wird sich den Beiden gegenüber nichts ändern, wohl aber, so hoffe ich, in meinem Benehmen. Johanna, die in so vielen Dingen mir mustergültig erscheint, macht jetzt vor meinen Augen ein ähnliches Verhältniß mit einer Feinheit und Selbstverläugnung durch, daß ich mit Bewundrung zu ihr aufblicke und mich zur Nacheiferung angespornt fühle. Bitte wenn ich Dir mißfalle, frage nur: würde Johanna so sprechen oder handeln u. ich werde wissen was ich zu thun habe. Du glaubst nicht wie es den Reiz dieses hiesigen Aufenthaltes für mich erhöht, diese Freundin immer lieber gewinnen zu können u. an ihrer jetzt so seltenen Frauenwürde mich zu erfreuen. Und dabei alles so wie sich von selbst verstehend, ohne jede Spur von Verlangen, anerkannt zu werden. […]

Deine alte getreue

Emilie Fontane.

EMILIE AN THEODOR FONTANE

Neuhof d 1 Aug. 67.

Mein geliebter Mann.

Ich habe Dir sehr zu danken. Als wir Dinstag früh, Sophie u. ich, unsere geliebten Treutlers auf den Bahnhof brachten, empfing ich dort Deine so liebenswürdigen Abschiedszeilen für unsere Wirthe, die auch den angenehmsten Eindruck auf diese machten. Du guter, lieber, feiner Mensch. Montag hatten wir noch Lischens Gbt. gefeiert; das Buch hat ihr viel Freude gemacht. Es ist ein reizendes Mädchen, mit einem Teint wie eine Rosenknospe, 13 Jahr u. größer u. breiter wie ich, die wird manchen den Kopf verdrehen. Martchen hatte sich am Vanillen Eis den Magen verdorben u. mußte Dinstag fasten. – Der Abschied von Johanna ist mir sehr schwer geworden, sie hat mich mit Liebe u. Güte überhäuft u. Sophie u. ich können uns noch garnicht darin finden, sie zu missen, in ihren eigenen Räumen. Frau Sophie ist ein so durch u. durch humoristisches Gewächs, mit so viel Mutterwitz, daß ihre Anwesenheit hier viel zu meinem Wohlbehagen beigetragen hat. Wir haben uns gegenseitig sehr lieb gewonnen u. werde ich mit dem Versprechen von ihr scheiden, sie im nächsten Sommer in Dobrizial zu besuchen.

Heut ist wieder Sonnenschein, aber seit Montag hatten wir Sturm u. Regen, daß einem ganz melankolisch zu Muthe wurde, gestern Abend fingen wir an von Reuter die »Reise nach Belligen« zu lesen; die sagt uns mehr zu wie Herrmann Grimm; jetzt nachdem ich beinah die Unüberwindlichen ausgelesen habe, sehe ich erst recht ein, welch Kunststück Deine Recension war u. wie viel er Deiner Discretion zu danken hat.

Dein so eben empfangener Brief hat mich ganz berauscht; das Blut stieg mir in's Gesicht u. ich lief schleunigst in mein Zimmer um allein zu sein. Wie wunderbar doch geschriebene Worte wirken, es war mir als umfaßtest Du mich so liebevoll u. als empfände ich Deine Nähe u. doch sind viele Meilen zwischen uns. Ich habe ein kindisches Gefühl der Freude daß man noch so empfinden kann und werde Dich für diesen Brief ganz besonders herzen u. Dir danken; ja mein süßer, bester Mann, so sehr ich überhaupt jemand lieben kann, habe ich Dich geliebt, so die größte

Beseligung dabei ist, daß ich wenn möglich, Dich immer mehr liebe, Dich immer lieber gewonnen habe u. wenn ich jetzt sterben müßte, ohne Dich wiederzusehn, *nie*, auch nur einen unrechten Gedanken neben Dir gehabt. Auch das ist ja Gnade u. Gott ist zu danken, der einem zu der Liebe auch die Treue der Empfindung gegeben hat.

Sieh nur, Du hast die alte 42 jährige Frau ganz aus der Contenance gebracht; aber ich bin wohl jugendlicher wie viele meines Alters; hier finden sie mich unverändert, freilich mit liebevollen Augen gesehen, innerlich bin ich es gewiß, durch unseren Umgang, durch Dich, Du liebstes Herz. […] Grüße meine lieben Jungens u. Luise und sei Du auf's herzlichste geküßt von Deiner alten
Emilie Fontane

Theodor an Emilie Fontane

Berlin d. 4. August 67.
Meine liebe Frau.

Dein letzter Brief, von Anfang bis Ende, hat mir wieder eine große Freude gemacht. Er macht den Eindruck eines still-innerlichen Glücks und des dankbaren Bewußtseins davon. Diese Bemerkung mache ich auch meinerseits in Dankbarkeit und zwar *nur* in Dankbarkeit. Wir sprechen darüber bald mündlich, worauf ich mich herzlich freue. Dies werden wohl meine letzten Zeilen nach Neuhof sein, nicht für immer, aber für dieses Jahr. Ich erwarte auch von Dir nur einen Brief noch, vielleicht am Mittwoch, worin Du den Tag Deiner Abreise und hoffentlichen Ankunft angiebst. Wir rechnen auf Freitag, begnügen uns aber auch mit Sonnabend, wenn es sein muß.

Ich behandle heut alles nur noch in geschäftsmäßiger Kürze.

Photographieen konnte ich nur noch 2 auffinden, beide von mir, beide chiffonirt, so rechte übriggebliebene Kirschen. Eins davon meine Auffassung als brigand-general. Ich bitte Dich also diese Angelegenheit bis zu Deiner Rückkehr zu vertagen; wir müssen dann gelegentlich neue anschaffen.

Die zehn Thaler erfolgen anbei; ich werde sie in ein besondres Couvert stecken.

Ebenso lege ich einen Brief von Frau Lübke bei; *seinen* Brief kannst Du hier lesen; ich brauche ihn, um ihn zu beantworten.

Dein Brief an Ludchen Hesekiel wurde gestern abgegeben, zugleich mit 3 Bouquets an die Tante, deren Geburtstag war. Eins von George, eins von Theo, eins von mir.

Der Kranz auf unsres guten Merckel Grab wird nicht vergessen werden; ich werde wohl selbst hinaus fahren. Vielleicht (günstigstenfalls) daß wenn man 6 Jahre todt ist, auch noch eine Freundeshand einem einen ähnlichen Liebesdienst erzeigt. Häufig ist es nicht. Die Todten sind todt. Und die, die von Unsterblichkeit geträumt, meist doppelt! Man spricht von ihnen, aber die Akte einfach-menschlicher Pietät unterbleiben. Da lag er »allein, mit seinem Ruhme«. Ein ödes Ruhekissen. […]

Von Kösen aus, reist Du entweder zurück, während ich noch ein Stück weitergehe (darüber mündlich) oder, wenn Du Dich bis dahin als reisefähig, reiselustig, reiseliebenswürdig bewährt hast, begleitest Du mich noch ein Eckchen, sei es Weimar, sei es Eisenach und Wartburg.

Die Mittel dazu (die übrigens nicht groß zu sein brauchen; Scharteuke kostet nichts und Kösen wenig) sind da. Ich bin mir dabei völlig bewußt, *nicht* leichtsinnig zu operiren, sondern nur das zu thun, was man thun darf, ja unter Umständen *soll*. Es wird auch an Deiner Zustimmung nicht fehlen. Wenn es nicht eigens anders beschlossen ist, oder Du einen »Rückfall« kriegst, versprech ich mir von diesem gemeinschaftlichen Ausfluge ein paar schöne Tage. Du wirst dann sehn, – was andre längst zugeben – daß es gar nicht so übel ist mit mir zu reisen. – Mein erster Plan ging dahin, Dir dies alles mündlich zu sagen, da es Dir, während Deiner letzten Tage in Neuhof, eine gewisse Unruhe geben wird. Dennoch halt' ich es so für besser. Du hast nun mehr Zeit zur Ueberlegung.

Ich schließe nun. Küsse die Kinder, auf die ich mich sehr freue, besonders auf meine Martha. Empfiehl mich an Frau Sophie, die jetzige Vice-Königin des Hauses. Ich freu mich, daß ihr für nächsten Sommer ein Wiedersehen verabredet habt, denn ich halte solche Rasttage auf der Lebensreise für ein großes Glück. Das immer im Trabe sein, drückt nieder, macht alles Schwere und Prosaische noch schwerer und prosaischer als es ohnehin schon ist, und raubt dem Leben, um mit unsrer guten Wangenheim zu sprechen allen »charm«. Diesen charm, wenigstens nach meiner mehr heitren und sehr unascetischen Lebensauffassung, soll man ihm aber nicht rauben. Der Ostwind pfeift doch mal rauh dazwischen, er hat es bei uns gethan und wird es wieder thun. Aber so lange keine Wolken da sind, freue man sich des himmlischen Lichts.

Gebe uns Gott allerseits ein glückliches Wiedersehen. Mit diesem Wunsche wie immer Dein alter

Theodor.

Sollte ich etwas zu schicken vergessen haben, so ist es ja noch immer Zeit.

EMILIE AN THEODOR FONTANE

Neuhof d 6ten August [1867]
Mein lieber Mann.

Tausend Dank für Deine freundliche Sendung; Du glaubst nicht wie ich mich gefreut habe über Alles was in Deinem Briefe steht. Die Reise-Aussicht hat mich so entzückt daß ich gestern Abend garnicht einschlafen konnte, aber heut früh kam die Vernunft u. sprach von einem kalten Winter u. dglm. Du hast gewiß zu berechnen vergessen, daß wir leider einige 30 ℃. bedürfen um unseren Torf-Vorrath zum Winter zu beschaffen. Ich schreibe Dir dies lieber, als daß ich gleich so prosaische Gründe *gegen* meine Reise hervorbringen muß. Wenn die Summe dazu da ist, dann sollst Du noch nie einen liebenswürdigeren Reisegefährten gehabt haben, als mich.

Uns geht es gut, obgleich es grimmig kalt ist; ich habe in letzter Zeit einige Bäder genommen, die mir sehr wohl gethan haben. – Wir kommen nun mein liebster Theo weder Freitag noch Sonnabend sondern schon Donnerstag; Freitag's reist Deine abergläubische Frau nicht; Donnerstag d. 8. um 5 Uhr Nachmittags hoffe ich endlich wieder bei Dir u. meinen lieben Jungens zu sein, die mich übrigens recht knapp mit Briefen gehalten haben.

Ich werde heut noch an Wangenheim's u. die Merckel schreiben, an ihn dachte ich heut früh beim erwachen. Alles Andere mündlich. Gott schenke uns ein frohes Wiedersehn! Mit innigem Gruß u. Kuß

Deine Emilie.

Theodor an Emilie Fontane

[Thale]
Hôtel 10 Pfund 18. Mai 1868.
Montag Nachmittag.

Meine liebe gute Frau.

Seit gestern Abend 7½ bin ich hier und wohne in dem riesigen »Hôtel 10 ℔« (so ist alles gezeichnet) was das Pfund zu 30 Loth gerechnet, richtige 300 Zimmer giebt. Ich bewohne N° 36, sicherlich nicht in Anspielung auf den wohlbekannten alten Vers: »sechsmal sechs ist sechsunddreißig« denn diese Anspielung würde nicht passen, sondern in Verdienst dafür was ich für das Magdeburgische Füsilier-Regiment N° 36 mit dem ich mich während der letzten 8 Tage fast ausschließlich beschäftigte (Uettingen) gethan habe. Eine gute Nummer das Regiment und eine gute Nummer das Zimmer; wenn ich aus dem Fenster sehe, überblicke ich einen Halbkreis, der von der Teufelsmauer bis zum Hexentanzplatz reicht; mir gegenüber aber ragt die Roßtrappe auf. Zur Rechten, auf 50 Schritt, der Bahnhof, dessen Uhr mir sagt, daß ich nicht mehr viel Zeit zu verlieren habe, wenn dieser Brief noch mit soll.

Meine Reise war sehr angenehm. Bis Brandenburg ein Oberförster aus der Gegend von Teupitz; bis Burg ein Oekonom, der wie ein Zwillingsbruder von Adalbert Kummer aussah; bis Magdeburg allein. Wir brauchten ¾ Stunden eh wir von der ersten Haltestelle, die schon *jenseit* des Bahnhofs liegt, in diesen einfahren konnten. Das ist doch zu lange, selbst wenn man dabei Gelegenheit hat die eine Domflanke mit Muße zu studiren. Dafür aber nur ganz kurzer Aufenthalt. Schon vor 5 ging es weiter. Gesellschaft: wieder ein Oekonom. Dieser war aber interessant. Er erzählte mir, daß er aus der Braunschweiger-Gegend sei, daß er bei dem reichen Herrn Loebbeke servire, daß Herr Loebbeke (wie unser Behr und Nathusius) ein großer Schafzüchter sei und daß er heute früh einen großen Rambouillet-Bock von 40 Louisd'or Werth nach Magdeburg abgeliefert habe. Er sprach von Loebbeke wie von einem Halbgott und von Rambouilletböcken wie vom Taubengespann der Venus; alles im Ton poetischer Verklärung. Mir gefiel das sehr gut; viel besser als das wichtigthuerische über alles weg sein. »Sehen Sie, sagte er, es giebt gute und schlechte Menschen. Das kann man erkennen, wenn man beständig Böcke zu transportiren hat. Ich meine natürlich Rambouillet-Böcke. Die *guten* Menschen haben ein Mitleid und wenn man ihnen ein Trinkgeld giebt, so stellen sie den Bock in einen Pferdewagen; aber die meisten Bahnmenschen sind schlechte Menschen: sie haben eine wahre Wuth einen Bock in's Hunde-Coupé zu bringen und ich bitte Sie, das hält ein ordentlicher Bock nicht aus.«

[…] – Grüße die Freunde, küsse die Kinder und sei herzlich geküßt von Deinem

Theodor.

EMILIE AN THEODOR FONTANE

Berlin d 4ᵗ· Sept. 68.

Mein geliebter Mann.

Tausend Dank für Deinen so überaus liebenswürdigen Brief. Die Reise nach Dresden ist so verlockend, daß ich froh war augenblicklich die Unmöglichkeit einzusehen; Johanna ist eine so unzuverlässige Person, daß ich jetzt wo Du verreist bist, nicht gern stundenweise weg gehe, geschweige Tage. Ich würde gar keinen Genuß haben, da ich in beständiger Sorge sein müßte; unsere Merckel die gestern hier war u. die sich mit mir an Deinem lieben Briefe erfreute, die Erholung so nothwendig für mich findet, sagte auch entschieden: Du kannst nicht fort. Seit Jahren ist es mein Wunsch mit Dir nach Dresden und selbst solch kleine Reise muß einem versagt bleiben. Habe Dank Du liebstes Herz für Deine gütige Absicht u. damit ich wenigstens in diesem Jahr mit Dir im Coupee gesessen habe versprich mir, einen Tag mit mir nach Potsdam zu fahren; ich kenne ja Babelsberg, den Aufenthalt unseres theuren Königs, noch garnicht. Ich freue mich sehr daß seit gestern das schöne Wetter wieder begonnen, bekommen wir nun klare Herbstestage dann wirst Du doch die Schönheit des Riesengebirges noch mehr anerkennen lernen.

[…] Möge es Dir so gut gehen als es von Herzen wünscht

Deine alte Emilie.

1000 Grüße von den Kindern.

Herr Brey soll 2 sehr hübsche Töchter haben, von denen Du mir bis jetzt geschwiegen?

EMILIE AN THEODOR FONTANE

Neuhof d 15. Oct. 68.

Mein Herzensmann.

Ich weiß Dir weiter keine Freude zu machen, als daß Du morgen einige Zeilen von mir empfängst, die Dir aussprechen wie sehr ich Dich liebe und daß ich Gott bitte uns ferner so glücklich bei einander zu lassen, wie wir es in den 18 Jahren geworden sind. Mir geht es so zusehens besser, daß ich garnicht bedauern darf, nicht bei Dir zu sein; hoffentlich sind wir nach einigen Wochen im Stande den Tag noch zu feiern. Wenn ich bedenke *wie* ich heut vor 8 Tagen hier an kam, so kann ich nur voll Dank gegen Gott sein. Ich huste garnicht mehr und seit gestern sind auch die Ohnmachts-Anwandlungen ausgeblieben. Wir haben herrliches Wetter, vor Tisch bin ich schon mit Hr. Treutler im halboffenen Wagen spatzieren gefahren. Ich pflege mich sehr, vor 8½ Uhr stehe ich nicht auf u. meine Stubengenossin leistet mir treulich Gesellschaft, um 9½ Uhr zu Bett, und über Mittag ein Stündchen auf dem Sopha, das ist wohl Ruhe genug. Am Dinstag verlebten wir einen sehr netten Abend beim Doctor, er hat mir eine bittere, wie Wasser aussehende Medicin verschrieben, die ich pünktlich nehme. Uebrigens hat er mich untersucht und glaubt der linke Leberflügel wäre etwas angeschwollen, im nächsten Jahr müßte ich einen Brunnen trinken. Gestern habe ich fleißig geschrieben; erst an unsere gute Mama und ihr George's Brief geschickt um ihr eine kleine Freude zu bereiten, dann an Frau Löwenthal und unseren George. Ich kann Dir garnicht sagen wie dankerfüllt mein Herz ist mein geliebter, einziger Mann, eimal unseres Jungen wegen und meines Wohlbefindens, ich danke Gott innigst dafür. Morgen will ich an unsere liebe Merckel schreiben; ihre Güte und Ausdauer haben George den hübschen musikalischen Empfehlungsbrief gegeben.

Wie steht es denn bei Euch mit einheizen? Du läßt doch hoffentlich auch im Eßzimmer einlegen; hier ist es morgens und abends recht frisch und ich gewöhne mich an warm schlafen, was ich zu Hause mit einer Wärmflasche ersetzen muß. Hast Du denn eine Erzieherin für Lisbeth, beantworte mir auch hübsch meine Fragen, das ist Deine schwache Seite.

Die Veilchen sind aus dem Garten und sollen Dich schön grüßen von unserer lieben Johanna, der es gottlob heut auch wieder besser ergeht. Wenn ich doch erführe daß es den Kindern gut geht und sie verträglich sind, ich höre so oft im Geist sie zanken und bin dann ganz betrübt. Hier sind sie so liebevoll untereinander, man hört kein böses Wort. – Nun mein liebster Theodor lebe recht wohl, mache Dir die Zeit meiner Abwesenheit zu Nutze, aber gönne mir auch ein paar Plaudertage wenn ich zurück kehre.

Grüße Chevalièrs, küsse die Kinder, grüße Luisen und sei und bleibe das größte Glück Deiner alten

Emilie.

Theodor an Emilie Fontane

Berlin 21. Oktob. 68.
Mittwoch.

Meine liebe Frau.

Mit großer Freude erseh ich nicht nur aus den Worten, sondern was wichtiger ist aus dem *Ton* Deiner Briefe, daß es Dir besser geht. Ich will Dich nicht mit Rechthaberei quälen, aber Du thätest gut, wenn Du in allen Gesundheitsfragen mehr auf Deinen Mann hörtest. Ich darf wirklich sagen, ich habe diese Fragen gründlich studirt und da unsre nervösen Organismen sich sehr ähnlich sehn, so weiß ich auch ziemlich genau immer was Du thun mußt, weil ich eben genau weiß, was *ich* zu thun habe. Ich habe die geheimnißvolle Kraft des Luft-, Orts- und Umgebungswechsels zu oft erprobt, seinen Segen zu oft erfahren, als daß ich mich in diesen Dingen irren könnte. Ich kann natürlich nicht Pocken oder Cholera oder Magenkrebs durch Luftwechsel kuriren, aber solche Zufälle, an denen wir zu leiden pflegen, heil' ich unter 9 Fällen von 10 durch bloßen change of air. Kommt dann noch so viel Liebes und Gutes hinzu, wie Dir Neuhof jedesmal bietet, so ist die Kur gemacht. Erwäge, man hat gegen sich selbst und fast noch mehr gegen andre die *Pflicht*, nicht mehr und nicht länger krank zu sein, als eben unvermeidlich ist; man kürzt sich und andern dadurch die frohen Lebensstunden ab und giebt gar nichts dafür. Daß es an Bangen und Sorgen im Leben nicht fehlt, dafür ist ja ohnehin gesorgt; aber nun mache man auch dies Trübsals-Maß nicht voller als nöthig ist. Leicht zu leben ohne Leichtsinn, heiter zu sein ohne Ausgelassenheit, Muth zu haben ohne Uebermuth, Vertrauen und freudige Ergebung zu zeigen ohne türkischen Fatalismus, – das ist die Kunst des Lebens. In vielen Stücken ordne ich mich unter, aber auf diesem Punkt bin ich Autorität. Und nun, nach dieser wohlgemeinten Pauke, zu andern Dingen.

Hier geht alles leidlich; die Kinder sind wohl und, Zwischenfälle abgerechnet, nicht unverträglich. Kommt mal 'was vor, so mach' ich nicht viel davon; es gleicht sich innerhalb 10 Minuten von selber aus; es sind eben Kinder.

[...] Wie immer

Dein alter Theodor.

THEODOR AN EMILIE FONTANE

Berlin 10. Oktob. 69
Sonntag.

Meine geliebte Frau.

Du mußt Deinen letzten Brief, den ich eben beim Frühstück empfangen habe, mit sehr guten Gedanken im Herzen geschrieben haben, denn die Erfüllung ist Deinen freundlichen und liebenswürdigen Wünschen für mich unmittelbar auf dem Fuße gefolgt; der Rütli verlief glänzend; nicht nur daß er sehr interessant war, indem Chevalier und Heyden über den Protestantentag, Friede über München und die Wagnersche »Rheingold«-Aufführung, Lucae über einen Besuch in Hamburg und über ein großes ihm zu Ehren gegebenes Diner beim Generalconsul Schön berichtete, – sie waren auch alle von einer großen Liebenswürdigkeit und überzeugten mich von der Unbegründetheit meines Mistrauens. Lucae hatte auf dem Heimwege noch ein Privatgespräch mit mir, über das ich in der Kürze berichten muß.

[...] Wie immer Dein

Theodor.

Theodor an Emilie Fontane

Berlin 15. Oktob. 69.
Freitag.

Meine geliebte Frau.

> Das ist das höchste Glück:
> Alte Liebe kehrt täglich neu zurück;
> Es bleibt beim Alten, –
> Auch die Worte die Du im Ohr behalten.

Diese 4 Zeilen sind freilich nur eine Kadetten-Leistung gegen die berühmten 6 Zeilen, die Freund Storm seiner Constanze über einen Brief schrieb, aber wenn Du bedenkst daß Storm auf diesem Gebiete first rate ist und ich höchstens second class bin, außerdem aber von 4 Zeilen nur ⅔ so viel wie von 6 verlangt werden kann, so schneid' ich möglicherweise noch ganz passabel ab. – Für Deinen lieben Brief meinen besten Dank; ich freue mich sehr, daß Dein diesmaliger Aufenthalt, unberufen und unbeschrien, sich dadurch auszeichnet, daß er Dich in besondrem Grade erfrischt und erheitert. Die freundliche, immer gleiche Pflege sieht sich unmittelbarer belohnt.

Heute vor 19 Jahren hatten wir unsren Polterabend. Was ist seitdem alles ins Land, was ist alles zur Ruh gegangen! Es lebt kaum noch die Hälfte von denen, die damals zugegen waren; der

Alten ganz zu geschweigen, nenn' ich nur: Kugler, Ernst Schultze, Heinrich Smidt, Max, Herrmann. Tante Lise trat als ein entzückender Backfisch ins Leben ein, heut tritt sie aus; Scherz zog damals, in raffinirter Keuschheit, einen großbeblümten Kattunvorhang zwischen seinem und seiner Lisbeth Lager, jetzt erklärt er mir (ich citire wörtlich): »über 40 hinaus gewähre die Ehe keine sinnliche Befriedigung mehr«. Man könnte fast annehmen, er habe den Kattunvorhang wieder aufgespannt.

In weitre Betrachtungen will ich mich nicht einlassen; ich will Dir lieber sagen, was Dir das liebste sein wird, daß ich mich glücklich schätze Dich zu besitzen und daß ich *ganz* glücklich und *ganz* zufrieden sein würde, wenn Du gleichmäßiger wärest und Macht über Deine Stimmungen hättest. Dieses Manquo ist für mich betrüblich, mitunter *sehr* betrüblich, da es aber erheblich besser damit geworden ist, so will ich weiter hoffen und wie mit 18 Jahren denken: die goldene Zeit, sie kommt noch. Nur so viel noch: dem *Körper* schieb' es nicht zu. Trägt er ein gut Theil Schuld, was ich glaube, so behandle ihn danach und bessre ihn auf.

Nur noch wenige Notizen. Einen Brief von George, der inzwischen seine erste Unteroffizir-Wache gethan, und einige Zeilen von Luise leg ich bei. Wie fein und angenehm lesen sich die letztren und wie verschwinden daneben solche Machwerke wie von Frl. v. Khaynach und Frl. Emma Kroll. Man könnte beinah sagen: es ist doch furchtbar gebildet zu sein. Wenn man nicht über eine gewisse Stufe *hinaus*kommt, so ist es doch wirklich fast besser man fängt gar nicht erst an zu klettern und zu steigen. Uebrigens ist die Geh. Räthin Kroll am 11. d. gestorben; man kann bei solchem Leiden nur ausrufen: wohl ihr!

Der Rheinwein-Abend bei Hesekiels lief gut ab; Ludchen munter, ganz nett aussehend und nicht im geringsten prätensiös. George hatte übrigens schon geschrieben und gratulirt, was ich loben muß. – Vorgestern Nachmittag war ich mit Zöllners in

Charlottenburg, um die March'sche Fabrik zu sehn; höchst gelungen. Weniger glückte der gestrige Abend, wo Friede und Lepel bei mir waren. Sie waren lieb und gut, aber eine gewisse Wrackschaft, bei Lepel das bittre Gefühl des Gescheitertseins, traten doch zu Tage.

In der nächsten Woche will ich noch mal wieder meine »Wanderungen« aufnehmen; wenn Du kommst gönn' ich mir dann 8 Tage Ruhe, – ich habe sie mir in diesen Wochen ehrlich verdient. Schreibe in Deinem nächsten Briefe, *wann* Du zu kommen gedenkst, auch zu welchem Tage ich Geld schicken soll.

Nun leb mir wohl, meine geliebte Frau, und habe morgen einen glücklichen Tag. Am Abend um 9 rufe Dir das Bild vor die Seele, wie ich mit der Würde eines Burgemeisters zum ersten Mal in den grauen, rothgefutterten Schlafrock fuhr, mich niedersetzte und laut an zu lachen fing. Das Pappstoffliche war doch nie unsre Force. – Wangenheims haben mich zu morgen Mittag eingeladen, – ich vermuthe fast eine kleine Liebesverschwörung. Nochmals Ade! Tausend mal Gruß und Kuß von Deinem

Theodor.

Den Inhalt der Kiste habe ich leider vorher nicht mustern können; schreibe *aufrichtig* wie sich s präsentirt hat. *Unterm* Moos liegen ein paar Kleinigkeiten.

THEODOR AN EMILIE FONTANE

Berlin 29. Novemb. 69

Meine geliebte Frau.

Du hast ganz Recht, wir müssen es eben abwarten; Du kannst Lisen weder allein lassen, noch würdest Du hier Ruhe haben;

ich werde also keine halb scherzhaft, halb ernsthaft gemeinten Aeußerungen mehr über Dein Kommen machen und unser nächstes Wiedersehn wird in einem Trauerhause sein. Wann? steht bei Gott.

In Deinem heute empfangenen lieben Briefe von gestern haben mich Deine Urtheile über »Buchhandel und Zeitungen«, »Bethanien« und »Th. Fontane's 1866« sehr erfreut. In Deine Anerkennung des ersten Artikels stimme ich ohne Weitres mit ein; »Bethanien« (vom alten Minister v. Westphalen) ist urschwach und bestärkt eigentlich nur das Publikum in seiner Sorge und Abneigung; »Th. Fontanes 1866« ist allerdings *sehr* maßvoll und *sollte* es sein. Als mir Dr B. heute früh sagte »er fände es fast zu objektiv« sagte ich ihm ganz ehrlich: »ich leistete lieber auf Lob Verzicht, als daß ich mir Lob wünschte, das mir durch die Art wie es sich gäbe, unbequem wäre«. Im Uebrigen hat er mir mehrfach die Spalten seiner Zeitung für eine längre und sachgemäße Besprechung angeboten, wenn ich einen guten Berichterstatter in petto hätte. Dies ist nun zwar sehr freundlich, aber beinah komisch ist es zu sehn, wie er sich müht den Gedanken: »*er* oder seine Familie solle das Buch lesen« in mir um Gottes willen nicht aufkommen zu lassen. Mit andern Worten, er stellt mir seine Zeitung zur Verfügung, aber nicht seine Person. Dies wäre an und für sich ganz in der Ordnung (Du weißt ja am besten, daß ich nicht einmal von meiner Frau erwarte, am wenigsten verlange, daß sie meine Bücher liest) und wenn ich doch meine Bemerkungen darüber mache, so liegt es lediglich wieder an der *Art* wie unser guter B. dabei verfährt. Erst in diesem Augenblick, wo ich über die Sache schreibe, empfinde ich ganz und klar das unstatthaft Nüchterne seiner Haltung in dieser Angelegenheit. Es ist so von allem schön-Menschlichen entkleidet. Er *muß* wissen, daß ich 3½ beste Lebensjahre, Tag und Nacht, an diese Arbeit gesetzt habe und ich meine, daß er in dem Moment wo er das Buch auf seinem Tische liegen sah, an mich herantreten und mir sagen mußte: »ich freue mich dies Buch in Händen zu halten.« Aber genug davon. Er hat seinen Kopf voll Wunder (gerade jetzt), – aber dennoch!

Am Sonnabend also, wenn nichts dazwischen gekommen ist, hat Geh. R. Wehrmann das Buch dem Könige überreicht. Ist es *wirklich* geschehn, so ist mir das Schweigen darüber bis heute Abend etwas bedenklich. Bekanntlich macht ein König in solchen Angelegenheiten, und wenn er eine Sache will, sehr wenig Worte. Hätte er gesagt: »versteht sich« so würde ich das wahrscheinlich schon wissen; ich fürchte also fast, daß »Berichterstattung« gefordert wird. Von einer solchen kann ich mir aber bei Mühlers »alter Freundschaft« wenig versprechen und ich würde in diesem Falle schon seinen Sturz abwarten müssen. Laß Dich übrigens durch diese Mittheilung nicht verstimmen. Meine alte soupçon-Natur tritt ja auch stark dabei in den Vordergrund.

Gestern Vormittag erwartete ich Herrn Hertz; er kam nicht; ich wette zehn Thaler gegen einen Dreier, daß er mir den Aufsatz »Buchhandel und Zeitungen« übel genommen hat; – daß *ich* ihn geschrieben habe, ist – wie mir meine Collegen sagen – unverkennbar.

Mit etwas Heitrerem laß mich schließen. Um 8½ wankte ich also in die Abendgesellschaft bei Frl. A. Eichler, deren Geburtstag gefeiert wurde. Es waren wohl nah an 20 Damen, dazu drei Herrn, Professor Eschke, Professor Scherres, Professor Fontane. Da es die beiden andern auch nicht sind, so leg ich mir ohne Weitres diesen Titel zu, der in jenen Räumen blos als Geschlechts-Unterschied betrachtet zu werden scheint. Er ist Mann, folglich Professor. Es gab von jenem berühmten Salat, zu dem unsre Lübke das Ur-Rezept besitzt; ein Löffel voll tödtet drei Mann. Alles andre war gut, das Arrangement gefällig, die Stimmung heiter. Etwas zu heiter. Ganz das alte Berlin, das man, in seiner ächtesten Form, doch als eine furchtbare Mischung von Häßlichkeit und Unfeinheit bezeichnen muß. Sämmtliche Schönheiten dieser 20 Damen, so weit ich sie sehen konnte, wogen noch nicht ¼ Engländerin auf. Wenn sie lachten, machten sie Windungen wie Laokoon unter den Schlangen, man kann sagen: sie lachten sich gegenseitig in die Arme hinein. Dabei rissen sie vor Vergnügen die Mäuler auf und gönnten einem dadurch Einblick in Abgründe, die besser ewig mit Nacht bedeckt geblieben wären. Nur wenige Ausnahmen präsentirten sich: Frl. v. Sandrart, Fräulein Clara Heinke (gehalten, freundlich, angenehm) und – Frl. Anna Grimm. Diese rettete mich. Das Ganze war mir höchst interessant. Solche Gesellschaften giebt es nur in Deutschland und in Deutschland auch nur wieder in Berlin. Denn, wie ich wohl nicht erst zu sagen brauche, das Ganze hatte doch auch seine große[n] Meriten: geistige Regsamkeit, gute Laune, Abwesenheit aller Thuerei, Schlagfertigkeit, Wohlanständigkeit. Die Mängel liegen immer nur nach der Seite des *Schönen* hin.

Da hast Du nun wieder einen langen Brief! Ich wollte eigentlich nur ein paar Zeilen schreiben, aber ich bin nun 'mal eine alte Plaudertasche. Die Kinder sind wohl; Theon hab ich eben ins Theater geschickt (Minna von Barnhelm). Er küßt einem dann immer Stirn, Mund, Hände; fast zu viel. Tausend Grüße euch allen; wie immer Dein

Theodor.

THEODOR AN EMILIE FONTANE

Berlin 4. Dezemb. 69.

Meine geliebte Frau.

Diese letzten Zeilen – denn ich fürchte nicht, daß sich Mamas Anfälle in bedrohlicher Weise wiederholen – schreib ich in a hurry. Ich habe nur noch eine halbe Stunde bis Rütli-Anfang; ich fühle schon Bormanns Nähe, ohne mich übrigens dadurch inspirirt zu fühlen.

Nicht auf 1000 Meilen wäre mir eingefallen, daß das Reiseprojekt nach Sonnenaufgang hin Dich eine Minute lang hätte ernsthaft beschäftigen können. Ich sehe daran wieder so recht, daß Du viel mehr witzig und geistvoll als klug bist und daß ich Dir nicht in Tugenden und höheren Anlagen, sondern in ganz gemeiner Lebensprosa, im einmaleins des täglichen Brodes erheblich überlegen bin. Du hast brillante Einfälle und bist scharfsinnig im Erkennen der Menschen, besonders im Erkennen ihrer Schwächen, ihrer Eitelkeiten und Lächerlichkeiten, aber das nüchterne Erkennen der *Situation* war nie Deine Force und ist es auch heute nicht. Alles was Du über meine Stellung zur Zeitung schreibst, ist richtig und ist sogar noch viel richtiger als Du wissen kannst; man ist eine bloße Sache, man hat den Werth eines Maschinenrades, das man mit Oel schmiert so lange das Ding überhaupt noch zu brauchen ist und als altes Eisen in die Rumpelkammer wirft, wenn die Radzähne endlich abgebrochen sind, aber so gewiß ich das Brutale schmerzlich empfinde, das darin liegt, so hab ich doch nun nach gerade einsehen gelernt, daß es *hier zu Lande*, in den gesegneten Gauen des norddeutschen Bundes, überall so ist und daß man nur so lange Werth hat, als man tagtäglich und immer aufs Neue seine Brauchbarkeit beweisen kann. Du weißt, daß ich im vorigen Winter 4 bis 6 Wochen lang Nachmittags grippekrank zu Bette ging und doch *keinen* Vormittag auf der Zeitung gefehlt habe und ich sollte auf 6 oder 8 oder 12 Wochen nach dem Orient reisen, nachdem die Wunden noch bluten, die Goedsche und Heffter durch ihre Abwesenheit der Zeitung und unsrem Dr B. geschlagen haben! Natürlich giebt es Menschen von einem so himmlischen Kehrmichnichdran, die lachend erklären würden, daß ihnen sämmtliche Beutnersche

Wunden Schnuppe seien, aber dieses dicke Fell hab ich nie besessen und kann es mir nun auch nicht mehr anschaffen. Ich gebe die Hoffnung nicht ganz auf, noch einmal in die Welt hinaus zu kommen und Rom, Constantinopel und Jerusalem zu sehn, die drei Punkte an denen die Welt hing, aber das ist alles erst möglich, wenn die Kreuz-Ztg hinter mir liegt. So lange ich an dieselbe angeschmiedet bin und dankbar sein muß für die Kette, an der zugleich mein Brot hängt, sind solche poetischen Allotria unmöglich. Ich kann, nach menschlicher Berechnung, nur durch zwei Dinge frei werden: durch irgend eine Verwendung im auswärtigen Amt (die ich, grade jetzt, nicht für unmöglich hielt) oder dadurch daß mir ein *großer* literarischer Erfolg, etwa ein in 7 Auflagen erscheinender Roman, eine vollständige freie Bewegung wiedergiebt; – treten diese Fälle *nicht* ein, so bleibt mir nichts übrig als auszuhalten, mich nach der Decke zu strecken und Gott zu bitten daß es nicht schlimmer wird. Du solltest doch nun nach gerade die Menschen kennen! Die Kinder in der Schule lernen meine Gedichte, Frau Jachmann donnert meinen Archibald Douglas und in der Literaturgeschichte von Heinrich Kurz hab ich mein Kapitel, aber wenn ich heute noch Bote beim Kammergericht würde, mit 30 ℔ fixem Monatsgehalt und 10 Thaler zu Weihnachten, so würden die besten Freunde sagen: nun, er ist jetzt in k. Dienst, er hat ein Fixum, kann sich Bewegung machen und seiner Frau eine jährliche Pension von 40 Thalern hinterlassen. Lehre mich die Menschen kennen. So lange man sie nicht braucht, sind sie gut; wenn man sie aber braucht, so nimmt man mit Schrecken wahr, daß sie das Schlechteste gerade gut genug für einen halten. Zum Glück vergrätzen mich diese Dinge nicht, im Gegentheil, ich lache dazu; aber sie rufen einem wenigstens zu: halte fest was Du hast, gefährde nicht durch Prätension Deine Position, wiege Dich nicht in Illusionen.

Jetzt klingelt es. Bormann ist eine lebendige Predigt in derselben Tonart, den dieser Brief anschlägt. Denkst Du noch daran, wie ich ihm 1850 auf 51 als »Rosamunden-Dichter« meine Aufwartung machte! Als Dichter ging ich hinein, als verhungerter Seminarlehrer kam ich wieder heraus. – Die Fremden-Blatt-Kritik, ein fabelhaftes Machwerk, hab ich schließlich noch gefunden und schließe sie bei. – Tausend Grüße euch allen, auch namentlich meiner guten Lise, die Dich bald wieder haben soll. Auf gesundes Wiedersehn am Montag. Wie immer Dein alter Orientale

Theodor.

Meiner lieben guten Mama gieb einen *allerherzlichsten* Kuß und sage ihr, es hätte mich recht gefreut, daß Du ihr noch hättest zeigen können, wie lieb Du sie hättest.

VI

EIN JAHR UND ZWEI KATASTROPHEN: EHEKRACH UND KRIEGSERFAHRUNG (1870)

»Jedes Gebundensein wiederstrebt Deiner Natur; so lange die Dinge ruhig gehen, bist Du glücklich und zufrieden; kommt aber ein Anstoß, so verwirfst Du auch Alles; ich fürchte auch die leichte Fessel, durch die Du jetzt an Hahn gebunden, wird Dich in kurzer Zeit auch wieder drücken. Es ist dies der Fall mit mir seit beinah 20 Jahren. Sobald ich durch irgend etwas Dir unangenehm bin, sobald ich Dir entgegen stehe, sprichst Du von einer 20 jährigen, unerträglichen Ehe.«

Emilie an Theodor Fontane, 14. Mai 1870

»Th. Fontane, der Gefangene v. Oléron«, Zeichnung von August von Heyden

Die wirtschaftliche Lage der Familie Fontane ist zu Beginn des neuen Jahrzehnts alles andere als glänzend. Zwar hat sich König Wilhelm zu einer bescheidenen »Ehrengabe« für den gerade erschienenen ersten Halbband über den Krieg von 1866 hinreißen lassen, aber im Grunde kommt Emilie mit diesen achtzig Friedrichsd'or nicht sonderlich weit, zumal das ewig knausernde Kultusministerium im Februar 1870 die 300-Taler-Unterstützung für Fontanes »märkische Arbeiten« endgültig streicht (er hatte sie seit 1861 jährlich erhalten).

Wieder einmal ist guter Rat teuer, und die Fontanes buddeln ihren alten Plan aus, in ihrer Wohnung ein Pensionat für betuchte Engländerinnen und Amerikanerinnen zu etablieren. Man beschließt, dass Emilie nach London fahren und dort erkunden soll, ob diese Rechnung aufgehen könnte. Das Projekt ist mit den Meringtons abgesprochen, alten Bekannten aus der Zeit von Camden Town. Am 20. April reist Emilie mit der zehnjährigen Tochter Martha tatsächlich in die britische Hauptstadt; Martha soll ein Jahr dort bleiben, um Englisch zu lernen und die Finanzsituation zu Hause ein wenig zu entlasten.

Emilie schwelgt nach ihrer Ankunft in geselligen und touristischen Erlebnissen und berichtet, zum Teil in drolligem Englisch, so lebhaft über ihre Eindrücke, dass sich der kritische Gatte an die England-Darstellungen von Hermann von Pückler-Muskau erinnert fühlt. Diese sorglosen Wochen beendet Fontane abrupt mit der Nachricht, dass er bereits am Tage ihrer Abreise seine Stellung bei der »Kreuzzeitung« gekündigt habe. Emilie reagiert über diesen nicht mit ihr abgesprochenen Schritt mit heftigen Vorwürfen. Bei aller anfänglichen Verbitterung und verständlichen Verunsicherung macht sie in der brieflichen Debatte eine souveräne Figur und ist schon bald zum Einlenken bereit. Um den 12. Juni 1870 trifft sie wieder in Berlin ein; die Ehekrise ist beigelegt und gerät im Verlauf des Sommers in den Hintergrund, zumal Fontane im Juni von der liberalen, sehr angesehenen »Vossischen Zeitung« als Theaterkritiker für das Schauspielhaus am Gendarmenmarkt engagiert wird.

Während sich die Fontanes ab 12. Juli in Warnemünde aufhalten, spitzt sich der deutsch-französische Konflikt dramatisch zu, und nach der formellen Kriegserklärung Frankreichs am 19. Juli überschreiten am 4. August deutsche Truppen die französische Grenze und schlagen erfolgreiche, höchst verlustreiche Schlachten gegen die Armeen Napoleons III. Die Briefe, die Fontane, der bis zum 6. August zu Besuch bei Mathilde von Rohr in Dobbertin ist, in den ersten Augusttagen mit seiner Frau in Berlin wechselt, zeigen die Sorgen der Eltern um den gerade einberufenen Sohn George. Fontanes tiefe Beunruhigung über den Krieg, in den er schon bald selbst verwickelt werden soll, formuliert er nach dem Sieg der Deutschen bei Weißenburg in einem Brief an Emilie vom Nachmittag des 5. August: »Mein Herz schlug mir höher bei dieser Nachricht und doch konnte ich ein Schmerzgefühl nicht los werden. Wozu das alles? um nichts! Blos damit Lude Napoleon festsitzt oder damit der Franzose sich ferner einbilden kann, er sei das Prachtstück der Schöpfung – um solcher Chimäre willen der Tod von Tausenden!«

Fontane lässt sich bei der »Vossin« von dem gerade übernommenen Amt des Theaterkritikers beurlauben und reist am 27. September – mit dem Vertrag des Decker-Verlags über ein »*drittes* Kriegsbuch« in der Tasche – in jene elsässischen Orte, die wenige Wochen vorher von den Preußen erobert worden waren. Geschichtenreich berichtet er in den Briefen an Emilie. Doch die so heiter beginnende Fahrt ins »alte romantische Land« wird jäh abgebrochen: Französische Freischärler nehmen ihn am 5. Oktober 1870 als vermeintlichen preußischen Spion fest, als er außerhalb seines eigentlichen Programms Domrémy besucht, den Geburtsort der Jeanne d'Arc – »Das kommt davon, wenn man nach Jungfraun geht«, ist eine Karikatur von August von Heyden unterschrieben. Zumal er mit einem geladenen Revolver und einer Rotkreuzbinde, die ihm nicht zusteht, angetroffen wird, droht ihm in Langres die standrechtliche Erschießung. Dann aber wird er als Kriegsgefangener, dem man den Status eines »höheren Offiziers« zubilligt, auf der Atlantikinsel Oléron unter passablen Umständen interniert.

Die Berliner Freunde, von Emilie angeregt, bemühen sich auf verschiedenen Wegen um Fontanes Befreiung, die erst durch einen energischen diplomatischen Vorstoß Bismarcks bewirkt wird. Am 24. November verfügt die französische Regierung Fontanes Freilassung. Am 29. November verlässt er Oléron und gelangt über Genf zurück nach Berlin; am 5. Dezember ist er wieder bei seiner Familie, mit »treu ergebnem Sinn und großem Hunger«, wie er im Tagebuch festhält.

Abgeschnitten von allen Informationen, ohne Nachricht von Emilie und George, anfangs von den Angriffen der aufgebrachten Bevölkerung bedrückt, hält sich Fontane vor allem durch regelmäßige Arbeit aufrecht. Er berichtet nahezu täglich seiner verständlicherweise höchst besorgten Frau, zum Teil in französischer Sprache. Er führt sorgsam ein spezielles Tagebuch, organisiert die letzten Arbeiten am zweiten Halbband des Kriegsbuches 1866 und – schreibt seinen Rapport »Kriegsgefangen. Erlebtes 1870« nieder, dessen Manuskript er offenbar weitgehend abgeschlossen mit nach Hause bringt. Es erscheint ab 15. Dezember 1870 in der »Vossischen Zeitung« und 1871 bei Decker als Buch.

Im Frühjahr 1871 fährt er erneut nach Frankreich, um seine

ursprünglichen Ziele sowie die im weiteren Kriegsverlauf hinzugekommenen Schlachtenorte aufzusuchen. Inzwischen ist das Deutsche Reich installiert, und auf den Vorfrieden von Versailles folgt – noch während Fontane unterwegs ist – der endgültige Friede von Frankfurt.

Fontane reist am 9. April 1871 in Berlin ab und trifft am 14. April in Mouy ein, wo er erstmals Sohn George wiedersieht, der den Feldzug unverwundet überstanden hat. St. Denis, Amiens, Dieppe und St. Quentin, Sedan und Metz sind weitere Stationen, bevor er über Saarbrücken und Straßburg sowie über Frankfurt und Kassel-Wilhelmshöhe nach Berlin zurückkehrt. Bei der Mühle von Sannois bei Paris kann er zuschauen, »wie die dreifarbige und die rote Republik miteinander rangen«; dieser Eindruck von der Pariser Commune wird ihn nachhaltig begleiten, für Emilie aber ein Schreckgespenst werden. Fontanes nahezu täglichen Berichte an seine Frau sowie ein zusätzliches Tagebuch bilden das stoffliche Gerüst für ein neues Reisebuch, das er im Sommer schreibt. Nach Vorabdruck in der »Vossischen Zeitung« erscheint es 1872 in zwei Bänden bei Decker unter dem Titel »Aus den Tagen der Okkupation. Eine Osterreise durch Nordfrankreich und Elsaß-Lothringen 1871«. Das schon erwähnte »*dritte* Kriegsbuch« kommt in vier Teilen von 1872 bis 1876 heraus.

Fontane hat sich durch die Berichte über seine Reisen in Respekt, ja in Liebe zu dem Land hingeschrieben, aus dem seine Vorfahren stammen. Schon 1875 schreibt er einmal an Emilie: »Wie ungermanisch bin ich doch! Alle Augenblick (aber ganz im Ernst) empfind ich meine romanische Abstammung. Und ich bin stolz darauf.« Ein gleichgeartetes Bekenntnis ist am 30. September 1888 ebenfalls an Frau Emilie gerichtet: »Wie stolz und wie glücklich bin ich, daß ›meiner Ahnen Wiege‹ in Languedoc, ja sogar in der Gascogne gestanden hat. Uebrigens bist Du auch da her; Toulouse und Montpellier liegen bei einander.«

Theodor an Emilie Fontane

Berlin 25. April 70.
Montag.

Geliebte Frau.

Heute früh kam Dein Brief vom Freitag. Ich hatte eine große Freude daran. Gott sei Dank, daß ihr heil übers Wasser seid, daß kein Unglück und kein Aerger eure Reise gestört hat, daß ihr nicht geprellt worden, vielmehr der schönen Gotteswelt, des Frühlings und der alten Culturstätten froh geworden seid. Die Rechnung hat sich schließlich auch noch um etwa 1 £str. billiger gestellt, als ich annahm. Daß sich meine Mete so tapfer gehalten, hat mich sehr gefreut; ich hatt' es übrigens nicht anders erwartet; gieb ihr einen Kuß.

Deine Bemerkungen über Land und Leute hab ich mit voller Zustimmung gelesen; dennoch (Du deutest es auch selber schon an) sind sie einseitig. Man kann alle Reisenden in zwei Charakterklassen theilen, in freundliche Sanguiniker, die überall sehen und auch sehen *wollen*, wodurch sich die Fremde vortheilhaft von ihrer Heimath unterscheidet und in leberkranke Nörgler, die sich zu Hause eine Vortrefflichkeits-Schablone zurecht gemacht haben, und über alles verstimmt sind, was davon abweicht. Wir gehören zur erstren Klasse, wofür Gott gedankt sei; aber sie bleibt doch sehr an der Oberfläche hängen und ist hinterher um so verstimmter, wenn sich zeigt, daß auch nicht alles Gold ist was glänzt. Zudem spielt das Glück auch *hier* mit. Es giebt unter den vielen Glücks oder Glücken auch ein ganz bestimmtes *Reise*glück; manche haben s nie, andre immer.

Zu wehmüthiger Betrachtung stimmten mich jene wenigen Zeilen, wo Du die »Klippe von Dover« und wenige Stunden später die Thürme, die Umrisse der Riesenstadt vor Dir aufsteigen siehst und Dich eine Art Sorge anwandelt: werd' ich das alles bezwingen können. Ich bin gewiß nicht sentimental, aber wie unser lieber kleiner Merckel zu erzählen pflegte: »als ich Heidelberg wiedersah, weint' ich wie ein Kind; ich stand wie am Grabe meiner Jugend«, so beschlich es mich auch als Deine Zeilen mir diese Prachtstücke meiner Erinnrung, das Schönste und jedenfalls Großartigste was ich gesehn, wieder vor die Seele riefen. Damals an der Schwelle des besten Lebensabschnittes, jetzt auch wieder; *aber an der Thür gegenüber.* Und was ist das Resultat der 18 Jahre, die zwischen heut und damals liegen! Ich will es nicht unterschätzen; in mancher Beziehung reicht es bis an meine Hoffnungen heran oder übertrifft sie selbst, aber sich durch ein muthiges, arbeit- und mühevolles Leben nichts als Sorge für das Alter errungen zu haben, ist doch, nach der Seite äußeren Erfolges hin, zu wenig.

Genug davon. Hinter allem Ernst klingelt ein Clown her und ein solcher machte denn auch, 2 Stunden später als Dein Brief, bereits seine Aufwartung. Ich bekam eine Zuschrift aus Dresden, deren Adresse ganz kurz lautete: »Dem deutschen Dichter Th. Fontane; Berlin«. Ich erwartete schon den Anpump eines Collegen und fühlte mich bereits um 1 Thaler leichter, es war aber das Anschreiben eines »deutschen Lehrers« (natürlich alles deutsch und immer unterstrichen) der mich um eine Gabe »aus meiner Dichtermappe« ersuchte; die lieben Kleinen, die Herzen »deutscher Jugend« verlangten nach ächtem Brot; kurzum er will auf andrer Leute Kosten eine Gedichtsammlung herausgeben. Unerträgliche Phraseurs. Natürlich ein Sachse.

[…] Gruß und Kuß meiner Mete, den herzlichsten Dir von Deinem alten

Th. Fontane.

Emilie an Theodor Fontane

[London,] d 27 4. 70.

Mein theurer Mann.

Tausend Dank für Deinen lieben Brief, den ich heut beim Frühstück erhielt; aber es ist immer noch die belegte Stimmung in Dir, die auch mich drückt; möge Gott uns helfen. Heut sind es 8 Tage daß wir abgereist sind, es kommt mir bereits viel länger vor, so viel habe ich in dieser Zeit erlebt. Vorgestern war ich mit Mrs. M. bei ihrer Schneiderin, wir gingen durch Oxfordstr. u. es war mir höchst interessant, die alten Plätze wieder zu sehen. Alle Tage habe ich eine Stunde u. gebe eine; laß Dir eimal den Lauf eines Tages mittheilen. Mete geht um 8 Uhr in the breakfast room, ich jetzt nach 8, die ganze Familie ist versammelt, nur Martha kommt noch später. Ich trinke Thee u. esse ein Ei; dann wird hinauf gegangen, wir lesen, schreiben, arbeiten, gehen oder fahren aus; um 1 Uhr ist lunch, nur die lady's, jetzt Charles; wir haben Fisch, kaltes Fleisch, Pudding. Dies ist Mete's Dinner. Dann schlafe ich ½ St. weil das Ale mich müde macht; wir gehen in Kensington Garten, machen eine Visite (wie heut) bekommen Besuch, trinken um 3 Uhr eine Tasse Thee mit sandwichs. Um 6½ Uhr ist Dinner; I have my place next to Mr. M. wir essen mutton oder beef, immer sehr schön, Kartoffeln u. Kohl, der sehr gut mir u. Meten schmeckt; dann Pudding oder rice oder pancake, cheese and bread and wine. Dann going upstairs; talk, some friends coming in and half past ten going to bet, I always so tired of Hören den ganzen Tag englisch sprechen.

Heut habe ich anfangen müssen, Mrs. M. Buch zu übersetzen; jetzt eben waren wir in Bayswater zu einer griechischen Dame, sie war nicht zu Haus. Mete ist immer mit Emily u. nennt sie schon »Mutterchen«.

28. Donnerstag. Gestern waren wir, Mrs. M. u. Martha bei

Mrs: Taylor, sie war »at home.« Eine feine Dame, mit einem kränklichen Mann, einem ehemaligen Kaufmann, jetzt M.P. Es ist Schade, daß die Räume, selbst so reicher Leute, für unser Auge zu klein sind u. ich hatte beim Eintreten, den Eindruck als käme ich in einen kleinen Saal wo etwa eine Vorlesung gehalten werden sollte. Erst nach u. nach bemerkte ich eine schöne Toilette nach der anderen, die prachtvolle Einrichtung, die kostbaren Bilder; es waren vielleicht 70–90 Personen anwesend, darunter einige sehr schöne Gesichter; Alles stand, leise plaudern[d], in den verschiedensten Costümen, high dressed and homely. Wie reich muß das Land sein! denke nur die Möbel waren alle mit Perlmutter u. Silber ausgelegt. Die Herren gefallen mir am wenigsten, sie sind so stiff, wodurch sie linkisch erscheinen; auch die Frauen meines Alters u. drüber machen oft durch ihre jugendliche Kleidung einen lächerlichen Eindruck; wir sind schon zu so viel »at home« eingeladen, daß ich es doch sehr bedauere, nicht mehr Staat zu haben, mehr Merington's halber, wie meinetwegen. Sehr komisch ist, wie gern die Damen ihr bischen deutsch oder franz. anbringen, immer einige Redensarten, dann ist die Conversation vorbei. Um 11 Uhr brachte mir die Wirthin einen angenehmen jungen Mann, der mich zum supperroom geleitete u. ziemlich gut deutsch sprach; eine bildschöne, junge Frau, von 20 Jahr, Wittwe, hat mein ganzes Herz gewonnen; sie erinnerte mich etwas an die jüngste Baumeister, aber eine pompöse Gestalt und goldnes Haar hatte sie vor unserer kleinen Deutschen voraus.

Ich würde doch die engl. Nation höher stellen, wenn sie nicht so ängstlich auf Form hielten; sie zeigt doch dadurch, durch das Gewicht legen auf äußere Dinge, eine gewisse Unfreiheit, etwas Angelerntes, was, wenn der Geist prevalirte nicht möglich wäre; es liegt gewiß auch in dem weniger gelernt haben, in dem wenig wissen. man will ja nun auch hier den Schulzwang einführen, der jetzt bei uns beklagt wird.

d 29. Gestern war es wieder 12 Uhr als ich zu Bett ging; wir hatten einige Thee-Visitors, gentlemen & ladys. Die jungen Damen sprachen Alle für ihr Stimmrecht u. hoffen daß die Zeit nahe ist daß wir gleichberechtigt sein werden mit den Herren der Schöpfung. Auch ich wurde nach meiner Meinung gefragt; aber ich konnte nur lachend sagen: ich hätte nicht Gelegenheit gehabt über den Gegenstand nachzudenken, I had such a good position as the wife of you, that I don't want a other; which answer amused very much Mr. Merington.

[…] sei herzlich geküßt von Deiner alten

Emilie.

[*Nachschrift von Mete:*]
Lieber Vater ich grüße Dich herzlich und werde Dir bald einmal schreiben grüße und küsse alle herzlich.

Theodor an Emilie Fontane

Berlin 6. Mai 70.

Geliebte Frau.

Dein letzter ausführlicher Brief hat mir eine große Freude gemacht und ich danke Dir herzlich dafür. Das größte Lob was ich Dir spenden kann ist wohl das: ich lese das alles wie Pücklers Briefe, ich frische die alten Bilder wieder auf und stimme den Bemerkungen zu. Daß Mete so einschlägt, ist mir eine besondre Freude; sie ist ein apartes Kind, in gewissem Sinne ein Angstkind und alles wird davon abhängen, in welche Hände sie geräth; sie ist jetzt in den besten. – Dein guter Einfall, womit Du die Debatte über Frauen-Stimmrecht coupirtest, hat auch mich amüsirt. Man kann all diesen Dingen gegenüber sagen: »warum nicht!« aber doch noch mit größrem Recht: »wozu?« Die Frauen, die zur Zeit Ludwigs XIV. die Welt, den König und die Gesellschaft regirten, hatten kein Stimmrecht, haben sich aber leidlich wohl dabei befunden, jedenfalls besser als jene Unglücklichen, die sich »in Erfüllung ihrer Bürgerpflicht« an die Wahlurne drängen. – Wegen des Herrn v. P. sprach ich mit Zöllners; die kleine Chevalière fragte, ob er bei den Garde-Husaren in Potsdam gestanden habe? sie kannte einen solchen Vorfall; aber was ist häufiger als solche Vorfälle, selbst innerhalb einer und derselben Familie!

Ich habe eine ziemlich unruhige Woche hinter mir und doch ist nicht leicht drüber zu berichten. Nennt man die Dinge blos, so ist es langweilig, geräth man ins Beschreiben, so ist es endlos. Ich verfahre wieder tagebuchartig: […]

Mittwoch 4. Mai. Ich stand schon gleich nach 6 auf, da Frau Fiedler mit dem Portier derartige Schnabbergespräche führte, daß ich aufwachte und nicht wieder einschlafen konnte. Decken klopfen etc. stört mich nicht, aber gegen ordinaire Stimmen bin ich fast so empfindlich wie Lepel. Ich hatte nun noch Zeit und machte zwischen 7 u. 8 einen Morgenspatzirgang. Es war ein wenig windig und als ich auf den Hafenplatz kam, wankte mir ein höchst fragwürdiges Paar entgegen, *er* in einem grünlichen Ueberzieher, dritte Garnitur und dito Hut, *sie* in Morgenhaube unterm Hut, einem Sommermäntelchen das Geschwisterkind von dem Deinigen zu sein schien und in Bambuschen, so groß wie meine Filzschuhe, die theils aus Filz theils aus Tuchecken zu bestehen schienen. Der Wind machte es, daß sich diese beiden Torfkähne in ihrer ganzen Gräßlichkeit präsentirten. Es waren *Grimms.* Das Damencostüm erinnerte lebhaft an die Garderobe von Frl. v. Rohr, wenn sie in der Schummerstunde ihre Einkäufe machte. Die Begegnung, das kann ich wohl sagen, machte einen Eindruck auf mich. Die ganze Bettelhaftigkeit unsrer Zustände stand auf einen Schlag vor mir. *Ich* kann und darf so gehn. Wer bin ich? ein armer, titelloser Schriftsteller, den einige kennen und viele nicht kennen. Da ist von Repräsentation keine Rede. Präsident Grimm ist aber einer der ersten Justizbeamten des Staates, er sitzt im Herrenhause, und wenn er in England lebte, würde er ein hochangesehner Peer, einer von den Law-Lords, ein Mann wie Lord Brougham oder Lord Cairns sein. Und nun *diese* Erscheinung, *dieses* Paar, diese Bambuschen! Ich schreibe dies nicht aus Spottlust. Ganz und gar nicht. Ich liebe und verehre beide Leute, und mein Groll – denn der Spott vergeht einem – geht nach ganz andrer Seite. – Um 3 war ich bei Herrn Hertz zu Tisch. Wilbrandt war geladen. Als ich eintrat, richtete ich an diesen die Frage: »nun, Frau Clara noch nicht da?« Eine verlegne Heiterkeit bemächtigte sich aller Anwesenden, – Frau Clara war gar nicht geladen. Das Diner verlief ganz gut. – Am Abend zu Grimms (die Morgenbegegnung hatte ihre Frucht getragen) wo auch Zöllners auftauchten. Wir plauderten angenehm; ich las ein paar Sentenzen aus Deinem Briefe, aber nur ein paar. Man kann in dieser Beziehung nie zu wenig thun. Uebrigens amüsirte sie die schon oben hervorgehobene Stelle (Frauen-Stimmrecht). […]

Gestern (Donnerstag) Abend war ich bei Tante Merckel, deren Cäcilie übrigens die Aufwartung beim Diner übernommen und ganz gut gemacht hatte, nur immer von der falschen Seite. Aber das ist kein Unglück. Sie sah sauber und manierlich aus. Natürlich trank ich bei Tante Merckel nur eine Tasse Thee und las ihr Deinen Brief vor, mit Unterschlagung der Stelle über Theo. Ich weiß nicht, wie es kam, aber plötzlich steckte ich in meinen Angelegenheiten. Es fällt mir jetzt auch die Veranlassung ein: Frl. v. R. und die furchtbare Lehnerdt-Frage. Ich sagte ihr meine Ansicht, wurde immer lebhafter und kam dabei ganz ungesucht auf das Benehmen ihres Bruders und des ganzen Cultusministeriums gegen mich zu sprechen. Ich sagte furchtbar scharfe Sachen, bat dann wieder um Entschuldigung, küßte ihr die Hand und ging dann aufs Neue los, weil sie mir drei, viermal versicherte, es sei ihr eine Befriedigung mich 'mal darüber sprechen zu hören. Mein Haupttrumpf war etwa der folgende: »überall Enge und Kleinheit, nirgends Freiheit und Freudigkeit; ein dürrer todtmachender Zug geht durch diese ganze Verwaltung, nichts kann aufkommen, weil nichts aufkommen *soll*; die ganze Welt besteht aus Dorfschulmeistern, die in Hunger gehalten werden müssen, um besser gemaßregelt werden zu können, und nach dieser kümmerlichen Schablone hat man auch *mich* traktirt. Der ganze Geist, aus dem heraus man mich wie einen halben Bettler und Querulanten behandelt, ist eine schnöde Beleidigung gegen mich; wenn sie ihr Metier verstünden, wenn sie wüßten was sich für ein preußisches Cultusministerium schickte, so hätten sie mir diese lumpigen 300 Thaler längst als Unterstützung auf *Lebens*zeit angeboten.« Du siehst, daß ich nicht blöde war. Helfen wird es wohl nicht, aber schaden wird es auch nicht.

[…] – Nun leb wohl, grüße mir meinen Liebling, der sich jetzt hoffentlich so entwickelt, daß er in dieser Stellung verbleiben kann, herzlichste Empfehlungen an M. s, Dir aber Gruß und Kuß von Deinem alten

Th. F.

Theodor an Emilie Fontane

Berlin 11. Mai 1870.

Geliebte Frau.

Seid beide schön bedankt, Du und Klein-Martha, für eure Briefe, die ich heute rechtzeitig erhalten habe. Es interessirt mich alles; Deine Urtheile und Vergleiche sind sehr gut; Du anerkennst freudig, ohne Dich verblüffen zu lassen, und so muß alles raisonable Urtheil beschaffen sein. Ich beantworte eure Briefe – ebenso wie den Brief von Mr. Merington (dem ich danke und dem ich mich zu empfehlen bitte) – wie immer am Sonnabend; heute schreibe ich nur in besondrer Angelegenheit.

Die Hälfte ist nun um, heute vor 3 Wochen bist Du abgereist, und der Zeitpunkt ist nun da, den ich mir gleich festgesetzt hatte, um Dich in unsre Geheimnisse einzuweihn: ich habe meine Kreuzzeitungs-Stelle aufgegeben. Falle nicht um. Eh Du noch mit diesem Briefe zu Ende bist, wirst Du hoffentlich sagen: er hat ganz Recht gethan. Vielleicht (und das wäre das Beste) sagst Du's auch gleich, und hast das Vertraun zu mir, daß ich nicht so gehandelt haben würde, wenn ich nicht überzeugt wäre: es war so am klügsten und besten. Einiges Gewicht muß es doch vorweg für Dich haben, daß ich meinen Entschluß und meine Handelweise in diesen 3 Wochen noch keinen Augenblick bereut habe. Im Gegentheil, ich freue mich jeden Tag darüber.

Nun historisch. Am Oster-Sonnabend hatte ich den Aerger. Er sagte mir etwas über »Skandinavien« (lächerlich in sich), sprach artig, aber sehr kühl, zog Parallelen mit Hesekiel, ich kriegte das Zucken um den Mund, stand auf und empfahl mich. Noch eh ich an dem Portierknopf unsres Hauses zog, war ich schon entschlossen das Redaktionslokal nicht wieder zu betreten. Ich wollte, bevor ich meinen Absagebrief schrieb, nur Deine Abreise abwarten. Um ¾ 9 reistest Du ab; Du warst noch nicht in Brandenburg, als Dr B. schon meinen Brief hatte. Alles was nun folgte im Detail zu erzählen, würde zu weit führen. Hesekiel, in B.s Auftrag, suchte einen Ausgleich herbeizuführen; ich fand dies freundlich, aber kindisch; im Guten und Nicht-Guten ganz Beutner, ganz die kleine Luckenwalder Natur, die einen tapfren, reellen Entschluß nicht begreifen kann. Ich schrieb noch 'mal an ihn, dankte ihm, in aller Aufrichtigkeit, für vieles Gute und Freundliche das er mir erwiesen, bat ihn meine alten Beziehungen zur Zeitung, Mitarbeiterschaft statt Redaktion, fortbestehn zu lassen, und empfahl mich. So sind die Dinge geblieben.

Dir brauche ich wohl nicht erst zu sagen, daß die Ostersonnabends-Scene weiter nichts war als der Tropfen, der das Glas zum Ueberlaufen bringt. Du weißt, daß ich längst entschlossen war in dieser Weise zu handeln und daß ich die Brutalität, die darin liegt unsre Freiheit und unsre geistigen Kräfte auszunutzen ohne vorsorglich und human an unsre alten Tage zu denken, ich sage daß ich diese Brutalität nicht mehr ertragen konnte. So oft ich an diesen Punkt denke, empöre ich mich, und nicht das Schlechte in mir, sondern das Gute. Es ist *gemein* beständig große Redensarten zu machen, beständig Christenthum und Bibelsprüche im Munde zu führen, und nie eine *gebotene* Rücksicht zu üben, die allerdings von Juden und Industriellen, von allen denen die in unsern biedern Spalten beständig bekämpft werden, oftmals und reichlich geübt wird. Dieser Punkt war für mich der entscheidende. Aber auch hier folgte ich nicht dem Gefühl berechtigter Bitterkeit, sondern ich behandelte die Sache nüchtern wie ein Exempel. Ich sagte mir, wenn man Dir solche kühle Standrede *jetzt* zu halten wagt, wo Du, zugestandenermaßen, eine Zierde, ein kleiner Stolz der Zeitung bist, wie wird man nach 10 Jahren zu Dir sprechen, wenn Du ihr vielleicht eine Last geworden bist. Man wird dann eine Sprache führen, die Du einfach nicht ertragen kannst, und mit 60 Jahren wirst Du arm und stellungslos dastehn. Diese Situation ist beinah unausbleiblich, sie kehrt in allen Lebensverhältnissen wieder, fasse Dir also ein Herz, *antecipire* die ganze Situation, jetzt bist Du noch elastisch genug, um sie mit Gottes Hülfe siegreich überwinden zu können, Dir kann sich noch absolut Neues, Glückliches erschließen, der Moment dazu ist gut gut [!] gewählt; erschließt sich etwas Neues, Glückliches Dir aber *nicht*, nun so ist auch noch nichts verloren, entweder trittst Du dann wieder in Stellungen ein, die im Wesentlichen nicht schlechter sind als die bei der Kreuz-Zeitung, mitunter auch besser, oder aber Du stehst im schlimmsten, Gott sei Dank nicht anzunehmenden Falle, vor einer Katastrophe, vor der Du früher oder später *doch* gestanden hättest. Und lieber *jetzt*, als nach zehn Jahren. [...]

Und nun leb wohl; cheer up! Immer Dein alter

Th. F.

Schreibe mir am Sonnabend einige ruhige Zeilen als Antwort. Unsre gewöhnliche Correspondenz erleidet keine Störung oder Aendrung. Ich schreibe am Sonnabend wie immer und Du antwortest am Montag. Der heutige Brief und Deine Antwort darauf sind nur eingeschobene Extras.

Th. F.

Emilie an Theodor Fontane

D 9ᵗ· Mai. 70. London [d. 14. Abends u. d. 16.].
Geliebter Mann.

[...] Du scheinst ebenso wenig zu fühlen wie beschämend es für mich daß Du einen so entscheidenden Schritt für unser Leben gethan hast, ohne Dir die Mühe zu nehmen, mit mir darüber zu berathschlagen, wie Du es durchaus nicht einsehen willst, daß es mindestens gesagt, nicht feinfühlend ist, daß Du mich verurtheilst, nach 20 jähriger guter u. oft doch auch recht mühseliger Ekonomie, um jeden Thaler zu bitten u. mein Dienstmädchen zur Haushälterin erwählst. Ich habe seit Monaten über diesen mit Recht mich auf's tiefste kränkenden Punkt geschwiegen, da ich ja Deinen Charakter kenne u. von beeinflussen desselben keine Rede sein kann, aber dieses neue Erlebniß läßt mich wieder recht schmerzlich fühlen, daß Du liebst allein zu entscheiden u. doch müssen wir zusammen handeln.

[...] Martha läßt Dich sehr herzlich grüßen, sie schreibt Dir nächste Woche wieder. Küsse die Kinder, laß es Dir ferner recht gut ergehn und sei gegrüßt u. geküßt von Deiner
Emilie Fontane.

EMILIE AN THEODOR FONTANE

London d 14. Mai.

Liebster Theodor.

Du wirst nicht erwarten, daß mich Dein gestriger Brief erfreut hat; dazu blickst auch Du zu dankbar auf die letzten 10. glücklichsten Jahre unseres Lebens zurück. Noch bitte ich Gott mir die Ueberzeugung zu geben, daß Du richtig gehandelt hast; möge das Gefühl der Freiheit, welches Dich jetzt erquickt, Dir Kraft und Muth zu dem neuen Lebensweg geben; überrascht hat mich dieser Dein Schritt nicht; ich weiß seit lange daß Du nach Freiheit schmachtetest; freilich wünschte ich Beutner hätte *ganz* Unrecht; Du weißt aber in wie fern ich auf seiner Seite stehe.

Jedes Gebundensein widerstrebt Deiner Natur; so lange die Dinge ruhig gehen, bist Du glücklich und zufrieden; kommt aber ein Anstoß, so verwirfst Du auch Alles; ich fürchte auch die leichte Fessel, durch die Du jetzt an Hahn gebunden, wird Dich in kurzer Zeit auch wieder drücken. Es ist dies der Fall mit mir seit beinah 20 Jahren. Sobald ich durch irgend etwas Dir unangenehm bin, sobald ich Dir entgegen stehe, sprichst Du von einer 20 jährigen, unerträglichen Ehe. Dasselbe gilt von Deinen Freunden;

sie binden sich immer wieder an Dich; nicht Du an sie. Daß Du in diesen drei Wochen keine Minute Deine Handelweise bereut, hat keinen Trost für mich; Du hast Dich Deiner Freiheit erfreut, Geld hat Dir nicht gefehlt und mein Leidensgesicht Dich nicht gequält und die Freunde konnten Deinem heiteren Gesicht kein mißbilligendes entgegen bringen. Sie billigen wahrscheinlich Deinen Schritt nicht; jeder von ihnen hat in seiner Stellung etwas zu ertragen und daß Du in Freiheit bist, kann nur mit anderen Opfern erkauft werden. Gott gebe mit nicht zu schweren! Dein monatelanges Kranksein ist mir noch zu schmerzlich in der Erinnrung um mit Muth in die ungewisse Zukunft zu blicken.

Aber geschehene Dinge sind nicht zu ändern und da Du mich nicht gefragt hast, so habe ich auch nicht zu antworten. Es gilt nun meine Pflicht zu thun und Dir mit Freudigkeit beizustehn, zu helfen. Leider ist unserer beider Gesundheit nicht dazu angethan, mit 50 u. beinah 50 von vorn anzufangen, aber die Kräfte kommen, wenn man sie braucht. […]

Lebe sehr wohl; Gott erhalte Dir Deinen Muth und gebe Dir vor allen Dingen Gesundheit; küsse die Kinder, von denen etwas zu hören, ich großes Verlangen trage. Dieser Brief ist mir schwer geworden, denn ich habe schon 3 Nächte nicht ordentlich geschlafen, dazu die gestrige Aufregung, Besuch zum Dinner und spät Abends, so daß ich fast meinen Kopf nicht halten kann. Aber ich hoffe mit Zuversicht daß ich mich jetzt erholen werde, der Wille gesund sein zu wollen, thut auch etwas. Mit herzlichster Liebe Deine alte
Emilie.

Theodor an Emilie Fontane

[Berlin, wohl 16. Mai 1870]

[...] Ebenso wie es nutzlos ist, an George Abhandlungen über Sparsamkeit zu schreiben, so ist es auch nutzlos mit Dir über gewisse Punkte zu streiten; Frauen haben die Tugend, immer auf ihr erstes Wort zurückzukommen und Du hast diese Gabe eminent. Dennoch füg' ich meinen ersten Zeilen noch ein paar Worte hinzu. Man bleibt immer der Einfaltspinsel, der da glaubt das überzeugende Wort könnte gesprochen werden.

Ich bin beim alten Rose 4½ Jahr, in England 4 Jahr, bei der Kreuzzeitung 10 Jahr gewesen; aus Leipzig und aus Bethanien *mußte* ich fort, wiewohl ich gern länger geblieben wäre, – wo liegt denn nun da der ungeheure Hang nach Freiheit und Wechsel! Allerdings hab ich diesen Hang, aber ich hab ihn unter Controlle meines *Urtheils und Verstandes*, die überhaupt die Regulatoren meiner Lebens- und Handelweise sind. Soll es mich nicht ärgern, ja das Wort »ärgern« ist viel zu schwach, wenn Du nun so thust, als hätte ich aus Verlangen nach Veränderung und in Folge eines kleinen Streites eine *gesicherte* Lebensstellung aufgegeben. Ich habe eine nach außen hin leidlich aussehende, aber in ihrem Kern perfide Stellung aufgegeben, die mich *jetzt* halb ernährte und nach 10 Jahren – nach langem geduldigen Einstecken von Kränkungen die sicher nicht ausgeblieben wären – *gar nicht mehr* ernährt haben würde. *Das* war das Bestimmende für meine Handelweise, ein ruhiger Calcül, und über diesen wichtigen Punkt gehst Du hinweg.

Natürlich kann ich mich auch verrechnet haben, aber muthmaßlich wird es *nicht* der Fall sein und Du wirst hoffentlich (natürlich ohne Erfolg) wieder 'mal einsehen können, daß neben der Gnade Gottes, unsre Existenz mehr auf meiner Frische und

Schaffensfreudigkeit als wie auf Deiner Unken-Prophetie beruht, die bis jetzt – der Beweis liegt offenkundig da – noch jedesmal zu Schanden geworden ist, und hoffentlich auch wieder zu Schanden werden wird. Du hast bisher *nichts* dadurch erreicht als das Eine, mir in kritischen Momenten das Schwere meiner Aufgabe noch schwerer gemacht zu haben. Denn das Gesicht mit dem *Du mit*trägst, hat noch niemals eine Last leichter gemacht. Dein

Theo.

Emilie an Theodor Fontane

London d 26 Mai. 70.

Mein geliebter Mann.

 Heut sind es 5 Wochen daß ich Berlin verließ u. ich gedenke ungefähr in 14 Tagen wieder daheim zu sein, so daß ich meine erste Absicht, nur um 8 Tage werde überschritten haben. Gestern erhielt ich Deine freundlichen Zeilen, für deren Absicht ich Dir danke. Ich kann nur immer noch nicht begreifen, daß Du Ursache fühlst, mir so heftig zu zürnen, das Aufgeben Deiner Stellung hat doch garnichts damit zu thun, wie ich sonst über Deine Person denke und fühle; ich glaube gewiß, daß ich diese Angelegenheit weniger schwer fühlen würde, wenn ich Dich weniger liebte; dann würde ich sagen: after all er muß für Frau u. Kinder sorgen, ob es ihm schwer wird oder nicht. Alles Schwere für Dich, ist mir aber eine Last; meine Ansprüche sind nicht groß, u. ich kann sie noch verringern, ohne mich unglücklich zu machen. Ich würde kein Wort mehr gesagt haben, wenn nicht zwischen jede[r] Deiner Zeilen ein mir ungerecht erscheinender Vorwurf stände; nach meinem Urtheil wäre es nicht nur leichtsinnig, sondern auch lieblos gerade gegen Dich gewesen, wenn ich hätte sagen können: Du hast ganz recht gehandelt. […]

THEODOR AN EMILIE FONTANE

Berlin 28. Mai 1870.

Geliebte Frau.

Endlich ein Brief, der eine andre Stimmung zeigt und der mich sehr glücklich gemacht hat. Glaube doch nicht, daß ich Dir ein bestimmtes Maß von »in Sorge sein« verdenke; aus diesem auf dem »qui vive stehn« werden wir wohl nie herauskommen, dergleichen ist schwer abzuthun wenn man sich auf 40 ℭ monatlich hin verheirathet hat und das Metier eines deutschen Schriftstellers betreibt; es kommt nur darauf an, wie man die Sorge und das beständige Auf dem Posten-stehn trägt, ob man sich davon ganz niederdrücken läßt oder ob das Vertrauen nebenher geht: »Gott der bis hierher geholfen hat, wird auch weiter helfen«. *Sicherheit* is nich. […]

Nun noch eine herzliche Bitte. Wenn Du wieder kommst, mache mir das Leben nicht nutzlos schwer. Bedenke, daß wenn Du mich um einen Tag oder eine Woche bringst, Du mir dadurch nur die Verpflichtung auferlegst, den nächsten Tag oder die nächste Woche das *Doppelte* arbeiten zu müssen. Du wirst einräumen, daß das geradezu grausam ist. *Gewonnen* kann durch Trübseligkeit nie etwas werden; einer Mahnung, eines Spornes bedarf ich nicht, was irgend zu leisten ist, das leist' ich ohnehin; Zuspruch, Freudigkeit, Vertraun erleichtern mir meine nicht leichte Aufgabe, Mißstimmung, leiser Vorwurf erschweren sie mir, reizen mich und *fördern gar nichts*. Ich weiß Du liebst mich, meinst es gut mit mir, hast die besten Absichten, willst mich nicht kränken, aber Dein Temperament, Deine in Blut und Nerven wurzelnden *Stimmungen* sind oft stärker als alle Deine guten Absichten. Ich bitte Dich, nach dieser Seite hin noch ein Uebriges thun zu wollen; man kann seine an- und eingeborne Natur nicht ganz austreiben, aber man kann mit redlichem guten Willen doch Gott sei Dank manches zu Stande bringen. Du mußt Dich mit zwei Gedanken ernstlich auszusöhnen trachten, damit nämlich, daß wir erstens ein *armes* und zweitens ein *unsichres* Leben zu führen haben *werden*, wie wir es bis jetzt geführt haben. Das klingt nun freilich wenig verlockend, selbst die *arme* Existenz soll auch noch eine *unsichre* sein, aber, wenn man sich zum Leben richtig zu stellen weiß, wenn man Mut, Freudigkeit und Gottvertrauen hat, so darf ich wohl sagen, der Satz *klingt* trauriger als er ist. Im Großen und Ganzen leben wir nach diesem Rezept 20 Jahre, und trotz Armuth und Unsicherheit, welch bevorzugtes Leben haben wir geführt! Ich will die alten Geschichten nicht alle wieder aufzählen, ich glaube wir haben es beide dankbar gegenwärtig, wie vieles uns beinah täglich geboten wird, wie vieles wir vor vielen Tausenden *voraus* haben, die *nicht* arm, *nicht* unsicher dastehn, und doch ein kümmerliches Dasein führen. Möchtest Du mit meiner Schwester Jenny tauschen? Ja, ich gehe so weit den paradox klingenden Satz aufzustellen, daß sehr viel von dem Schönen, Aparten, Poetischen das wir in den letzten 15 Jahren erlebt haben, in der Armuth und Unsicherheit unsrer Existenz seine Wurzel hat und daß ich, wenn ich ein sicher angestellter Mann wie der Geh. R. Kraatz, oder hunderte seines Gleichen, wäre, ich niemals die »weiße Klippe von Hastings« erklettert und niemals das »Blachfeld von Culloden« überschritten hätte. Auch *Du* säßest dann schwerlich in Argyll Road und freutest Dich des Rothdorns, der Dir ins Fenster blüht, und die blauen Scheiben von Westminster-Abbey hätten nie ihren Zauber auf Dich geübt. Vergleiche *Dein* Leben, *Deine* gesellschaftliche Stellung, *Deine* Freiheit der Bewegung mit dem, was Frau Geh. Räthin Kraatz von dem allem aufzuweisen hat und antworte mir dann, ob Du unter der Armuth und der Unsicherheit unsrer Existenz, die ich beide zugebe, bisher ernstlich gelitten hast.

Und wenn Du nun vielleicht sagen solltest: »ja, *bisher* ging es wohl, aber wie soll es nun weiter gehn, da Du den zerbrechlichen Kahn, der uns trug, ohne Weitres zerbrochen hast« so antworte ich Dir, es giebt Gegenden im Weltmeer, wo so viele Schiffe kreuzen und vorbeipassiren, daß man sicher ist, wie Ludwig Pietsch immer wieder aufgefischt zu werden, wenn man nur ein ganz klein wenig schwimmen, ein ganz klein wenig, in Momenten der äußersten Gefahr, an einem Brett oder Balken sich über Wasser halten kann. Glaube doch nicht, daß diese ganz gute, aber doch enfin ganz triviale Kreuzzeitungsstellung etwas Apartes war, glaube mir auf mein Wort, sie war es *nicht*, sie war das Freiheitsopfer *nicht* werth, das ich ihr so viele Jahre lang gebracht habe. Ich werde in der Zukunft eben so viel Geld verdienen und dabei zu erheblichem Grade Herr über meine Zeit sein.

Und nun nimm endlich das Schlimmste, das gewiß nicht zutreffen wird, aber nimm an, es glückte wirklich *nicht*, ich fände *keine* Stellung, die mir einen ähnlichen festen Anhalt gäbe wie meine Kreuzzeitungs-Position, nun so wäre das Äußerste das passiren könnte, daß wir ausschließlich und ganz direkt von dem Ertrage meiner Feder leben müßten. Dieser Ertrag war bis jetzt, wo ich nur die Abende, resp. die Nächte dafür hatte, gegen 1000 ℃, oder sage auch nur 800 ℃; glaubst Du nun nicht, daß ich unter Dransetzung des ganzen Tages im Stande sein werde diese Summe zu verdoppeln? Das gebe 1600 ℃. Meinst Du nicht, daß wenn es durchaus sein *müßte*, die Sache auch davon zu bestreiten wäre? meinst Du nicht, daß diese Summe unter allen Umständen ausreichen würde uns vor Erniedrigung und Unwürdigkeit zu bewahren. Und nur *darauf* kommt es schließlich an. Indepedenz über alles. Alles andre ist zuletzt nur Larifari. Und auch von diesem Larifari werden wir immer genugsam haben; wir werden immer lebhaft, espritvoll und gesellschaftlich-liebenswürdig bleiben und die Menschen werden sich immer ein Vergnügen und eine Ehre daraus machen uns zu Gaste zu laden, sei es auf 5 Stunden zu einem Diner, sei es auf 5 Wochen zu einem Besuch. Also sei heiter, vertrauensvoll; wenn unser Niedergang nicht in den Sternen beschlossen steht, so werden wir *nicht* zu Grunde gehn. Wie immer Dein alter

Th. F.

Einen herzlichen Kuß meiner Mete. Theo dankt und schreibt das nächste Mal auch Bialckes.

Emilie an Theodor Fontane

London d 2 Juni. 70.

Geliebter Theodor.

[…] Rührend liebenswürdig ist es, daß Du mich bittest, Dir das Leben nicht schwer zu machen u. ich kann darauf nur erwiedern, daß ich den ernsten Willen habe, es Dir leicht zu machen! u. darum ist vielleicht recht gut, daß Du Deine Stellung in meiner Abwesenheit aufgegeben hast, es hat Dir u. mir schwere Stunden gegenseitiger Anklagen erspart. Ich werde nun zurückkommen, mit dem festen Glauben daß Du nicht anders handeln konntest u. mit keinem Wort mehr diesen Wechsel unseres Geschicks beklagen. Leider muß ich Dir geliebtes Herz das eine bekennen, daß ich trotz Ringen u. Beten, mich mehr in unsere Lage *ergebe* als *hoffe* u. es ist doch ehrlicher ich bekenne Dir das als heuchele Zutrauen wo ich es nicht habe; ich muß dabei wiederholen, daß ich weder Dir mißtraue noch zu wenig Vertrauen auf

Gott habe, nur meine Erfahrung lehrt mich, es ist besser auf nicht zu viel hoffen. Aber nun genug; fürchte nicht mein Leidensgesicht u. auch nicht Muthlosigkeit, sondern glaube, daß ich zum ernsten Handeln nach meinen Kräften entschlossen bin; vielleicht giebt meine Handelweise hier Dir schon etwas Zeugniß davon.

Verlebe ein heiteres Pfingstfest mit den Freunden, grüße sie Alle, küsse die Kinder u. sei am innigsten geküßt von Deiner Dich zärtlich liebenden

Emilie.

Emilie an Theodor Fontane

Berlin d 4ten Aug. 70.

Mein lieber Mann.

Gestern Abend zwei Kriegsdepeschen an den Anschlagssäulen, die kündeten, daß Saarbrücken nach geringen Verlusten unsrerseits von den Feinden genommen sei. Jetzt 3 Uhr noch nichts Neues gehört. Gestern war ich bei Wangenheim's (abermals) u. bei Heyden's vergeblich. Ich machte dann noch einen Besuch bei Dick, der auch nicht zu Hause war, so wie bei Senator's vergebens. Heut früh um 9 abermals vergebens zu W's; eben war Elsy hier und lud mich ein um 5 Uhr mit nach Albrechtshof zu fahren.

Die Hitze ist furchtbar; ich fuhr von Wangenheim's zu S., Jenny war noch im Bett. Er kam und sagte wie üblich: [»]das glaube ich, die reichen Herrschaften reisen in die Bäder, während unsereins hier Gut u. Blut daran setzt« – es machte keinen netten Eindruck auf mich, namentlich da er mir im weiteren Gespräch erklärte, als ich sagte (: ich sei darauf gefaßt meinen Sohn daran zu geben u. bäte Gott in dem Fall um eine gnädige Kugel) es sei auch ganz in der *Ordnung* daß der fiele, dessen Handwerk es wäre, er beklage die Anderen weit mehr etc. Ich weiß ja, daß er es nicht bös meint, aber einen hübschen Eindruck können solche Reden nicht machen.

Nach wie vor kommen Tag und Nacht Truppen vorbei, mindestens alle zwei Stunden ein riesiger Zug. *Alle* Leute geben, aus Keller u. Dachwohnungen strömen sie herzu; wir aus unserem Hause haben heut viele Eimer Kirschlimonade gemacht, die die Offiziere sogar dankbar tranken. Jetzt lasse ich einen Eimer Kaffee machen; die Leute schreien immer nur: Wasser! Wasser! Und *jetzt* sind sie noch Alle hier wie im Himmel, das Schlimme kommt ja erst noch.

Uebrigens haben S. wieder schwarz gemalt, Max sah gottlob ganz munter aus, aber Jennychen meinte, er sei recht herunter gewesen. Gestern gegen Abend war Tante Agnes auf ein Stündchen hier, Onkel muß *täglich* reisen, der alte Mann bei dieser Hitze. Ihr Hauptinteresse betraf die feiernden Schneider- und Putzmamsell's, die keinen Stich Arbeit hätten; »im Kleinen verengert sich der Sinn.« Ich kann nicht sagen, »komm« und doch wird es mir schwer zu schreiben »bleib«; denn trotz aller Unruhe, ist dies Treiben doch interessant u. die Theilnahme von Groß und Klein, das Verständniß, dem man überall begegnet, herzerhebend.

Empfiehl mich unserer theuren Freundin[.] Hoffentlich erfahr ich morgen früh auch 'mal etwas von Dir, man hat mehr denn sonst den Wunsch des Beisammensein's.

Deine Dich innigst liebende Frau.

Theodor an Emilie Fontane

Dobbertin 5. August 1870.

Geliebte Frau.

Dein Briefpaket kam erst gestern gegen Abend in meine Hände, da es aus Versehn nach dem benachbarten Goldberg gegangen war und von dort hierher zurückgeschickt wurde. Alle Briefe habe ich mit großem Interesse gelesen, auch bewundert, daß ihr Georgens Brief so gut wiederherstellen konntet; ich hätte ihn für vollständig ächt gehalten. Du wirst hoffentlich gleich ein paar Worte geantwortet haben. Ein Trost ist es mir, aus Deinem Briefe zu ersehn, daß es am Rhein kühler sein soll als bei uns; hier schwitzt man sich beinah weg, auch ohne Arbeit und Marschstrapazen.

Die Briefe aus England sind alle sehr liebenswürdig; Mete wieder ganz apart, man könnte sagen ebenso originell wie unleserlich.

Mir geht es gut, und dem ewigen Trouble entrückt zu sein, empfinde ich kaum als einen Nachteil. Das Ganze wirkt auf mich wie eine kolossale Vision, eine vorüberbrausende wilde Jagd, man steht und staunt, und weiß nicht recht was man damit machen soll. Eine durch Eisenbahnen regulirte Völkerwanderung, organisirte Massen, aber doch immer *Massen*, innerhalb deren man selbst als ein Atom wirbelt, nicht draußen stehend, beherrschend, sondern dem großen Zuge willenlos preisgegeben. Es ist wie wenn es in einem Theater heißt: »es brennt«; fortgerissen einem Ausgange zu der vielleicht keiner ist, mitleidslos gedrückt, gestoßen, gewürgt, ein Opfer dunkler Triebe und Gewalten. Manche lieben das, weil es ein »excitement« ist; – ich bin zu künstlerisch organisirt, als daß mir wohl dabei werden könnte.

Was Lepel über Fr. v. W. sagte, ist nur allzu wahr. Ihr würde nur wohl werden in Rom selbst, losgelöst von der europäischen Staatenwelt, von der Profanwelt überhaupt. Innerhalb der *wirk-*

lichen Welt würde sie nirgends aus dem Zwiespalt herauskommen, überall würde sie verletzt werden, in Oestreich *am meisten*; sie würde hin und her schwanken zwischen Liebe zum Kaiser und Haß gegen seine Regierung.

Morgen früh will ich nun hier fort, am Sonntag früh hoff' ich in Berlin einzutreffen. Ich habe hier einen reichen Stoff gefunden, den ich dann in den ersten Tagen in Berlin verarbeiten will.

Nachmittag

Vielen Dank für Deine freundlichen Zeilen von gestern; ich erhielt sie beinah gleichzeitig mit der Siegesnachricht. Das V. Corps und die Schlesier scheinen ihren alten Ruhm aufrecht erhalten zu wollen. Es werden nun wohl die großen Schläge rasch folgen. Mein Herz schlug mir höher bei dieser Nachricht und doch konnte ich ein Schmerzgefühl nicht los werden. Wozu das alles? um nichts! Blos damit Lude Napoleon festsitzt oder damit der Franzose sich ferner einbilden kann, er sei das Prachtstück der Schöpfung – um solcher Chimäre willen der Tod von Tausenden!

Bald mündlich ein Mehreres. Dein

Th: F.

THEODOR AN EMILIE FONTANE

Toul 4. Oktober [1870]
Dinstag.

Geliebte Frau.

Wieder sitze ich an einem Wackeltisch um an Dich zu schreiben; alle Tische scheinen hier wacklig, wie das Land selber. Welche falsche Vorstellung haben wir von diesem Lande gehabt! Wir hielten es für reich, blühend, äußerlich prosperirend, schön in der Erscheinung seiner Städte. Von alle dem ist wenig vorhanden, wenigstens sieht man nichts davon; es ist möglich daß in den Banken, in den Truhen und Kästen ein Reichthum zu finden ist; in dem was *sichtbar* wird, ist nichts davon zu bemerken. Wo immer man in Deutschland reist, hat man den Eindruck des Fortschritts, der ascendance, hier *überall* den des Rückschritts, des Verfalls. Man hat sich um die Welt draußen nicht bekümmert und ist von dieser total überholt worden. Selbst Oestreich, so weit ich es kenne, macht nicht so sehr den Eindruck der Stagnation wie dieses moderne Frankreich. Man empfindet deutlich, daß sie unterliegen *mußten*; alle Kraft, alle Frische, alle Strebsamkeit, alle Umschau haltende Intelligenz ist auf unsrer Seite. In den Beobachtungen die ich mache, *kann* ich mich kaum irren, denn ich trage keine Vorurtheils-Brille und habe, auf den vielen Reisen die ich in meinem Leben gemacht habe, in der Regel den entgegengesetzten Eindruck gehabt, *den*, daß man uns in äußerlichen Dingen voraus sei. *Gut* hab ich bis jetzt nur die Betten gefunden; im Uebrigen von Luxus, Comfort, Elegance, keine Spur. Natürlich existirt das alles, aber wenn man fast 8 Tage in einem Lande ist und zum Theil in guten Hôtels und Cafés sich bewegt hat, will man doch auch *etwas* davon gesehn haben. Das Essen ist gut, das Frühstück erbärmlich; der »Tischwein« das Schreckniß aller Deutschen.

Seit gestern Nachmittag bin ich hier. Mit meinem Eintreffen in Toul bin ich in den poetischen Kreis der Jeanne d'Arc eingetreten, ohne daß ich sagen könnte bis jetzt poetisch-romantisch berührt worden zu sein. Meine ersten Erlebnisse hier standen in einem eklatanten Gegensatz zu aller Poesie. Ich brach natürlich gleich auf, um der berühmten Kathedrale meinen Besuch zu machen, eh ich aber noch eintreten konnte, empfand ich ein solches Rumoren in mir, daß ich es für klug hielt einen eiligen Rückzug in mein Hôtel anzutreten. Ich erreichte es auch glücklich, aber bald mußte ich mich überzeugen, daß damit wenig gewonnen sei, denn die Corridore auf und ab laufend, konnte ich jene Lokalität nicht finden, die in der Regel durch eine Thüre in kleinerem Format kenntlich ist und an deren Ueberschriften sich die Dezenz der Menschheit so mannigfach versucht hat. Aber weder Thür noch Ueberschrift war zu finden. Es blieb mir endlich nichts andres übrig als die Glocke zu ziehn. Richtig, alle meine Ahnungen gingen in Erfüllung. Statt einer jener Strickstrumpf-Frauen mit denen man sich auf den deutschen Bahnhöfen so schnell und gemüthlich einlebt und von denen ich jede einzelne in diesem verzweifelten Augenblick mit einem Franken belohnt hätte, erschien die Tochter der Madame Millot, stellte sich mit einem gewissen patriotischen Schmerzensausdruck, der ihr gut stand und den ich gleich bei meinem Kommen beobachtet hatte, in die geöffnete Thür und sagte ernst: »Monsieur, vous avez sonné!« Die Situation war furchtbar. Ein kurzer Kampf tobte in meiner Seele, endlich siegte, wie immer, die gemeine Menschennatur und in einem Ton, in dem sich Determinirtheit, Scham und Vertraulichkeit wunderbar mischten, fragte ich: »Oh, Mademoiselle, le Cabinet où est-il donc?« Sie blieb ganz sie selbst; dem Ausdruck ihres Patriotismus noch den einer stillen Verachtung zulegend, machte sie eine klassische Armbewegung, etwa wie die Jachmann wenn sie die Iphigenie spielt, und sagte einfach: Descendez! Dann schritt sie voraus, oeffnete einen Hof der die Form und die Größe jener Triangel-Schlafstuben hatte, denen man mitunter in Berliner Häusern begegnet und verschwand mit einem »c'est ça« vor meinen Augen. So schlimm dies nun alles gewesen war, so kam doch noch das Schlimmere. Die Oertlichkeit hatte ganz den südländischen Charakter, ein Engländer hatte nie seine reformatorische Thätigkeit hier begonnen und so begann denn jener Schauer- und Scheuer-Akt, dem ich vielleicht erlegen wäre, wenn mich nicht die souveräne Rücksichtslosigkeit meines alten Kreuzzeitungs-

Collegen seit 10 Jahren daran gewöhnt gehabt hätte, mir diesen wichtigen Platz des Lebens Tag um Tag durch meiner Hände Arbeit zu erkaufen. So gelang es denn auch hier. Ich eilte auf mein Zimmer. Wasser und nochmals Wasser tilgten zuletzt alle Schuld.

Toul ist eigentlich nur ein Nest, etwa wie Spandau vor 30 Jahren; freilich entbehrt Spandau der schönen aus Quadern aufgeführten Kirchen, aber das ist auch alles. Mitunter blickt man durch ein Portal hindurch in einen grünen, gartenartigen Hof hinein, auf dem in verschwiegner Stille ein villenartiges Wohnhaus liegt, aber die Straßen selbst sind schmutzig und ohne jeden architektonischen Reiz.

In etwa einer Stunde will ich von hier nach Vaucouleurs und Domremy fahren, morgen aber den Berg St Michel, von dem aus Toul bombardirt wurde, und die Gartenmauer aufsuchen, hinter der George und sein Bataillon lag. Um 3 Uhr (morgen, Mittwoch Nachmittag) gedenke ich dann weiter vorzugehn und zwar in einem Ruck über Chalons, Epernay bis Meaux. Dort in der Nähe nehme ich dann Quartier und mache Exkursionen um George aufzusuchen. Wie lange ich vor Paris bleibe, hängt von den Ereignissen ab. Gleichviel ob lang oder kurz, erst von Paris aus gehe ich nach Sedan und von Sedan nach Metz. Mit Saarbrücken schließe ich dann ab. Wohin Du Briefe adressiren sollst, kann ich immer noch nicht angeben. Das Beste wird sein: Meaux, poste restante (in welchem Falle Du, nach vorgängiger Anfrage auf der Post: ob das überhaupt möglich ist, frankiren mußt) oder aber, wenn das nicht geht, als Einlage in einem Briefe an George. Das Beste ist vielleicht, Du thust beides. Denn ich wünsche doch nun zu hören, wie's euch geht. Bei Lischen entschuldige mich, daß ich ihr keine speziellen Grüße geschickt habe; ich hatte vergessen, daß sie bei Dir war. Nun Gruß und Kuß euch allen von eurem, resp: Deinem

Th: F.

Theodor an Emilie Fontane

Landres 6. October 1870.

Meine liebe Frau.

Seit gestern bin ich ein Gefangener und befinde mich bereits in der Mitte Frankreichs. Es muß getragen sein. In Domremy, eben in voller Jean d'Arc-Bewunderung, wurde ich verhaftet. Man hielt mich für einen verkappten preußischen Officier und alles was Deinerseits geschehen kann, ist, durch Hülfe von Gesandtschaften, besonders durch Lord Loftus der an Lord Granville telegraphiren muss, oder durch den belgischen Gesandten die französische Regierung wissen zu lassen, dass ich eben weiter nichts als ein Schriftsteller pur et simple bin, der seines Buches halber den Kriegsschauplatz bereist. Vielleicht kann auch Frau von Wangenheim irgend einen einflußreichen Kirchenfürsten dieses Landes und *Professor Lazarus den französischen Minister Cremieux für mich interessiren.* Sprich auch mit Geh: Rath Roland; vielleicht ist es möglich dadurch mittelbar auch auf Jules Favre zu wirken. Meine Situation beschreibe ich Dir nicht; der Hohn des Volkes ist furchtbar. Gott sei mit uns und kläre diese Nebel. Wie immer Dein

Th: Fontane.

An den Minister Cremieux hab ich eben ein Telegramm gerichtet.

Theodor an Emilie Fontane

Besançon d. 25. Oktober 1870.
(Dinstag)

Geliebte Frau.

Meinen gestrigen Zeilen laß ich heute noch einige Worte folgen.

Wie Du aus dem Poststempel ersehen wirst, bin ich noch in Besançon, auch habe ich bis diesen Augenblick über den Tag meiner Abreise nichts erfahren. Ich dachte spätestens morgen (Mittwoch), aber noch ist keine Ordre da.

Das Dasein hier ist das alte; auf Details lasse ich mich nicht ein. Es bleibt erstaunlich, daß der Mensch zuletzt auch dabei essen und schlafen kann. Man wird an sich selber gewahr »denn aus Gemeinem ist der Mensch gemacht.«

An Herrn v. Decker schreibe ich also selbst; Du hast damit nichts zu thun. Ich muß ohnehin die letzten Correkturbogen (etwa 10 Halbbogen) noch erhalten; dies ist unerläßlich. Ich gebrauche dazu auch noch einen oder zwei Manuskriptbogen, die in dem *mittleren* der drei Kästen liegen, die zur rechten meines Platzes am Schreibtisch sind. Im untersten Kasten liegt das Roman-Manuskript, also in dem Kasten *darüber*; im Kasten selbst *rechts*. Es ist Bleistiftschreiberei, trägt die Ueberschrift »Schlußbemerkung« oder so ähnlich und hat als Beilage einige gedruckte Verse oder Zeilen von Geibel, woran Du das Ganze leicht erkennen kannst. Wenn Herr v. D. um dies M. S. bittet, so schick es ihm, damit er es mir mit den Correkturbogen nach Roche-sur-Yon senden kann.

Auch an Dr Kletke will ich schreiben und zwar am besten heute noch; ich werde die Zeilen diesem Briefe gleich beilegen. Du giebst sie dann zur Post. Eine persönliche Visite ist zu feierlich und ein bischen unter Niveau.

Daß ich heute wieder keinen Brief von Dir empfangen habe, fängt an mich zu ängstigen. Ich fürchte fast, daß diese Angst- und Sorge-Tage Dich krank gemacht haben. George im Felde, ich in Gefangenschaft, und dazu – wenigstens hier – ein ewiger Sturm, das sind nicht Dinge Deine Nerven zu verbessern. Gruß allen Freunden und Verwandten, besonders meinen lieben Wangenheims; küsse die Kinder; Gott sei mit Dir. Wie immer Dein

Th. Fontane.

THEODOR AN EMILIE FONTANE

Rochefort 7. Novembre 70.
(Lundi.)

Ma chère Emilie.

J'aimerais beaucoup que vous receviez ces lignes le *14. Novembre*. Leur but est seulement de vous dire: je pense à vous chaque heure. Ne soyez pas trop triste; tout a son temps et son tour. Votre consolation doit être: Dieu l'a voulu.

Je ne vais pas à Roche-sur-Yon. Je suis designé à present pour *l'isle d'Oléron* chez Rochefort. Après demain (Me[r]credi) nous arriverons sur l'isle. J'ecrirai jeudi à vous.

A Roche sur Yon j'ai ecrit quelques lignes priant de m'envoyer à l'isle d'Oleron des lettres qui peut-être sont arrivées. Toujours le votre.

Th: Fontane.

Meine liebe Emilie.

Ich wäre sehr froh, wenn Du diese Zeilen am *14. November* erhieltest. Sie sollen Dir nur sagen: ich denke immerfort an Dich.

Sei nicht zu traurig; alles hat seine Zeit und seine Stunde. Du mußt Dich damit trösten: Gott hat es so gewollt.

Ich gehe nicht nach Roche-sur-Yon. Ich bin jetzt für *die Insel Oléron* bei Rochefort ausersehen. Übermorgen (Mittwoch) kommen wir auf der Insel an. Ich werde Dir am Donnerstag schreiben.

Ich habe ein paar Zeilen nach Roche-sur-Yon geschrieben und gebeten, man möge mir Briefe, die vielleicht eingetroffen sind, zur Insel Oléron schicken. Immer der Deine.

Th. Fontane.

Theodor an Emilie Fontane

Chateau, l'isle d'Oléron
Dep. Charente inferieure
13. November 1870.

Geliebte Frau.

Seit vier Tagen bin ich nun hier. Ich habe natürlich täglich das Bedürfniß Dir zu schreiben, aber wie ich vernehme, werden die Briefe nur 2 mal wöchentlich expedirt (zunächst nach Tours, wo sie einer Controlle unterliegen) und so hätte es keinen Sinn, wenn ich mich täglich expektoriren wollte. Es kommt noch ein andres hinzu. Die starke Möglichkeit, daß alles doch nur vergeblich zu Papier gebracht sei, hat etwas Lähmendes und es bleibt einem kaum etwas andres übrig, als die Dinge, auf die es zumeist ankommt, also die Frage: wie geht es euch? ist bald Friede? habt ihr Schritte gethan zu meiner Freilassung? möglichst oft zu wiederholen, damit eine Chance da ist, daß diese Fragen wenigstens 'mal gehört werden. Daran reiht sich dann meinerseits die einfache, freilich wichtige Versicherung: ich bin gesund, und zugleich die allerpressanteste Bitte um Geld. Wenn Du diese Zeilen erhälst, so siehe zu (wenn es nicht schon geschehn ist) daß noch am selben Tage ein Brief nach Bern oder Genf abgeht, der ein dortiges Bankhaus ersucht nach Bordeaux hin an ein Bordeauxer Bankhaus zu telegraphiren: schickt 200 Francs sofort an Th. F. prisonnier de guerre auf Chateau, Isle d'Oléron. Ich werde diese Bitte in meinen nächsten Briefen wiederholen, so lange bis ich Geld erhalte, denn meine Situation fängt an peinlich zu werden.

Ich bemerke auch gleich hier, daß ich ziemlich oft geschrieben habe, in Lyon 2 mal, in Moulins (an Elsy) einmal, in Rochefort einmal, hier auf der Insel 1 mal; wenn Du nichtsdestoweniger vielleicht ohne Nachricht bist, wenn Lücken da sind, wenn Du Dich vielleicht wunderst das eine oder andre nicht berührt zu sehn, so wisse ein für allemal, daß *ich* nicht die Schuld trage. Es liegt in den Verhältnissen. Krieg ist Krieg.

Am 28. Oktober Abends, also bereits vor 16 Tagen, erhielt ich in Besançon ein Telegramm vom Präsidenten der Schweizer Republik, worin er mir seine Verwendung bei Mr. Cremieux, resp. bei Mr. Gambetta zusagte; aber seitdem hab' ich kein Wort erfahren, weder überhaupt etwas von euch, noch etwas in meiner Freilassungs-Angelegenheit. Sucht doch einen *Tausch* zu Stande zu bringen. Es sollen mehrere französische Schriftsteller in preußischer Gefangenschaft sein; ist das der Fall, so ist das Exempel leicht gemacht. Von Rangstreitigkeiten kann keine Rede sein; Federvieh ist Federvieh.

Es füllt sich jetzt hier. Jeden Tag treffen neue Transporte ein, aber kein Offizier. Ich kann nicht sagen, daß ich besonders unglücklich darüber wäre; Offiziere können sehr nett sein, aber auch umgekehrt pappstofflig, unbedeutend, prätensiös, und dazu der »Campagneton« der auf 2 Stunden amüsirt, aber schon nach zwei Tagen unerträglich ist.

Ich bin sehr fleißig. Sieben Kapitel habe ich schon geschrieben, im Ganzen nah an 100 Druckseiten; der erste Abschnitt endigt mit meiner Abreise von Besançon; ich bin schon bedeutend in Abschnitt II hinein, der meine Reise über Lyon, Moulins etc. hierher enthält. Es liest sich wie ein Roman, der es ja auch eigentlich ist. Der dritte Abschnitt soll meinen Inselaufenthalt behandeln. Dazwischen mache ich Verse. So diese Nacht, wo ich aufwachte und die Traumbilder niederschrieb. Die Verse sind alle an Dich gerichtet. Vergiß nicht, wenn Du den betr: Brief erhalten hast, mir aus meinem Stoffkästchen die beiden Zeitungsnotizen: »Die Kleine auf Neu-Braunschweig« (die dann erfriert) und »Guldebrandsdal« in kleiner *Abschrift, nicht* die Originalnotizen, zu schicken. – Wenn ich mit Abschnitt II fertig bin, was etwa am 20. der Fall sein wird, will ich die sechs Kapitel von Abschnitt I durch einen Unteroffizier abschreiben lassen und will ich dann einen Versuch machen euch diesen Abschnitt zuzustellen. Ich werde ihn direkt zur Durchsicht nach Tours schicken, wo man sich sofort überzeugen wird, daß es sich nur um Privat-Erlebnisse handelt. Gehen Dir diese Aufsätze zu, so wirst Du dann endlich etwas von meinen Schicksalen erfahren. Laß die Aufsätze dann drucken, am liebsten in der Vossin; doch geb ich Dir darin plein pouvoir. Eine Durchsicht und Correktur des eingestreuten Französischen (durch Wangenheims) ist durchaus nöthig; doch bitte ich nur direkte, offenbare Fehler zu corrigiren. […]

15. November.

Ihr werdet in Berlin besser wissen als ich hier, ob man den Frieden nahe glaubt oder nicht. Ist er muthmaßlich noch fern, so versuche doch unter Kreuzband, oder vielleicht auch auf andre beßre Weise, mir eine kleine billige Ausgabe (gelber Umschlag; bei Gsellius jedes Heft etwa 5 Sgr; wir haben den Othello in dieser Ausgabe) von Macbeth und Hamlet zu schicken. Von Storm schreibe mir einige Einleitungs-*Strophen verschiedener* Gedichte ab (sie stehen in der Mitte des Buchs und sind meist politischen Inhalts) die sich auf die Strandlandschaft und das Meer bei Husum beziehn. Namentlich das Gedicht, in dem die Zeile vorkommt: »der Regenvogel pfeift.« Ich bin doch hier geistig sehr verarmt und halte mich nur durch Arbeit frisch. Dein

Th. F.

Auch vielleicht den *Faust*, namentlich den *Zweiten* Theil, ungebunden, in einer der *ganz* billigen neuen Ausgaben.

Theodor an Emilie Fontane

Chateau Oleron
26. November 70.

Geliebte Frau.

Das waren zwei große Tage der 24. und 25.! Vorgestern früh erfuhr ich, daß ich »frei sei und auf Ehrenwort nach Deutschland zurückkehren könne«, gestern, ganz gegen Erwarten, glückte es mir meine preußischen Bankscheine wechseln zu können (ohne diesen glücklichen Zwischenfall könnte ich von meiner Freiheit keinen Gebrauch machen) und endlich gestern Nachmittag erhielt ich, durch gütige Vermittlung des Bischofs von La Rochelle und des hiesigen Geistlichen, Deine Zeilen vom 2. November, das erste Lebens- und Liebeszeichen von Dir seit länger als 8 Wochen. Deine Worte haben mich tief bewegt, zugleich meinem Herzen wohlgethan. Mit Freude hab ich daraus vernommen, daß die Kinder alle wohl waren, auch George, was jetzt die Hauptsache ist. Briefe habe ich bis diesen Augenblick *keinen* erhalten, außer den beiden, die ich der Vermittlung der Geistlichkeit verdanke, einen von Elsy in Besançon und nunmehr Deine Zeilen vom 2. November. Die ganze Erscheinung ist etwas schwer verständlich. Ich meinerseits habe im Ganzen 25 Briefe geschrieben, 1 von Langres, 4 oder 5 von Besançon, 2 von Lyon, 1 von Rochefort und 5 von hier; diese 13 oder 14 alle an Dich. An Frau v. Wangenheim und Elsy 1 oder 2 von Langres, 2 oder 3 von Besançon, 1 von Moulins, 1 von Rochefort; außerdem 1 Brief an Kletke, 1 an Lübke, 2 an v. Decker. Dies sind die Briefe, die ich gegenwärtig habe; vielleicht schieben sich noch andre ein. Einige davon waren vom höchsten Belang; es hing Leben und Sterben daran. Unsren Wangenheims und der Geistlichkeit dieses Landes verdanke ich viel, vielleicht alles. Erst seit gestern weiß ich *bestimmt*, daß ich »dicht davor war«. – Wann ich hier abreisen werde, weiß ich in diesem Augenblick noch nicht, vielleicht in drei oder vier Tagen; es ist noch eine Anfrage an den Divisions-General in Bordeaux gerichtet. Ich reise über Genf, doch weiß ich nicht ob in großen oder kleinen Etappen, so daß möglicherweise (was Gott verhüten wolle) die bloße Reise von hier bis Genf über 8 Tage dauert. Ich muß dann auch nothwendig noch nach Saarbrücken, weil ich sonst den Winter über nicht arbeiten kann, und möchte daher vermuthen, daß ich vor dem 10. oder 12. Dezember in Berlin nicht eintreffen kann. An unsrem Verlobungstag werd ich wohl noch fehlen, aber Zoellners Geburtstag mit feiern helfen. – Eben erhalte ich zwei kleine reizende Briefe aus England von Mrs. und Martha Merington; Poststempel London d. 28. Oktober. Der Brief ist also 4 Wochen lang in Frankreich umhergefahren und hat mich ersichtlich in allen Winkeln gesucht.

Gott sei mit Dir und mit uns allen. Dein

Theodor Fontane.

Morgen ist Friede's Geburtstag. Sag ihm daß ich seiner und des Festes im vorigen Jahr dankbar gedenken würde. Den Geburtstag meines Theo hab ich ganz vergessen; er soll es mir nicht übel nehmen.

VII

»ES WIRD UNS EINE SEHNSUCHT IM HERZEN BLEIBEN«: REISEN NACH ITALIEN (1874/75)

»Das Trümmer-Rom interessirt mich 100 mal mehr, als das was steht und prunkt. O, wie begreif' ich die Kaiserzeit, die von dem Mann aus Bethlehem nichts wissen wollte. Gewiß hatte sie Unrecht; aber für die *Sinne* ging von da ab eine große Welt unter und eine kleine kam herauf. Die in die alten Wölbungen und Colonnaden verhältnißmäßig kümmerlich hineingestellten Kirchen wirken wie ein Predigtamtskandidat mit angegrauter weißer Halsbinde, der sich in eine vornehme Gesellschaft eindrängt und Alles mit seinem pretensiösen Kleinzeug langweilt.«
Theodor Fontane an Karl und Emilie Zöllner, 23. Oktober 1874

Theodor Fontane, Foto Loescher & Petsch, 1869

Nachdem der Trubel um den glücklich heimgekehrten Fontane abgeklungen ist, arbeitet dieser intensiv an der Geschichte des Kriegs gegen Frankreich weiter, und er veröffentlicht den dritten Band seiner »Wanderungen«, der dem Havelland gewidmet ist. Beträchtlichen Wirbel, vor allem für Emilie, bringt Anfang Oktober 1872 ein neuer Umzug; es ist der letzte Wohnungswechsel, und die Anschrift lautet: Potsdamer Straße 134 c (eine kleine Tafel erinnert heute am Potsdamer Platz an den einstigen Standort des Hauses, an die »Dreitreppen-Klause hoch im Johanniterhause«).

Im Sommer 1873 wagen die Fontanes etwas Ungewohntes: die Familie macht gemeinsam Urlaub in Thüringen. Mathilde von Rohr und Henriette von Merckel, beide recht unternehmungslustig, stoßen dazu, und es wird ein abenteuerreicher Aufenthalt. Fast scheint diese Reise wie eine Generalprobe für das geradezu sensationelle Experiment im Jahre 1874. Während Emilie mit Tochter Martha sichs seit Mitte August wieder einmal bei den Treutlers in Neuhof bei Liegnitz gutgehen lässt, hat Autor Fontane in Berlin alle Hände voll zu tun: er schließt den dritten Teil seines Buchs über den Krieg gegen Frankreich im Manuskript ab, besorgt die dritte, sehr stark veränderte Auflage vom ersten Band der »Wanderungen« und kümmert sich um die zweite Auflage seiner »Gedichte«; dazu Korrekturen, Theaterkritik und schlaflose Nächte – er hätte den oft gepriesenen Orts- und Luftwechsel wirklich nötig. In dieser stressigen Situation rückt er am 26. August 1874 auf Seite 8 (!) eines ausführlichen Briefes tatsächlich mit einer unerhörten Überraschung heraus: er will nach Italien reisen (was er nie ernsthaft vorhatte), und er will Emilie, coûte que coûte, mitnehmen (und auch das ist neu). Das am Schluss geforderte »Ja-Wort, wie am Altar« scheint Emilie ohne Zögern gegeben zu haben, und Fontane unterbreitet ihr viele gute Gründe, dass das alles nichts mit Leichtsinn zu tun habe. Nach 24-jähriger Ehe mit »fast bis zur Peinlichkeit getriebener Exaktheit« (sprich: äußerster, von der Not gebotener Sparsamkeit) dürfe man auch mal fünfe grade sein lassen. Und er skizziert, voller Illusion, einen Rom-Aufenthalt nahezu zum Nulltarif, und der sei durch das Honorar für die neuen Bücher völlig gedeckt. Überdies komme es »nicht auf die Masse des zu Sehenden und kaum auf die Bedeutung des einen oder andern an, sondern lediglich darauf mit welchem Auge man sieht. Es darf nicht trübe sein.«

Der hier leise anklingende Enthusiasmus für den Süden markiert für Fontane eine sensationelle Entwicklung, denn die Magnetnadel seiner Bildungswelt und seiner historischen Vorlieben zeigt von früh an immer nach dem *Norden*. Er hat nicht zufällig – schon in den vierziger Jahren – den »Hamlet« nachgedichtet, Shakespeares subtile Tragödie um eine skandinavisch-englische Leitfigur.

Am 30. September 1874 steigen die Fontanes am Anhalter Bahnhof in Berlin in den Zug. Sie genehmigen sich kurze Aufenthalte in Leipzig und München. Als sie den Brenner überqueren, notiert der alte Skeptiker Fontane: »Frierend fuhren wir in das schöne Land Italia hinein. Es goß mit Mollen. Der erste Eindruck war: *das* leisten wir auch.« Doch Verona macht alles wieder wett. Er trägt sich ins Gästebuch des Giardino Giusti ein – »unmittelbar hinter Thiers!« (dem berühmten französischen Politiker und Historiker). Natürlich pilgern die beiden Shakespeare-Enthusiasten zum Grabmal der Julia, und nur das »Knoblauch Beefstäck«, das sie angewidert stehen lassen, trübt den Verona-Auftakt. In Venedig schließen sich fünf Tage bei herrlichem Wetter an. Fontane bekennt in seinem Brief an die Zöllners: »Die Tage in Venedig waren sehr schön und es wird uns eine Sehnsucht im Herzen bleiben, sie erneuern zu können.« In fünf weiteren Tagen absolvieren sie ein strapaziöses Besichtigungsprogramm in Florenz. Fontane hat sich, poste restante, Korrekturbogen vom Kriegsbuch nach Florenz schicken lassen und schriftstellert, wie Emilie moniert, an seitenlangen Briefen an die Berliner Freunde herum. Gleichwohl ist der zu Hause meist gestresste und daher oft ruppige Fontane gut gelaunt und liebenswürdig und bringt ihr Kaffee oder Tee ans Bett. Ihrem Tagebuch gesteht sie freilich, dass sie inmitten der Kunst- und Naturschönheiten doch »heimwehsick« sei; »eigentlich ginge ich nun gern wieder ein bißchen ›heeme‹ denn mein armer Grips reicht nirgends aus«.

Am 15. Oktober treffen sie in Rom ein und feiern in schöner Harmonie ihren Hochzeitstag. Ihren Versuch, eine Wohnung zu mieten, müssen sie abbrechen, weil auch »Berge von Insektenpulver« nichts gegen die Invasion der Flöhe ausrichten. Sie ziehen wieder ins Hotel und verbuchen 150 Franc, die er als Wohnungsmiete für drei Wochen im Voraus bezahlt hat, als schmerzlichen Verlust.

An den ersten Tagen in Rom berichtet Emiliens Tagebuch von seinem »brillanten Appetit«; er »ißt wie ein Wehrwolf«. Aber schon bald wird er »matt u. spack«, und er informiert Frau Zöllner in Berlin auf seine typische Weise: »Milachen hält sich merkwürdig tapfer und ist viel besser im Stande wie ich. Ich bin so fiebrig, daß ich keine Weste zuknöpfen kann; die Knöpfe zittern mir immer wieder aus den Fingern heraus. Bei der Weste schließlich ertragbar, aber welche Perspektiven!« Mit dieser fiebrigen Magen-Darm-Verstimmung plagt sich Fontane auch noch in Neapel herum: »[...] der ganze Vesuv saß mir im Leibe, und das unheimliche Rollen und Grollen nahm kein Ende«, berichtet er nach

Berlin, und der Aufstieg auf den leibhaftigen Vesuv wird aufgegeben. Über die Korrekturbogen hinweg fällt sein Blick vom Hotelzimmer auf den Golf von Sorrent und beeindruckt ihn nachhaltig und lässt ihn beinah vergessen, dass ein geschickter Langfinger ihm das Portefeuille aus der Brusttasche geklaut und die Reisekasse bedenklich geschädigt hat.

Am 20. November sind die Fontanes wieder zu Hause. Über den kurzen Zwischenstopp in Florenz auf der Rückreise hält er im Tagebuch fest: »Er kostete mehr Zeit, als er werth war, machte sich aber dadurch glänzend bezahlt, daß er meinen Entschluß: über Italien *nicht* zu schreiben, befestigte.« So hat es Fontane auch gehalten.

Ein bemerkenswertes Resümee zieht er am 24. November 1874 in einem Brief an Mathilde von Rohr in Dobbertin: »All dieser Herrlichkeit gegenüber empfand ich deutlich, und nicht einmal schmerzlich, daß meine bescheidene Lebensaufgabe nicht am Golf von Neapel, sondern an Spree und Havel, nicht am Vesuv, sondern an den Müggelsbergen liegt [...].«

Dass diese gemeinsame Italienreise von 1874 – trotz mancher widriger Umstände – für die Fontanes ein psychologisch und familiengeschichtlich außerordentlich bedeutsames und glückliches Ereignis war, hat Fontane unter anderem in einem Brief an seine Frau vom 9. August 1882 gebührend gewürdigt: »Personen wie wir beide sind, nervös, anfällig, gleich besorgt und geärgert, gleich aus dem Häuschen, immer durch Geldrücksichten eingeengt, wir *können* auf Reisen gar nicht leicht und bequem nebeneinanderhergehn, und wenn ich auf unsre italienische Reise zurückblicke, so muß ich mit einer Art Staunen und Bewunderung zugestehn, daß wir das Möglichste möglich gemacht haben. Unsrer Natur und unsrem Geldbeutel nach, haben wir uns mit Ruhm bedeckt.«

Emilie hatte ihrerseits schon am 1. Januar 1880 gegenüber

Clara Stockhausen geäußert, dass sie bei der Lektüre von Wilhelm Lübkes Geschichte der italienischen Malerei (die Fontane gerade rezensierte) »im Geist noch einmal die Genüsse unserer italienischen Reise, für deren Leichtsinn ich meinem Alten bis zu meinem letzten Atemzuge dankbar sein werde«, durchlebe.

Im Jahre 1875, nach einem »heißen, freud- und freundlosen Juli«, »arbeitete mein geliebter Unverstand noch mehr als sonst wohl, u. die Folge war, wie schon so oft, eine vollständige Nervenabspannung in freundlicher Begleitung der Berliner Sommerkrankheit«, berichtet Emilie am 8. August ihrer Freundin Clara Stockhausen. Und Emilie drängt ihren »geliebten Unverstand«, eine offenbar längst geplante zweite Italienreise bald anzutreten – und zwar ohne sie.

In der Tradition ihrer ehelichen Kommunikation wird sie jedoch reichlich entschädigt durch die ausführlichen Briefe, die er vom 5. bis 18. August 1875 an sie richtet. In Basel beginnend, überquert er die Alpen in der Postkutsche und sucht dann die oberitalienischen Kunstmetropolen auf. Obwohl man ihm am 10. August in Mailand Hammelkoteletts serviert, »in denen ein mir vorschwebendes Ideal endlich zur Wirklichkeit wurde«, regt ihn ein anschließender Bummel durch die moderne Industriestadt zu grimmigen Vergleichen mit seinem heimischen Berlin an, und der Brief gerät ihm zu einem erstaunlichen politischen Credo: »Ueberhaupt will es mir nicht glücken, es im Auslande zu irgend einer patriotischen Erhebung zu bringen. Nicht nur, daß man Schritt um Schritt empfindet, wie sehr uns diese alten und reichen Culturlande voraus sind, nein man *taxirt uns auch in diesem Sinne*. Man will von uns nichts wissen.«

Am 18. August, wohl von Genua aus, überrascht er seine Frau noch mit einem attraktiven Vorschlag. Er lädt sie ein, mit ihm in München zusammenzutreffen und für ein paar Tage mit nach Berchtesgaden zu kommen. »Es ist mir wie ein Zuspruch, Dich an der Schönheit dieser Reise auch mittheilnehmen zu sehen. Betracht' es als vorweggenommene silberne Hochzeitsreise.« Emilie vernimmt das gern, zumal sie weiß, dass er von der bevorstehenden Festivität absolut nichts hält. Sie akzeptiert sogleich, und die Fontanes reisen am 28. August nach Salzburg und fahren am gleichen Tag – romantisch in einem Einspänner – nach Berchtesgaden, wo sie am Markt eine Wohnung mit Balkon mieten. Das alles könnte ein wenig an Silberhochzeit erinnern. Doch mit des Geschickes Mächten ist bekanntermaßen kein ew'ger Bund zu flechten: es wird bitter kalt, heftiger Dauerregen setzt ein, und beide fühlen sich nicht wohl. Am 2. September geben sie auf, verbringen noch ein angenehmes Wochenende in Wien und fahren über Prag und Dresden nach Haus. Die tatsächliche Silberhochzeit am 16. Oktober feiern sie recht bescheiden mit den Kindern und den Freunden, und Fontane ist zufrieden, alles hinter sich zu haben. In seinem Tagebuch aber schwant ihm schon ein neues Damoklesschwert, das die Familie bedroht: »[…] ruhig traten wir in das neue Jahr, das ein sehr stürmisches und vielleicht verhängnißvolles werden sollte.«

Theodor an Emilie Fontane

Berlin 26. Aug. 74.

Geliebte Frau.

Heute früh wurde ich angenehm durch Deine freundlichen Zeilen überrascht, die ich um 9½ auf dem Kaffetische vorfand. Ich schlafe nämlich ziemlich lange, da meine Nächte geradezu erbärmlich sind und mir zeigen, daß etwas »frische Morgenluft«, aber keine Berliner, mir dringend nöthig ist. Ich geh um 1 zu Bett, schlafe 5 Minuten und höre von da ab endlos die Uhren schlagen; erst nach 5 komm ich wirklich zu Ruhe. Was Du mir über Liebichau andeutungsweise schreibst, hat mich sehr neugierig gemacht; wie hat es nur Minette H. so lange aushalten können?!

Vergleichsweise hab' ich seit Sonnabend Welten erlebt. Ich muß mich darauf beschränken, Dir nur die Namen und Ueberschriften zu schicken. [...]

Mittwoch d. 26. August. Ungestört. Keine Ereignisse, wenn ich nicht Birnen und Klöße dahin rechnen will. Ich habe also die ganze 8. Seite dieses langen Briefes noch für die Hauptsache, die ich mir bis zuletzt aufgespart habe. Am 28. oder 29. September will ich meine Reise nach Italien, d. h. nach *Rom* antreten und bin fest entschlossen, coute que coute, Dich mitzunehmen. Ich rechne auf Deine Zustimmung und während der Reise selbst auf Deine Entschlossenheit und gute Laune. Es thut nicht gut, philiströser sein als nöthig. Exaktheit und entsagen-können sind vorzügliche Dinge, aber es ist ein Fehler und ein Unrecht (wenn man

sich nicht kirchlich die Ascese zur Lebensaufgabe macht) davon mehr zu leisten als dringend nöthig ist. Von dem Gelde, das mir die 3. Aufl: meiner Wanderungen und die 2. meiner Gedichte eingebracht haben, werden wir im Wesentlichen die Reise machen können, da wir die Hauptzeit in Rom festsitzen wollen, wo man nicht theurer lebt als bei Frl. Hübner in Dresden. Ich rechne also auf Dein Ja-Wort, wie am Altar. Grüße Meten. Wie immer
Dein Th. F.

Theodor an Emilie Fontane

Berlin 28. Aug. 74.

Geliebte Frau.

Nicht nur Deine Zusage allein, sondern ganz besonders *wie* sie gemacht wurde, hat mich von Herzen erfreut. So Du den rechten Willen hast, werden es schöne Tage werden, so nicht Gott eigens beschlossen hat, unser Gerstenfeld zu verhageln. Von Leichtsinn ist bei der ganzen Sache keine Spur; in 24 jähriger, fast bis zur Peinlichkeit getriebener Exaktheit, haben wir uns einen ehrlichen Anspruch darauf erworben, auch mal fünfe gerade sein zu lassen. Uebrigens bin ich wie von meinem Leben überzeugt, daß uns die Sache gar nicht besonders kostspielig werden wird. Sommerfeldts erzählten mir beispielsweise, sie hätten, von Interlaken aus, eine Parthie auf die »schienige Platte« gemacht, die mit Pferd und drei Trägern für Jenny 30 ℔ gekostet hätte. Solche Parthie und Aehnliches werden wir nie machen, weil uns die »schienige Platte« allenfalls 3 aber nicht 30 ℔ werth ist. Das Gefühl »dies *mußt* Du sehn« hab' ich nie, wenn nicht die Dinge entweder billig und bequem zu haben sind, oder aber meinen ganz speziellen Zwecken dienen. Wenn ich nach Metz reise, so muß ich natürlich die Schlachtfelder besuchen und darf mich durch den etwaigen hohen Preis des Wagens nicht abhalten lassen. Das *Wichtigste* hat man, beinah ausnahmelos, immer ganz billig, denn das Wichtigste ist doch immer das, was so zu sagen auf der Straße liegt. Ueber die Piazza del Popolo oder den Corso fahren, den Vatican und die Peterskirche sehn, durch das Colosseum schreiten und auf dem Forum romanum unter Trümmern Umschau halten, kostet zunächst gar nichts. Die Tiber fließt kostenlos an mir vorbei und die sieben Hügel präsentiren sich mir, ohne Entrée zu verlangen. Hat man das was ich eben aufgezählt, so hat man schon ein gut Theil.

Ich muß hier abbrechen, einmal weil es Poststunde ist, zweitens weil Heyden eben einspringt um mit mir zu plaudern, also weitres über diese Dinge morgen. Vorläufig bin ich glücklich, daß die Parthie so steht, wie sie steht. Bleibe nur bei guter Laune, Frische und Courage, das ist die Hauptsache und wichtiger wie hundert Thaler mehr oder weniger. Denn es kommt nicht auf die Masse des zu Sehenden und kaum auf die Bedeutung des einen oder andern an, sondern lediglich darauf mit welchem Auge man sieht. Es darf nicht trübe sein. – Den beiden Damen meinen besten und aufrichtigen Dank, daß sie bei Deiner Beschlußfassung mitgeholfen haben. Morgen mehr. Wie immer Dein

Th. F.

Theodor an Emilie Fontane

Berlin 2. Sept: 74.
Sedan-Feiertag.

Geliebte Frau.

Seit zwei oder drei Tagen habe ich nicht an Dich geschrieben, woraus Du ersehen magst, in welcher Hetzjagd ich lebe. Mitunter thu ich mir selber leid; gestern Abend hatt' ich die Empfindung: von einem Menschen, der mitunter an einem Tage 1 Kritik und 7 Briefe schreiben, 3 Correkturbogen durchsehn, Fahnen lesen, Karten zeichnen, Holzstöcke revidiren, Schauspielerinnen empfangen, Zeitungen überfliegen, Bücher lesen und schließlich doch vor allem auch welche *schreiben* soll (und zwar, dem Umfange nach, *was* für welche) von solchem Menschen kann man nicht gut verlangen, daß er auch noch voll Zartheiten und Aufmerksamkeiten ist. Er *muß* zerstreut und abgezogen sein, weil beständig 15 verschiedene Dinge an seiner Seele zerren und ihn nervös machen. Nun giebt es ja einzelne Gottbegnadete, die es dann schließlich *doch* leisten und nicht blos große Feldherrn und Staatsmänner sondern auch große Gatten und Väter sind, aber sie sind rar, müssen *sehr* gute Nerven und wie Muhamed die Kraft von 30 Männern haben. Das ist für alle Theile sehr angenehm, aber wie der kleine Korff sagte: »Landwehr-Train-Assistenz-Arzt – kommt selten vor.«

Verzeih diesen Essay. Aber ich schreib ihn in bester Absicht und mit der herzlichen Bitte: nimm nicht gleich immer alles als Lieblosig- oder Rücksichtslosigkeit, ich weiß wirklich oft kaum wie mir der Kopf steht. Du wirst – wenn nicht der Deibel schnöderweise seine Hand in die Pastete steckt – auf der Reise, die wir vorhaben, sehn, daß ich auch aufmerksam sein kann und daß ich mit meiner Frau lieber Sorbett oder Kaffe trinke, als festgenagelt an meinem Schreibtisch sitze. […]

Herzlichste Grüße allerseits von Deinem alten

Th. F.

Theodor an Emilie Fontane

Basel d. 5. August 75
Im »Storch«, No. 29.

Liebe Frau.

Gestern Abend auf der Fahrt von Freiburg hierher, wurde mir durch einen Mitreisenden der »Storch« empfohlen. Der Name hat in Jahren, wo man nichts mehr von ihm zu befürchten hat, etwas Anheimelndes; so wählte ich mir denn in der Omnibusreihe, die 15 Mann hoch auf 3 Ankommende wartete, den »Cigogne«. Sehr bald beschlichen bange Ahnungen mein Herz. Der Hôtel-Omnibus nämlich, um den Storch zu charakterisiren, führte – etwa nach Analogie der roten Thüren an der roten Apotheke – zwei Laternen am Backbord, die in einem zinnoberroten Holzgehäuse standen. Der Einfluß zweier Qualmlichter auf die frische Zinnober-Oelfarbe war nun geradezu furchtbar und stellte alles in den Schatten, was von ausgehenden Berliner Droschken-Lampen je geleistet worden ist. Solche Droschken-Lampe hat etwas so unendlich Kümmerliches, daß man, mitten in der Wut sich eines gewissen Mitleids nicht erwehren kann; diese beiden Storch-Lichter hatten aber etwas Unverschämtes. Nach einer Viertelstunde hielten wir. Alles entsprach den roten Laternen; die ehrwürdige Atmosphäre eines 300 Jahr alten Hôtels umfächelte mich und es waren saure Fetttöne in der Luft, die recht gut von einem Braten herrühren konnten, den Ulrich von Hutten hier gegessen hat. So alles. Der Thee in solchen uralten Hôtels schmeckt nicht mehr nach Thee, sondern nur noch nach der Theekannen-Patina, die braun, wie alter Pfannenstein, das Gefäß inkrustirt. Im Uebrigen hab' ich gut geschlafen und fühle mich leidlich wohl; das Fieber ist fort. Sonst freilich ist alles beim Alten und alle Mittel versagen den Dienst. Selbst eine Hungerkur hat nichts geholfen; in 27 Stunden nichts gegessen und nichts getrunken, aber es bleibt wie es ist. Die Medicin ist doch eine erbärmliche Quacksalberei. Zu dem allen nun das Wetter! Seit gestern Vormittag regnet es ununterbrochen; ich würde über all dies sehr verstimmt sein, wenn ich nicht das bestimmte Gefühl hatte, daß es in der Berliner Canal-Luft erst recht nichts mit mir geworden wäre. […]

Es regnet immer noch, so daß ich von Basel, das ich übrigens kenne, diesmal nichts weiter sehn werde, als den Granatbaum, der kostbar blühend auf dem Hofe meines Hôtels steht und die Rheinbrücke. Im Wesentlichen hab' ich also meine Kenntnis der Stadt diesmal nur durch den »Storch« bereichert. Etwas wenig. Wenn die nächsten Wochen nicht mehr an Bildungs-Elementen bringen, so hätt' es Freienwalde auch gethan. Ich gehe nun von hier direkt nach Constanz, ohne mich unterwegs beim Rheinfall aufzuhalten, da der überschuhlose 55er nicht mehr in der Lage ist, um eines Naturschauspiels halber sich nasse Füße zu holen. Vergiß nicht die Zeilen an Hertz oder Frl. Marianne, je nachdem. Grüße die Freunde, küsse die Kinder und sei herzlich geküßt von Deinem alten

Th. F.

Also am 7. bitt ich nach Mailand zu schreiben und am 9. noch einmal.

Theodor an Emilie Fontane

Neuhausen (Hôtel Schweizerhof)
6. August 75.

Liebe Frau.

Ich blieb im »Storch« drei Stunden länger als ich berechnet hatte. Schönheit und Liebenswürdigkeit der Wirtin waren nicht

Schuld daran; sie sah aus als habe sie der Storch zu viel oder zu wenig gebissen. Ihr Antlitz klärte sich auch nicht auf, wohl aber das Wetter. Dies bestimmte mich, nicht direkt nach Constanz sondern nur bis Neuhausen (Station in Nähe von Schaffhausen) zu gehn. Man bleibt jetzt in der Regel an diesem Ort, weil man den Rheinfall von hier aus am schönsten sieht. Auch das Gasthaus ist hier am besten; echt-englisches Hôtel, in dem man wieder Mensch wird. Viel tragen zu dieser wohlthuenden Erscheinung allerdings die Engländer selbst bei; richtiger die Engländerinnen. Es hilft nichts, wir verschwinden neben ihnen. Ich will dies alte Streitthema nicht zum hundertsten Male behandeln, aber es ist so, wie ich sage. Durch Abstammung, Erziehung, Pflege, Freiheit und allerglücklichste Lebensverhältnisse repräsentiren sie schließlich eine höhere Race. Das ganze Volk trägt einen aristokratischen Stempel. Was bei uns in Einzelexemplaren vorkommt, kommt bei ihnen massenhaft vor. Auch bei uns giebt es Rosen, aber im Rosenthal zu Kaschmir wachsen sie wild.

Die ganze Rheinfall-Scenerie übertrifft weitaus meine Erwartungen, so das ganze Rheinthal überhaupt, in dem wir gestern hierherfuhren. Rheinfelden, Säckingen und vor allem Laufenburg sind sehr schön. Schon vor zehn Jahren, als ich von Interlaken und Zürich aus heimkehrte, bin ich daran vorübergefahren, aber ohne das Geringste zu sehn. So reist man jetzt. Wahrscheinlich war ich müde und steckte auch nicht ein einziges Mal den Kopf zum Fenster hinaus. Der Rheinfall wirkt wie die Jungfrau. Was dort der Schnee thut, thut hier der Wasserschaum. Man steht hier wie dort einem Etwas gegenüber, das Einen durch Reinheit beglückt. Dazu verwandte Farbenwunder. Inmitten dieser Schaummasse, die völlig wie ein Schneesturm niederdonnert, werden smaragdene Töne sichtbar, die an Schönheit mit dem Alpenglühn wetteifern können. *Dies* hier ist ein Punkt für Hochzeitsreisende! Von Hôtel zu Hôtel traben, oder Galerieen absuchen, kann dem tapfersten Recken den honey-moon verleiden; aber in diesem Schweizer-Hof 14 Tage leben und das Dasein in Liebe, Rheinfall und substantial breakfast's gipfeln zu sehn, muß für einen 25 jährigen himmlisch sein. Selbst die Langeweile verliert hier ihren Charakter. Es braucht hier nichts gesagt zu werden, ja es *soll* hier nichts gesagt werden. Die Natur ist in einem steten Donner, und wenn es donnert schweigt der Mensch. So wird hier auf natürlichem Wege, und fast von Schicklichkeits wegen, die Klippe vermieden, an der fast alle Liebespaare scheitern: die Unterhaltungsnot. Gesagt ist alles, und *immer* küssen geht über die menschliche Kraft. Deshalb gehe denn heute auch nur *ein* Kuß in die Heimat; über die Adresse schweig ich verschämt. Wie immer Dein alter

Th. F.

Theodor an Emilie Fontane

Mailand d. 10. Aug. 75.
Hôtel de la Ville

Meine liebe Frau.

Gestern schrieb ich vom Lago maggiore aus, heute schreib' ich von Mailand, das ich gestern bei guter Zeit erreichte. Ich stieg im Hôtel de la Ville ab, *nicht* im Hôtel Cavour, das mir Heyden empfohlen hatte. Hôtel Cavour liegt am Rande der Stadt, Hôtel de la Ville in der Mitte; dies bestimmte mich letztrem den Vorzug zu geben. An Wert sind sie gleich, auch wohl an *dem* Wert, den sie sich in ihren Rechnungen selbst beilegen. – […]

Um 7 Uhr waren wir in Mailand.

Nach einer unerläßlichen Säuberung und Einnahme eines

Soupers: Hammelcotelettes, in denen ein mir vorschwebendes Ideal endlich zur Wirklichkeit wurde, ging ich in die Stadt und sah noch den Dom, den Scala-Platz mit seinem gleichnamigen Theater, die große Marmorstatue Leonardo da Vinci's und die neuerdings so berühmt gewordene »Galeria Vittore Emanuele«, das Vorbild zu unsrer »Passage«, die daneben allerdings zu einem bloßen Gäßchen zusammenschrumpft. Ueberhaupt, welche Stadt! O Berlin, wie weit ab bist Du von einer *wirklichen* Hauptstadt des Deutschen Reiches! Du bist durch politische Verhältnisse über Nacht dazu geworden, *aber nicht durch Dich selbst.* Wirst es, nach *dieser* Seite hin, auch noch lange nicht werden. Vielleicht fehlen die Mittel, gewiß die Gesinnung. »Denn aus Gemeinem ist der Mensch gemacht« sagt Schiller; er soll dabei speziell an den Berliner Spießbürger, der inzwischen zum »Bourgeois« sich abwärts entwickelt hat, gedacht haben. Ueberhaupt will es mir nicht glücken, es im Auslande zu irgend einer patriotischen Erhebung zu bringen. Nicht nur, daß man Schritt um Schritt empfindet, wie sehr uns diese alten und reichen Culturlande voraus sind, nein, man *taxirt uns auch in diesem Sinne.* Man will von uns nichts wissen. Weder das »ewige Gesiege«, noch die 5 Milliarden haben unsre Situation gebessert. Es hieß zwar unmittelbar nach dem Kriege: »wir seien nun ein für allemal etablirt, der so lange vermißte Respekt sei da«. Aber ich merke nichts davon. Alles dreht sich nach wie vor um England und Frankreich; man versteht kein Deutsch oder man will es nicht verstehn; englische und französische Zeitungen überall; englische und französische Bücher im Schaufenster jedes Buchladens, aber kein einziges deutsches Buch. Nicht einmal die »Wanderungen«. Im Grunde genommen ist es recht so, denn das, was *wirkliche* Superiorität schafft, fehlt uns, trotz Schulen und Kasernen, nach wie vor. Freilich haben Athen und Sparta einst *politisch* rivalisirt; aber Sparta ist längst nur noch Name und Begriff, während die beglücktere Rivalin eine *Wirklichkeit* ist bis diesen Tag.

Morgen rechne ich auf einen Brief von Dir. Mit meiner Gesundheit geht es gut. Möge auch bei Euch alles in bester Ordnung sein. Grüße und küsse die Kinder. In alter Liebe. Dein

Th. F.

VIII

»MIR IST DIE FREIHEIT NACHTIGALL, DEN ANDERN LEUTEN DAS GEHALT«: START DER ERZÄHLER-KARRIERE (1876–1878)

»Ich erwarte Dich mit alter Liebe, die ich immer für Dich in meinem Herzen habe, auch wenn ich Dir die bittersten Dinge sage, Dinge, die ich leider auch heute nicht zurücknehmen kann. Denn die Zuneigung ist etwas Rätselvolles, die mit der Gutheißung dessen, was der andre thut, in keinem notwendigen Zusammenhange steht. Natürlich wird es bei gebildeten Menschen immer dahin kommen, daß die Gutheißung den natürlichen Herzenszug unterstützt und umgekehrt, wenn sie consequent ausbleibt, diesen Herzenszug auswurzelt und tötet.«

Theodor an Emilie Fontane, 15. August 1876

Emilie Fontane an ihren Mann: »Mir klopft das Herz vor Freude, bei dem Gedanken, Dich wiederzusehen«, 18. Juni 1878

Das Unheil nimmt in der Gestalt der verlockenden Frage seinen Lauf, ob Fontane die vakant gewordene Stelle des Ersten Sekretärs der Preußischen Kunstakademie übernehmen wolle. Und obwohl der Sechsundfünfzigjährige reichlich frustrierende Erfahrungen mit Berliner Behörden gesammelt hat, wagt er es, sich noch einmal einem Institut der gehassten Ministerialbürokratie auszuliefern. Die Formalitäten erledigen sich rasch, Ende Februar wird Fontane von Kaiser Wilhelm berufen und am 6. März in seine »Amt« eingeführt. Emilie ist begeistert, sie kann wieder auf ein festes Einkommen rechnen, es besteht Aussicht auf eine Pension, und das Sozialprestige wird aufpoliert. Der Kandidat indes gibt sich keinen Illusionen über eventuelle künstlerisch-kulturelle Wirkungsmöglichkeiten hin; er weiß, dass er nur ein unbedeutendes Rädchen in einem aufgeblähten »Verwaltungsmechanismus« sein wird. Die Kunst der Vorausdeutung, die er bald in seinen Romanen entwickeln wird, praktiziert er vorab schon privat, wenn er seine Zukunft mit folgendem Bild skizziert: Die Frucht, die ihm da »ohne Schütteln oder sonstiges Zutun« in den Schoß gefallen sei, habe rote Backen und wecke günstige Vorurteile; »aber auch Holzäpfel haben ein gutes Ansehen«.

Fontane, der nun morgens nicht an seinen geliebten Schreibtisch eilt, sondern in das Haus der Akademie Unter den Linden traben muss (es stand damals da, wo sich heute das Gebäude der Staatsbibliothek befindet), verrichtet dort nur subalterne Schreiber- und Protokollantendienste und wird in die Querelen des zerstrittenen Senats verwickelt. Schon nach wenigen Wochen wirft er den Kram hin, reicht am 28. Mai sein Entlassungsgesuch bei Kultusminister Falk ein, schreibt am 19. Juni an den Kaiser, und der bewilligt am 17. Juli die Entlassung. Für Emilie geht die gerade erst erschaffene neue Welt aus den Fugen, der Haussegen in der Potsdamer Straße hängt entsprechend schief.

Aus diesem konfliktgeladenen Sommer 1876 sind lediglich sechs Briefe Fontanes an Emilie erhalten (und diese auffällig oft unvollständig!), leider kein einziges Schreiben von ihr. Wir sind deshalb auf Fontanes Tagebuch und seine Briefe an die bewährte alte Freundin Mathilde von Rohr im Kloster Dobbertin angewiesen, die er in seiner Verzweiflung um Verständnis und Unterstützung bittet. Ihr schreibt er am 17. Juni 1876: »Die Glücksarten der Menschen sind eben verschieden; ›den enen sin Uhl is den annern sin Nachtigall‹. Mir ist die Freiheit Nachtigall, den andern Leuten das Gehalt.«

Um aus den täglichen Auseinandersetzungen herauszukommen und Emilie auf andere Gedanken zu bringen, reist sie nach Neuhof, aber die Debatte um die aufgekündigte Stellung setzen nun die Briefe Fontanes fort, und wir können seiner Argumentation, die passagenweise sehr unfair und doktrinär ausfällt, ungeniert zuhören. Dass sich Emilie tapfer wehrt, ist aus seinen Texten und Reaktionen abzulesen. Aber er stellt auch Weichen in Richtung Verständnis und Versöhnung, wenn er am 15. August über das Rätsel der Zuneigung reflektiert. Was diese Ehe ein halbes Jahrhundert lang über alle Krisen und Kräche hinweg zusammengehalten hat, ist eben diese geheimnisvolle, tief in der Psyche verwurzelte zärtliche Zuneigung, auf die sich beide Protagonisten immer wieder besannen und beriefen.

Freilich wird die Kategorie »Zuneigung« oft und gründlich in Anspruch genommen. Emilie muss ihre Erwartungen ständig an die begrenzten finanziellen Möglichkeiten eines nur bedingt erfolgreichen Schriftstellers anpassen, und Fontane schärft ihr nachdrücklich ein: »*Sicherheit* is nich.« Stattdessen sucht er ihr das »apart interessante Leben« schmackhaft zu machen, das sie nach seiner Überzeugung an seiner Seite führt.

Die Strapazierfähigkeit der »Zuneigung« wird auch in einem anderen Bereich vielfach auf die Probe gestellt. Fontane ist »in a long run«, wie er gern sagt, doch ein arg nüchterner Märker, und wahrscheinlich charakterisiert er ein wenig sich selber, wenn er in »Effi Briest« von seinem Innstetten sagt, er sei lieb und gut gewesen, aber ein Liebhaber war er nicht. Emilie hat ja bereits 1856 bekannt, dass sie sich auf Maß und Art seiner Liebe einzustellen beginne. Diese »gebremste Erotik« moniert sie natürlich auch in seiner literarischen Produktion. In der aufschlussreichen Diskussion um ihre Einwände gegen den »Graf Petöfy«-Roman (im Sommer 1883) gesteht er unumwunden ein, »kein Meister der Liebesgeschichte« zu sein, und ihren vorsichtigen Ruf nach einem »*Tröpfchen* von Storms ›Bibber‹« lehnt er energisch ab. Sie mochte Storm nicht, aber die erotische Gefühlsseligkeit in seinen Novellen sagte ihr durchaus zu, und im Fontane'schen Hausgebrauch hieß das ironisch der Storm'sche »Bibber«.

Faszinierend in all diesen Disputen ist immer erneut die Wahrung von Würde und Anstand selbst in vertrackten Situationen. Da wird zwar auch einmal der Satz von der »zwanzigjährigen unerträglichen Ehe« zitiert, aber der Ton bleibt moderat; schmutzige Wäsche wird nirgends gewaschen, und ein hohes Maß von Dezenz versteht sich von selbst – vor allem in erotischen Angelegenheiten. Emiliens nur fragmentarisch überlieferter Brief vom 1. August 1867 ist noch in seiner Zurückhaltung eine überraschende Ausnahme, und die interessierte Nachwelt würde natürlich gern wissen, womit er sie in solchen Aufruhr versetzt hat. Wir müssen davon ausgehen, dass bei dem Autodafé, das Emilie um 1881/82 mit seiner Zustimmung im Konvolut der Ehekorrespondenz veranstaltete, vor allem auch solche intimen Bekenntnisse aussortiert worden sind.

Allerdings hat Fontane in jenen aufgeregten Wochen auch jenen bösen Brief über Emilie verfasst (am 22. August 1876 an Mathilde von Rohr), der sicher dazu beigetragen hat, dass sie in der Nachwelt für lange Zeit das Image der unverständigen, ihn im Grunde belastenden Gattin bekommen hat, die, immer kränkelnd, nur hinter dem Geld her gewesen sei. Die Veröffentlichung des Ehebriefwechsels hat dieses verzerrte Bild aus der Welt geschafft und »Frau Fontane« als die unentbehrliche Partnerin des Autors auch in der Fontane-Literatur etabliert.

Unglückliche Umstände halten den Abschied von der Akademie für die Eheleute weiter präsent. Fontane erzählt ihr erst spät von einem Musterstück preußischer Korrektheit: er hat vom Gehalt für das letzte Quartal den Anteil für November und Dezember in Höhe von 400 Talern zurückzuzahlen. Dabei hatte er seine kurze Beamtenlaufbahn mit »zwei Monaten ohne Gehalt« begonnen. Sein Nachfolger wird Karl Zöllner, ein enger Freund der Familie, und jede Begegnung mit ihm lässt die Narbe wieder schmerzen.

Hauptsächlich aber bringt Seine Majestät Kaiser Wilhelm persönlich die Fontanes auf die Palme. Fontane hat den Mitte Oktober erscheinenden vierten Teil des »Kriegs gegen Frankreich« an Wilhelm I. geschickt, aber der sieht, missvergnügt über die Amtsniederlegung des Autors, keine Veranlassung, dem Verfasser durch eine Gratifikation oder dergleichen seine Anerkennung auszudrücken, obwohl gerade er als Kriegsherr und Held durch dieses Werk geht, das ihm – mit seinem Einverständnis – sogar gewidmet ist. Fontanes Degout ist auf dem Höhepunkt.

Das Dilemma im Hause Fontane beschreibt Emilie in einem Brief an Mathilde von Rohr am 10. November 1876: »Der Konflikt zwischen uns besteht insofern, daß ich nicht einsehen kann, daß er recht gehandelt. Sonst ruht aber nun die Sache, denn geschehene Dinge sind ja nicht zu ändern. – Daß ich nach all diesen Stürmen weder glücklich noch froh sein kann, verlangen Sie wohl am wenigsten von mir; Körper u. Geist sind mürbe geworden, u. hätte ich nicht meine Kinder, würde das Bedürfnis nach Ruhe überhand nehmen. Mein guter Mann erklärt mich für gemütskrank, vielleicht bin ich es, die Betreffenden sollen das ja oft nicht wissen.«

1876 wird in die Familiengeschichte als ein »Unglücksjahr« eingehen, und Fontane hat in seinem Gedicht zu Emilies Geburtstag freundlich benannt, was ihn bedrückt, und seinen dringlichsten Wunsch ausgedrückt: »Gönne mir die stille Stell / Und mein bißchen Frieden.« Vielleicht haben die Fontanes – durchaus symbolträchtig – gemeinsam die Silvester-Lektüre festgelegt. Emilie liest Spielhagens Roman »Durch Nacht zum Licht« vor.

Fontane flüchtet schon seit Wochen aus der häuslichen Misere in die Arbeit an seinem Roman, der inzwischen als »Vor dem Sturm« beim »Wanderungen«-Verleger Wilhelm Hertz vertraglich gebunden ist. Krank und sehr erschöpft fährt der Dichter im August 1877 nach Thale im Harz, quartiert sich in dem angenehmen Hotel Zehnpfund ein und kommt trotz anfangs niedergedrückter Stimmung mit dem Manuskript des vierten Romanteils gut voran. Täglich berichtet er Emilie von der Arbeit, und diese zwölf Briefe aus Thale geben einen ungewöhnlich detailreichen Einblick in eine spannungsvolle Schaffensphase, die ihn auf dem schwierigen, von Zweifeln begleiteten Weg zum Romancier zeigt.

1878 ergibt sich erneut eine gedeihliche Situation für den Ehebriefwechsel: Fontane arbeitet in Berlin am Abschluss des Romans, und Emilie lässt sich in Neuhof von Freundin Johanna Treutler verwöhnen. Und noch einmal liefern sich die beiden Fontanes eine heftige Grundsatzdebatte über ihr Verhältnis zueinander, über Vorzüge und Problematisches ihrer Charaktere und vor allem über sein ewiges, fast krankhaftes »Mistrauen« [!] den Freunden gegenüber. Er bekennt sich dazu, ein »Soupçon-

Othello« zu sein (das Wort »soupçonnös« ist zeitweise tatsächlich »Haushaltswort«). Dabei spuken seine »niedrige« soziale Herkunft, seine Stellungs- und Mittellosigkeit und die Nicht-Anerkennung seiner journalistisch-publizistischen Schriften bei den Freunden und in der Öffentlichkeit im Hintergrund. Er hebt – mit einem »Donnerwetter!« verbunden – seine geselligen Meriten hervor, seine profunden historischen Kenntnisse und fordert für seine Leistungen als Wissens- und Vortrags-Kapazität einen »Gesellschaftsorden«, »aber nicht lange Gesichter«.

Emilie wird seinen Zornesausbruch schmunzelnd goutiert und ihren geliebten alten Theo darin wiedererkannt haben. Die Wochen dieser Standortbestimmungen sind von politisch-öffentlichen Ereignissen begleitet, die die privaten Debatten in einen größeren Kontext stellen. Emilie erweist sich dabei wieder einmal als höchst kreative Stichwortgeberin, der Fontane mit sichtlichem Vergnügen und gehöriger Kompetenz Antwort und Auskunft gibt und weitreichende Schlüsse zieht. Man lese nach, wie er den Bogen vom Nobiling-Attentat auf den alten Kaiser Wilhelm bis zur Entwicklung des vierten Standes spannt oder wie ihn das verheerende Schiffsunglück der kaiserlichen Marine im Ärmelkanal zu einem Generalangriff auf das praxisferne Bildungssystem Preußens verleitet.

Inmitten all solcher bekenntnisreichen Schriftstücke vom Sommer 1878 findet sich Emilies Brief vom 18. Juni, der mit Alltäglichkeiten aufwartet, aber mit einer fabelhaften Liebeserklärung an ihren Theo endet, an den Ehemann und den Autor Th. F. Schon am 12. Juni hatte Emilie, dieses Geständnis präludierend, an Clara Stockhausen geschrieben: »Wir müssen eben mit unseren ›Künstlernaturen‹ Nachsicht üben u. 'mal mit ihnen himmelhoch jauchzen u. zum Tode betrübt sein. Freilich ist das erstere seltener der Fall. Tauschen würden wir doch um keinen Preis.«

Theodor an Emilie Fontane

Berlin, 31. Juli 76.

Liebe Frau.

Die Briefe von George und Mete, die ich gestern zur Post gab, wirst Du heute früh erhalten haben. Sie waren beide in ihrer Art ausgezeichnet; wie treffend, wie allerliebst in Metens Brief der Vergleich zwischen Dobberan und Warnemünde; wie fein, wie bescheiden und doch wieder wie selbstständig Georgens Urteile über die Götheschen Dichtungen. Ich habe mich gleich hingesetzt und ihm den ganzen Bogenhaufen geschickt, der meine eignen Aufzeichnungen über Wilhelm Meister enthält. Sonderbarerweise haben Vater und Sohn den Roman zu gleicher Zeit gelesen.

Das Brief-Schreibetalent der Kinder ist insoweit nicht verwunderlich, als sie es ebenso gut von Mutter- wie Vater-Seite her haben können. Ueber Deinen heut erhaltenen Brief hab' ich mich sehr gefreut; wenn Du doch diese selbstständigen Gedanken, dieses gerechte Urteil auch im alltäglichen Leben und bei Würdigung dessen hättest, was ich thue oder lasse. Das Schlimme ist, daß Du Dich nicht daran gewöhnen kannst und auch nicht gewöhnen willst, mich für einen verständigen und auf *meine* Weise ganz praktischen Menschen anzusehn. Du läßt mir alle möglichen Vorzüge, betrachtest mich aber wie ein poetisches Kind, das jeden Augenblick auf dem Punkt steht, sich als Familien-Enfant-terrible aufzuspielen. So liegen aber die Dinge durchaus nicht; ich weiß auch, daß man Miete und Steuern bezahlen muß und daß man von der Luft nicht leben kann. Am wenigsten ich. Es ist auch nicht richtig, wenn ewig von meiner Lieblosigkeit gesprochen [wird]. Ich beobachte mich seit längrer Zeit auf diesen Punkt hin und ich kann mit gutem Gewissen sagen: es trifft nicht zu. Egoistisch bin ich, aber nicht lieblos. Das ist ein großer, großer Unterschied. Ich könnte ein hohes Lied schreiben über die Erhabenheit, die Herrlichkeit, die Wonne, die Wunderkraft der Liebe, und zwar nicht Phrasen, die ich hasse, sondern Empfundenes; aber freilich was sich so gemeinhin Liebe nennt, diese ganze Reihe niedrigstehender, beleidigender, zugleich mit wuchtigster Prätension auftretenden Bourgeois-Empfindungen – und *dieses* Bourgeoistum ragt in alle Stände hinein – für diese Sorte Liebe hab' ich nur Spott und Verachtung. Ich liebe Liebe, aber ich kucke sie mir an und prüfe sie auf ihre Echtheit; vieles was sich in gutem Glauben dafür giebt, ist nicht weit her. Die bloße persönliche, aus leidlicher Begriffsverwirrung geborene Ueberzeugung: »ich liebe« ist noch lange keine Legitimation.

Ich schicke Dir drei Briefe von Hertz, Lessing (beide noch in der »Daheim«-Angelegenheit) und von Brockhaus. Der von Lessing wird Dir wegen seines Mittelpassus mit Fug und Recht der wichtigste sein. Ich bitte Dich aber herzlich, darauf nicht Hoffnungen bauen zu wollen, die sich leichtmöglicherweise schließlich doch nicht erfüllen. Ich bin so weit gegangen, vor etwa 2 Wochen schon an Lucae zu schreiben, daß wenn an diesen Gerüchten etwas Wahres sein sollte, ich meinerseits kein Hindernis mehr entgegenstellen würde. Weiter aber kann ich und werde ich nicht gehn. Es hat mich bei diesem Schritt sehr meine Liebe zu Dir mitbestimmt, weil ich Dich glücklich sehn und den heißesten Wunsch Deines Lebens – den ich nicht in gleichem Grade teile, aber völlig verstehe und respektire – Dir riesig gern erfüllen möchte. Für mich *persönlich* bleibt es im Uebrigen bestehn, daß die Stelle, auch in rein pekuniärem Betracht, nicht das gelobte Land ist, von dem Du träumst, und daß ich, wenn ich sie *nicht* wiedererhalte, als freier Schriftsteller gerade so gut leben kann, wie als Sekretär der Akademie. Deinetwegen wünsche ich aber aufrichtig ein Wiedereinklingen. Ich muß hinzusetzen, daß Lucae – allen Gerüchten zum Trotz (Geh. R. L. Hahn hatte mit halber Bestimmtheit in diesem Sinne zu mir gesprochen) – *nicht* daran glaubte.

Die nächsten Wochen müssen endlich die Entscheidung bringen; ich bitte Dich schon heute, weder über »ja« noch »nein« den Kopf zu verlieren. Es wird gehen, gleichviel ob momentan die 6 oben liegt oder Null. Jeder Tag ist ein neues Würfelspiel und die Zahlen und Werte wechseln. Ich habe das wieder recht in diesen bitterschweren Monaten erfahren.

Empfiehl mich den teuren Treutlers, namentlich Frau Johanna selbst und sag' ihr, daß ich nicht egoistisch genug wäre, um nicht über ihre Wiedergenesung eine herzliche und große Freude zu empfinden. Oder vielleicht ist es doch Egoismus! Wie immer Dein

Th. F.

THEODOR AN EMILIE FONTANE

Berlin 4. Aug. 76.

Liebe Frau.

Gestern Abend, als ich von einem kleinen Diner bei Gropius' nach Hause kam, fand ich Deinen Brief vor, für den ich Dir bestens danke. Es war mir recht lieb, daß ich ihn ausnahmsweise am Abend statt am Morgen erhielt; ich hätte ihn, unmittelbar »vor der Schlacht«, nicht mit derselben Andacht gelesen. Ich wünsche von ganzem Herzen, Dir und mir, daß Deine ruhig-vertrauensvolle Stimmung anhält; glaube mir doch, was auch kommen mag, wir werden durch die bescheidenen Erträge meines Fleißes und meines Talents in anständigen Verhältnissen weiterleben können. Kommt es *doch* anders, nun so geschieht es, weil es nach ewigen Ratschlüssen so kommen soll, weil wir – um ein schönes Wort der Schrift zu citiren – »verworfen« wurden. An wem Gott ein solches Gericht vollstrecken will, der ist verloren, er mag anfangen was er will und auch dem »ersten Ständigen« würde der Unbestand menschlicher Dinge bald klar gemacht werden. Sieht man aber von solchen Gerichten ab, denen gegenüber es nichts andres giebt als Unterwerfung, so bleibt der Satz bestehn: »wer für sein Brot arbeitet, der findet es auch.« […]

Theodor an Emilie Fontane

Berlin 15. Aug. 76.

Liebe Frau.

Heute früh erhielt ich Deine Zeilen – die freundlichsten, die ich in diesen 5 Wochen empfangen habe – und danke Dir dafür. Du schreibst: »alles verwöhnte Dich dort, nur von hier aus würdest Du knapp behandelt«. Dem Zusammenhange nach, kann sich dies nur auf mein Briefschreiben beziehn und da gehört denn diese Bemerkung wieder zu jenen rätselhaften Aeußerungen, an denen Du, wenigstens zu Zeiten, groß bist. Ich habe das gute Gewissen, Dir ganze Manuskripte geschickt zu haben; zweimal hab' ich drei, vier Tage vergehen lassen, ohne zu schreiben, aber lediglich aus Verstimmung über den Ton Deiner Briefe, oder doch aus Verstimmung über einzelne ganz ungehörige, mich kränkende Bemerkungen. So auch in Deinem längeren Briefe, der Deinen

Besuch bei Tante Lise schilderte. Was soll es heißen wenn Du mir, in Bezug auf eine aus 3 Personen bestehende Gesellschaft, in der noch nicht zwei Flaschen Medoc Cautenac à 12½ Sgr. getrunken wurden, kurz und feierlich schreibst: »*so hatte ich mir unsre Zukunft gedacht.*« Was soll ich mit solchem Satze machen? Daran knüpfst Du dann, ganz trocken, die Aeußerung »daß wir also *Deinen* Maraschino ausgetrunken hätten.« Wenn dies alles möglicherweise nicht böse gemeint gewesen ist, so kann ich blos sagen: gebildete Menschen drücken sich eben so aus, daß ihre Worte nicht mißverstanden werden können. Ich will *den* sehen, der aus zwei solchen Sätzen, wie die vorstehend citirten, Humor oder Harmlosigkeit herauslesen kann. Ich bilde mir ein, mich auf beide zu verstehn. Meine liebe Frau; es ist im Großen und Kleinen das alte Lied. Du reizt mich bis aufs Blut und wunderst Dich hinterher wenn ich heftig und bitter werde, Du machst ein böses Gesicht und wunderst Dich wenn ich Dir aus dem Wege gehe, Du verhälst Dich ablehnend und wunderst Dich, wenn ich nicht zärtlich bin. Natürlich bin ich auch zu Zeiten unzärtlich, ohne vorher einer Nüchternheit begegnet zu sein, aber das ist nicht zu ändern, weil es eben so in der menschlichen Natur wie ganz besonders in unsren Lebensverhältnissen liegt. Wenn ich bei einer Arbeit nicht von der Stelle kann, oder das Gefühl des Mißlungenen habe, so bedrückt das mein Gemüt und aus bedrücktem Gemüt heraus kann ich nicht nett, quick, elastisch und liebenswürdig sein, aber das müßtest Du auch, wenn Du Dich ein bischen auf meine Art verstündest, gar nicht von mir fordern. Daß ich Dich liebe, weißt Du, daß ich es Dir tausendfältig gezeigt habe, wirst Du nicht wohl bestreiten können; an diesem schönen Bewußtsein, müßtest Du genug haben und als kluge Frau wissen, in 24 Stunden ist das alles vorüber. Statt dessen zeigst Du Deine ganz und gar unberechtigte Verstimmung, die mich nun erst wirklich verdrießlich und aus dem tristen Tage ein[e] triste Woche macht. Wenn Du doch all dies einsehn, wenn Du Dich doch nicht in der Vorstellung verblenden wolltest, daß Du »a lone, lorn woman«, eine arme, zurückgesetzte Kreuzträgerin wärest. Es ist ja alles bittre Thorheit; Du bist eine durch Deinen Mann, Deine Kinder, Deinen Lebensgang und Deine Lebensstellung unendlich bevorzugte Frau. Es giebt wenige, die es *so* gut getroffen haben. Daß Du das Glück nach der Zahl der Geldrollen bemessen solltest, für so inferior halte ich Dich nicht, habe auch keine Ursach dazu.

Nun zu speziellen Dingen, zu denen das Vorstehende, in seiner Allgemeinheit, doch eine gute Einleitung bildet.

Martha reist am 26.; da Tante Below, wie Du aus beiliegendem Briefe ersehen wirst, in Ilsenburg ist, so fallen die drei Ludwigsluster Tage fort und Martha wird also entweder am 26. oder 27. hier eintreffen. Es wäre danach wünschenswert, Du kämest am 23., morgen über 8 Tage, Du bist dann gerade sechs Wochen fort. Ich erwarte Dich mit alter Liebe, die ich immer für Dich in meinem Herzen habe, auch wenn ich Dir die bittersten Dinge sage, Dinge, die ich leider auch heute nicht zurücknehmen kann. Denn die Zuneigung ist etwas Rätselvolles, die mit der Gutheißung dessen, was der andre thut, in keinem notwendigen Zusammenhange steht. Natürlich wird es bei gebildeten Menschen immer dahin kommen, daß die Gutheißung den natürlichen Herzenszug unterstützt und umgekehrt, wenn sie consequent ausbleibt, diesen Herzenszug auswurzelt und tötet.

Du wirst, bei Deiner Rückkehr, mir gleich zeigen können, ob ich noch wieder auf friedliche, glückliche Tage rechnen kann oder nicht. Meine Angelegenheit hat sich mittlerweile entschieden; am 2. August, am Tage vor der Akademiefeier, erhielt ich die amtliche Mitteilung, daß der Kaiser meine Entlassung genehmigt habe und daß ich nur noch die Ernennung eines Nachfolgers abzuwarten hätte. Im ersten Augenblicke war es mir *Deinetwegen* leid; ich hatte mich seit fünf, sechs Wochen derartig eingearbeitet, daß ich es für möglich hielt, die Sache auszuhalten und in der äußren Lebenssicherheit ein Aequivalent für *das* erblickte, was ich, auch im glücklichsten Falle, hätte begraben müssen, ein Aequivalent für mein aufzugebendes Schriftstellertum. Aber was ich seit 14 Tagen nun wieder erlebt, zeigt mir, wie richtig meine ersten Eindrücke waren. Es ist ein durch und durch verlodertes, unsagbar elendes, von einem anständigen Menschen gar nicht zu tolerirendes Institut. Ich sehe ganz klar, wie es geändert werden könnte, aber zu dieser Aenderung wird es auch nicht kommen, weil das Ministerium in seiner dummen Knickerei, in seiner unfreien Behandlung aller dabei in Betracht kommenden Fragen, an dem Jammerzustand geradeso viel Schuld trägt, wie die Akademie selbst. Ich ersehne den Moment, wo ich aus dieser wichtigtuerischen Hohlheit, aus diesem Nichts, das mit Feierlichkeit bekleidet wird, wieder heraussein werde. Dinge, Personen, Zustände, sind alle gleich unerquicklich. Ich passe in solch dummes Zeug nicht hinein und will mich lieber weiter quälen. Eine gute Theaterkritik, um das Kleinste herauszugreifen, ist viel viel besser als diese Reskripte-Fabrikation, bei denen ich noch nichts Erfreuliches habe herauskommen sehn. Uebrigens spreche ich über diese Dinge zu niemand, am wenigsten in *diesem* Ton. Die Welt verlangt nun mal ihre Götzen. Meinetwegen, wenn ich sie nur nicht mitanzubeten brauche.

Akademie lebe wohl! Schmerzlicher ist, daß ich über kurz oder lang, wie mir Hahn neulich mitteilte, auch die 400 ℳ verlieren werde. Aber, enfin, es muß auch so gehen. Für das nächste Jahr steht die Partie so, daß ich 1000 ℳ vom »Daheim«, ohngefähr dieselbe Summe von Hertz erhalten werde. Auf Wiedereintritt bei der Vossin rechne ich, was alles in allem eine Jahres-Einnahme von 2800 ℳ ergeben würde, wozu ja noch mancher Kleinkram kommt. Es scheint mir ganz unzweifelhaft, daß wir damit auskommen können. Zunächst laufen ja noch die 400 ℔ weiter, doch wäre es freilich möglich, daß ich die betr. Summe am 30. Sept. und 31. Dezember zum letzten Male erhielte.

Eine Fülle neuer Arbeiten ist angefangen, und mir ist nicht so zu Mut, als würde ich mit Nächsten in den Skat gelegt werden. Im Gegenteil. Die Unsicherheit bleibt; es wäre lächerlich sie fortdemonstriren zu wollen; aber sie erschreckt mich nicht. Unsicher oder nicht, *der* Satz bleibt schließlich bestehen, daß ein Mann von Talent und Wissen, der fleißig ist und zu schreiben versteht, im Stande ist, sein täglich Brot zu verdienen. Hat er es mal knapper, nun so muß es knapper gehn; aber immer werden auch wieder hellere Tage kommen, die für Ausgleich sorgen. Es ist bisher gegangen, gut gegangen und ich sehe nicht ein, warum es nicht weiter gehen soll. Die einzige Gefahr liegt bei Dir. Nimm mir die Stimmung und ich bin verloren. Ich beschwöre Dich, daß Du dessen eingedenk bist und das Deine tust, mich schwimmfähig zu erhalten.

Dein   Th. F.

Fontane an Mathilde von Rohr

Berlin 22. Aug. 76
Potsd. Str. 134. c.

Mein gnädigstes Fräulein.

Wenn diese Zeilen bei Ihnen eintreffen, wird die Handschrift Ihnen wie fremd erscheinen, *so* lange ist es her, daß ich nichts habe von mir hören lassen. Ob meine Frau aufmerksamer gewesen ist, weiß ich nicht (wenn ich es auch hoffe), da sie seit vollen 6 Wochen bei ihrer Freundin in Schlesien verweilt. Diese Reise war unerläßlich, um sie der tiefen Verstimmung zu entreißen, die sich ihrer, infolge meiner eingereichten Entlassung, bemächtigt hatte. Ist sie auch jetzt noch keineswegs andrer Meinung, so sieht sie doch das Geschehene *etwas* ruhiger, *etwas* billigdenkender an. Ob es vorhalten wird, muß abgewartet werden. Es ist ganz und gar eine Geldfrage. Hab ich das Glück, eine mir passende Redaktion zu finden, stürmen mir die Buchhändler das Haus, um, nach Erscheinen meines ersten Romans, sich eines zweiten à tout prix zu versichern, so wird alles gut gehn; kommen umgekehrt Angst und Sorge, fällt der Roman ins Wasser, so geh ich, von der Sorge ganz abgesehn, einer streit- und kämpfereichen Zukunft entgegen. Meine Frau, die große Meriten hat und in vielen Stücken vorzüglich zu mir paßt, hat nicht die Gabe des stillen Tragens, des Trostes, der Hoffnung. In dem Moment, wo ich ertrinkend nach Hilfe schreie und wo ein freundlich ausgestreckter Finger mich über Wasser halten würde, hat sie eine Neigung, ihre Hand nicht rettend unterzuschieben, sondern sie wie einen Stein auf meine Schulter zu legen. Bescheiden in ihren Ansprüchen, ist sie in ruhigen Tagen eine angenehme, geist- und verständnisvolle Gefährtin, aber ebensowenig wie sie die Stürme in der Luft ertragen kann, ebensowenig erträgt sie die Stürme des Lebens. Sie wäre eine vorzügliche Predigers- oder Beamten-Frau, in einer gut und sicher dotierten Stelle, geworden; auf eine Schriftsteller-Existenz, die, wie ich einräume, sich immer am Abgrund hinbewegt, ist sie nicht eingerichtet. Und doch kann ich ihr nicht helfen. Sie hat mich als Schriftsteller geheiratet und muß sich schließlich darin finden, daß *ich*, trotz Abgrund und Gefahren, diese Art des freien Daseins den Alltagskarrieren mit ihrem Zwang, ihrer Enge und ihrer wichtigtuerischen Langenweile vorziehe. *Jetzt*, wo ich diese Karrieren allerpersönlichst kennengelernt habe, mehr denn je.

[...] In alter Verehrung, Ihr dankbar ergebenster

Th. Fontane

FONTANE AN MATHILDE VON ROHR

Berlin 30. Noveb. 76
Potsd. Str. 134. c.

Mein gnädigstes Fräulein.

[...] In meinem Hause sieht es etwas besser aus; die Stimmung meiner Frau klärt sich auf, das Gewölk verzieht sich; ich habe so eine Vorahnung, daß, wenn nicht neue Schläge kommen, das Schlimmste überstanden ist. Sie trinkt, seit Anfang dieser Woche, Karlsbader, wovon ich mir, da der Trübsinn zu großem Teil eine Folge von Leberaffektionen ist, viel verspreche. Aber sie scheint sich endlich auch in ihrem Urteil anders zu dieser unglückseligen »Sekretär«-Frage stellen zu wollen. Sie hört jetzt von den verschiedensten Seiten her, daß es, mit alleiniger Ausnahme des Gehalts, nicht bloß eine untergeordnete, unerquickliche Stellung sei, sondern daß man sich auch nicht im geringsten beflissen gezeigt hat, mir diese Unerquicklichkeiten minder fühlbar zu machen. Dies *konnte ich aber verlangen*. Einem jungen Assessor, der sich eben verheiraten möchte, oder einem armen Teufel mit vielen Kindern und wenig Brot kann man schließlich alles mögliche zumuten; ich war aber weder das eine noch das andre, sondern ein Mann, der aus einer freien, ihn vollkommen glücklich machenden Tätigkeit heraustrat, um nunmehr durch Übernahme eines leichten, ehrenhaften und gut dotierten Amtes bequemer und im Hinblick auf die Zukunft sorgenloser leben [zu] können. Danach ist man mir aber nie begegnet. Ohne daß man unartig oder beleidigend gegen mich gewesen wäre, was ich mir einfach verbeten haben würde, hat man mich doch nie wie einen etablierten deutschen Schriftsteller, sondern immer wie einen »matten Pilger« behandelt, der froh sein könne, schließlich untergekrochen zu sein. Immer die unsinnige Vorstellung, daß das Mitwirtschaften in der großen, langweiligen und, soweit ich sie kennengelernt habe, total konfusen Maschinerie, die sich Staat nennt, eine ungeheure Ehre sei. Das »Frühlingslied« von Uhland oder eine Strophe von Paul Gerhardt ist mehr wert als 3000 Ministerial-Reskripte. Nur die ungeheure Eitelkeit der Menschen, der kindische Hang nach Glanz und falscher Ehre, das brennende Verlangen, den alten Wrangel einladen zu dürfen oder eine Frau zu haben, die Brüsseler Spitzen an der Nachtjacke trägt, nur die ganze Summe dieser Miserabilitäten verschließt die modernen Herzen gegen die einfachsten Wahrheiten und macht sie gleichgültig gegen das, was allein ein echtes Glück verleiht: Friede und Freiheit. Je älter ich werde, je mehr empfinde ich den Wert dieser beiden; alles andre ist nichts; jedenfalls bin ich froh, meinen Kopf noch rechtzeitig aus dieser dreimal geknoteten Sekretär-Schlinge herausgezogen zu haben. Ich passe nicht für dergleichen, am wenigsten aber passe ich zum Bücher-Überreichen und zum Antichambrieren und Petitionieren in Geheimrats-Zimmern, bloß um irgendeine goldene Medaille oder ähnliches Zeug zu erreichen. Ich habe nun einen Strich darunter gemacht. Eh mich nicht die bittre Not dazu treibt, laß ich mich, in kindischer Nachgiebigkeit und meiner eigensten Natur zum Trotz, auf solche Torheiten nicht weiter ein. Ich habe diese Kränkungen satt. Die letzte war die größte.

[...] Bewahren Sie mir Ihre wohlwollenden Gesinnungen; wie immer Ihr

Th. Fontane.

Theodor an Emilie Fontane

Thale 10. August 77.
Hôtel Zehnpfund; N⁰ 45.

Liebe Frau.

Gestern Abend 8 Uhr bin ich bei leidlichem Wohlsein, mit Koffer, Rockbündel und Unsterblichkeits-Packet hier angekommen; ich erhielt N⁰ 10, in dem es dermaßen nach einer Mischung von Multer und Levkojen roch, daß ich nach drei Minuten Kopfweh hatte und eine Versetzung nach N⁰ 57 vorzog; hier floß aber der Rinnstein vorbei, während zugleich der Fettwrasen aus der Küche opfermäßig emporstieg. Ich beantragte also abermals meine Versetzung, die nun heute früh erfolgt ist. Ich wohne N⁰ 45, habe einen prächtigen Blick in die Vorberge, nur drei Stunden (von 4 bis 7 Nachmittags) Sonne, und Levkojengeruch ohne Multer. Denn mein jetziges Zimmer ist eine Treppe hoch, während N⁰ 10 Parterre lag. Geschlafen hab ich leidlich gut, im Lauf des Vormittags eine Promenade in das Bodethal hinein gemacht und einige Verse geschrieben; bei Tisch hab ich mich mit einem Hamburger Kaufmann angefreundet, der außer einer operirten, freundlichen Frau aus Mecklenburg, zwei niedliche Töchter von 16 und 17 Jahren hat. »Es sind zwei Engel« hat er mir im Flüsterton anvertraut. Ich jedenfalls werde sie nicht zu Falle bringen.

In Magdeburg traf ich George; da wir eine ganze Stunde Zeit hatten, so war er in der Lage »to do the honors for all Magdebourg«. Ich hatte Appetit auf Kaffe, den wir am »breiten Weg« bei Zuany, dem Magdeburger Josty, einnahmen. »Josty, mir auch eine« nach diesem alten Satze trank George mit mir oder ich mit ihm. Denn er machte den Wirth. Ich bat mir sogar ein Stück Kuchen aus; man muß es mitnehmen. Dann begaben wir uns nach Stadt Prag, wo noch ein Seidel Bairisch geleistet wurde, hatten unsren Discurs und eilten auf die Bahn; denn die Stunde war um. Ich hatte wie immer einen freundlichen Eindruck von ihm; ein wenig befangen, das ist Fontane'sch und liegt in der Situation. Auch geniren Väter immer; der meinige genirte mich auch. Ich bitte aber dringend, nichts in diesem Sinne an George zu schreiben; auch Theo soll nicht papeln; dergleichen wird jedesmal mißverstanden.

Morgen Vormittag will ich mich nun an die Arbeit machen; ich hoffe die kürzeren Kapitel in einem Tag, die längeren in zwei zu absolviren. So wie ich mit drei oder fünf Kapiteln fertig bin, schicke ich ein kleines Packet. Die Nachmittage werde ich für Spaziergänge und Lektüre reserviren. Auf Bergeklettereien laß ich mich nicht ein; es ist zu langweilig; wohl aber ist es möglich, daß ich auf einen Tag nach Harzburg und Goslar fahre, auch Quedlinburg und Halberstadt sehe ich mir vielleicht an. All dies ist aber unbestimmt, denn ich habe so viel Städte und Gegenden gesehn, daß mir der ganze Kram furchtbar gleichgültig ist. Ein gutes Buch ist das Einzige, was einen noch wirklich fördert.

Bitte, schicke mir täglich die Vossische; wenn Du sie Nachmittags aufgiebst, hab ich sie am andern Morgen; natürlich nur Hauptblatt und die beiden wichtigsten Beilagen. Das Sonntagsblatt behalte gleich zurück, damit es sich hier nicht verliert. Laß mich auch ja wissen, wie es mit der Vertretung im Residenz-Theater geworden ist.

Ob ich hier werde arbeiten können, muß sich morgen zeigen; aber wenn es auch weniger wird, als ich hoffe, es war doch wohl ein glücklicher Gedanke hierher zu gehen. Ich hätte mich in der Berliner Luft den ganzen Sommer über nicht mehr erholt.

Ich wünsche von Herzen, daß meine Abwesenheit zugleich als die Abwesenheit eines Drucks empfunden werden möge und würde mich glücklich schätzen zu hören, daß ihr aufathmet. Letzte Vorkommnisse berühr ich absichtlich nicht; wie man die

Streitigkeiten herzlich satt kriegt, so auch die Auseinandersetzungen darüber.

Gruß und Kuß Dir und den Kindern von Deinem alten

Th. F.

THEODOR AN EMILIE FONTANE

Thale 23. August 77.
Hôtel Zehnpfund.

Liebe Frau.

Zu meiner Freude habe ich aus Theos Zeilen ersehn, daß es Dir, wenn auch nicht gut, so doch besser geht. Ich hoffe, daß jeder Tag erfreulichere Nachrichten bringt; diese Gewitterschwüle, die nicht an allem aber an vielem Schuld ist, muß doch endlich mal ein Ende nehmen.

Theo schreibt, meine Briefe hätte[n] niemanden erheitern können; dies mag wohl richtig sein, aber wenn es heißen soll, ich hätte am Ende auch andre schreiben können, so muß ich mich dagegen verwahren. Ich habe mir umgekehrt noch vieles verkniffen.

Seit vorgestern geht es mir besser, aber auch jetzt hab ich nicht das Gefühl eines gesunden Menschen; es sind geschenkte Tage; diese Tage werden sich hoffentlich zu Monaten ausdehnen, aber das Gefühl, daß das Ganze eine gekünstelte Geschichte sei, verläßt mich nicht und mit diesem Gefühl werd ich mich einleben müssen. Hätt ich in Schöneberg ein Haus und einen Garten und könnt' ich, je nach Gefallen, heute ein Kapitel schreiben und morgen nach Mist schmeckende Riesen-Erdbeeren ziehn, so würd ich gesund werden, aber Dienst und Arbeit, auch wenn ich keine Romane schriebe, würden mir meine schwachen Zustände überall fühlbar machen. Ich müßte Geld haben und das hab ich nicht. Da liegt der Schlüssel.

[...] Wie immer Dein Th. F.

THEODOR AN EMILIE FONTANE

Thale 25. Aug. 77.
Hôtel Zehnpfund.

Liebe Frau.

Habe Dank für Deine freundl: Zeilen vom 23., zu deren Beantwortung ich gestern nicht kam. Ich hatte mich vorgestern Abend erkältet, war außerdem mit meinem Tagespensum nicht recht von der Stelle gekommen, so daß ich mich zu der Nachmittagsstunde, wo ich sonst die Briefe schreibe, todtmatt aufs Bett warf und auch wirklich schlief, trotzdem ein Ochse, mit Pfundstiefeln an den Beinen, in der Stube über mir seinen Nachmittags-Spatziergang machte. Heute geht es mir wieder besser. Ich habe vor, das Leben das ich hier führe, so weit wie möglich in Berlin fortzusetzen. Ich will früh aufstehn, eine Stunde gehn, dann frühstücken, dann arbeiten bis um 3, dann nach Tisch wieder zwei Stunden gehn und ohne Abendbrod, nur Thee und Milch trinkend, mich um 9 niederlegen. Gesellschaften besuch ich nicht mehr, wenigstens nicht am Abend. Um Deinetwillen, da Du geselliger bist als ich und den Rückzug von den Menschen schmerzlich empfindest, thut es mir leid; aber ich kann es nicht ändern. Geht es uns mal wieder besser, so werd' ich mich freuen bei Bier und Butterbrot einen Plaudergast zu haben.

[...] Mit dem Wunsche über Dein und Metes Befinden Gutes zu hören, wie immer Dein Th. F.

Theodor an Emilie Fontane

Berlin 2. Juni 78.

Meine liebe Frau.

Eben wollt' ich mich niedersetzen, um nach Beendigung einer Theaterkritik, Dir einen langen Brief mit den Erlebnissen dieser letzten Tage zu schreiben, als Theo, hereinstürzend, mir mittheilte, daß der Kaiser erschossen sei, Herr Knaus sei beinah Augenzeuge gewesen und habe den Kaiser todt oder auf den Tod verwundet, und in den Armen seines Leibjägers ruhend, langsam an sich vorüberfahren sehn .....

Eben kommt Theo aus der Stadt zurück; er soll nicht todt sein, sondern nur 2 mal verwundet und nicht schwer, einen Schrotschuß in s Gesicht und eine Kugel in die Schulter. All dies ist aber wohl unsicher. Jedenfalls lebt er noch; ich glaube ihm wäre besser todt; 81 und *das* erleben, in vier Wochen einem zweifachen Mordversuch preisgegeben. Der Mörder ist ein Dr. Nobiling, Beamter im landwirthschaftl: Ministerium oder Museum; Motiv unerklärlich zunächst; als das Volk das Haus stürmte, hat er sich zu erschießen gesucht, aber auch sich nur verwundet.

Ich muß mich jetzt anziehn; Theo soll den Brief schließen und alles Neuere hinzufügen.

[*Von der Hand Theodor Fontanes junior:*]

Die inliegenden Extrablätter bestätigen im Ganzen meinen Bericht an Papa. Auch auf einem zweiten Gange nach dem Ort des Attentats (Unter den Linden 18) nach dem Schloß u. nach dem Molkenmarkt habe ich über die Sache selbst wenig Neues erfahren. Schrecklich sind aber noch einige Nebenumstände: 1) soll ein Restaurateur, der zuerst in das Zimmer des Nobiling eindrang, von ihm erheblich verwundet, von der Menge aber, die ihn für den Attentäter hielt, beinah gelyncht worden sein.

2) soll der Kutscher des »grünen Wagens«, in welchem der Mörder nach dem Molkenmarkt gebracht werden sollte, beim Hineinfahren in den sehr niedrigen Thorweg sich den Kopf abgerissen haben u. gleich todt gewesen sein, während andere nur von schwerer Verwundung wissen. Ich schließe indem ich den Text der Extrablätter nach einem dritten von der Geheimräthin mir zugestellten Extrablatt umändern will. In was für einer Zeit leben wir!

Th. Fontane.

Theodor an Emilie Fontane

Berlin 3. Juni 78.

Meine liebe Frau.

Es ist eine schlimme Zeit zum correspondiren: das Große und Allgemeine nehmen einem die Telegramme und Zeitungen vorweg, und das Kleine und Besondre interessirt weder den Schreiber noch den Empfänger. »Die Zeit ist aus den Fugen« sagt Hamlet, und »Ich verstehe diese Zeit nicht mehr« sagt der alte Tischlermeister in Hebbel's Maria Magdalena. Freilich zu verstehn ist es schon; Massen sind immer nur durch Furcht oder Religion, durch weltliches oder kirchliches Regiment in Ordnung gehalten worden, und der Versuch es ohne diese großen Weltprofoße leisten zu wollen, ist als gescheitert anzusehn. Man dachte in »Bildung« den Ersatz gefunden zu haben und glorificirte den »Schulzwang« und die »Militärpflicht«. Jetzt haben wir den Salat. In Beiden hat sich der Staat, ja mehr denn das »die Gesellschaft« eine Rute aufgebunden: der Schulzwang hat alle Welt lesen gelehrt und mit dem Halbbildungs-Dünkel den letzten Rest von Autorität begraben, die Militärpflicht hat jeden schießen gelehrt und die wüste Masse zu Arbeiter-Bataillonen organisirt. Gewiß, der Versuch *mußte* gemacht werden, aber Rousseau hat Recht behalten, der schon 1750 schrieb: »Künste und Wissenschaften zwingen es nicht«. Nun soll der Brunnen zugemacht werden; ein Reactions-Regiment wird beginnen und der Notschrei »Religion, Religion« wird überall laut werden, sogar in den Bourgeois-Häusern, die für ihren Geldbeutel ernstlich anfangen besorgt zu werden. Aber es wird nichts helfen. So was läßt sich nicht »besorgen«. Es muß *kommen*, das Erscheinen großer Geister muß den Volksgeist umgestalten. Aber dürfen wir darauf rechnen? Mit Gesetzesparagraphen und langweiligen Pastoren zwingt man's nicht.

Hier alles munter; nur Matilde hat einen geschwollenen Hals, kann nicht schlucken und war heute beim Arzt. Ergeh es Dir gut. Dein

Th. F.

Emilie an Theodor Fontane

Neuhof. d 4. Juni. 78.

Mein lieber, guter Mann.

Du hast ganz Recht, in dem was Du in Deinen heutigen Zeilen aussprichst u. alles Persönliche ist seit dem Sontag Nachmittag in den Hintergrund getreten. Jeder fragt: was soll daraus werden? wir saßen vergnügt am Whisttisch, als die Mädchen uns die fast unglaubliche Nachricht brachten; Lise u. ich fuhren noch um 9 Uhr in die Stadt, wo bereits 3 Depeschen angekommen waren. Man zitterte vor jeder neuen Nachricht, u. erst heut beruhigen sich unsere Gemüther, da die Depeschen u. Nachrichten über unseren theuren Kaiser so fortlaufend günstig lauten. Vormittag waren wir in der Stadt, um Lisen auf den Bahnhof zu bringen, die heut nach Schokken abgereist ist; alles hat geflaggt, aber auch in Liegnitz scheinen, wie in Berlin, die unheimlichen Gestalten aus dem Boden zu wachsen u. gestern in dem Dankgottesdienst in der Oberkirche, sah man Blousenmänner u. wilde Gesichter, wie sie die Commune nicht schlimmer hat aufweisen können. Mich beschäftigt immer die Frage, bei dem ewigen Kreislauf der Dinge u. dem up and down im Großen wie im Kleinen, solche Zeiten müssen doch schon da gewesen sein u. welches Mittel, brachte dann Hülfe u. Ordnung?

[...] sei herzlich geküßt von

Deiner alten Frau

Theodor an Emilie Fontane

Berlin 4. Juni 78.

Meine liebe Frau.

Ich schreibe Dir ohne daß ich rechten Stoff hätte. Heute Vormittag war ich von 12 bis 3 in der National-Galerie, deren erste Hälfte ich neulich blos besprochen habe, und ging bei hellem Sonnenschein zurück; hin hatte ich den Rosenth. Thor-Omnibus benutzt, der für alle Gänge in die Stadt fast der beste für uns ist; er passirt Schauspielhaus, Opernhaus, Schloß, Museum etc. Auf dem Heimwege ging ich natürlich die Linden hinunter [...] und wurde wieder recht an mein englisches Wort vom »nine-days-wonder« erinnert. Wie schnell wird heute gelebt und vergessen! Von den 280 Ertrunkenen, von dem Verlust eines Schiffes, das 8 Mill: Mark gekostet, spricht kein Mensch mehr, das »Attentat« machte jedes andre Interesse todt, und nun ist auch das Attentat schon wieder halb bei Seite gelegt. Der Kaiser wird wieder genesen, Nobiling wird sterben und damit Basta; »gehen wir, wie mein Freund Behr damals sagte, zu interessanteren Gegenständen über«. Das Einzige, was die Menschen noch länger als 3 Tage in Anspruch nimmt, ist eine Sängerin, ein Sensationsroman und die Meininger.

[…] Ergeh es Dir gut. Dein

Th. F.

Theodor an Emilie Fontane

Berlin 5. Juni 78.

Meine liebe Frau.

Seit gestern nichts passirt; Regenwetter, alles still, Mathilde leider recht unwohl an ihrer Halsverschwellung, so daß ich eben an Dr. Herold geschrieben habe. Es ist nun heute schon der fünfte Tag und immer noch keine Krisis.

Besten Dank für Deinen Brief. Du fragst, wie man früher solcher Bewegungen Herr geworden ist? Darauf ist nicht direkt zu antworten, denn *solche* Bewegungen hat es früher nicht gegeben. Wie war es früher? Eine revolutionaire Natur, ein mit Potenzen ausgerüsteter Thunichtgut verführte entweder große, harmlose Volksmassen, oder er stellte sich an die Spitze bereits vorhandener Unzufriedener. Im erstren Falle fing man den Anführer, hing ihn und alles war vorbei, im letztren Falle geschah zunächst dasselbe, aber kleine berechtigte Forderungen (Bier- oder Brottaxe heruntergesetzt, und ähnliche Lappalien) mußten erfüllt werden. Das alles war Kinderspiel; man befand sich einer stupiden Masse gegenüber. Das ist jetzt anders. Millionen von Arbeite[r]n sind grade so gescheidt, so gebildet, so ehrenhaft wie Adel und Bürgerstand, vielfach sind sie ihnen überlegen. Der junge Rinneberg ist ein Tischlergeselle; glaubst Du, daß er Max oder Kurt Sommerfeldt nachsteht? Gewiß nicht. Nun ist der junge R. zwar zufällig ein Bürgerssohn, er könnte aber auch der Sohn einer alten Waschfrau sein. Dann hättest Du den ächten Repräsentanten des 4. Standes. Alle diese Leute sind uns vollkommen ebenbürtig und deshalb ist ihnen weder der Beweis zu führen, »daß es mit ihnen nichts sei«, noch ist ihnen mit der Waffe in der Hand beizukommen. Sie vertreten nicht blos Unordnung und Aufstand, sie vertreten auch *Ideen*, die zum Theil ihre Berechtigung haben und die man nicht todtschlagen oder durch Einkerkerung aus der Welt schaffen kann. Man muß sie *geistig* bekämpfen, und das ist, wie die Dinge liegen, sehr, sehr schwer. – Vorläufig ist übrigens noch keine Gefahr. Der kleine Aufsatz von Carus Sterne ist sehr gut, aber er trifft nur *eine* Seite. – Gruß und Kuß von Deinem

Th. F.

Theodor an Emilie Fontane

Berlin 8. Juni 78.
Potsd. Str. 134. c.

Geliebte Frau.

Am ersten Pfingsttage sollen Dir Grüße von hier nicht fehlen. Außerdem besteht das Beste was ich habe wieder aus Beilagen:

1. ein Brief von Mete;
2. ein Brief von Friedel;
3. eine Kritik über Phil: Welser, und
4. ein Artikel über den Untergang des »Großen Kurfürsten« und unsre Marine überhaupt. Diesen Artikel leg ich Dir besonders an s Herz. Alles ist mir wie aus der Seele geschrieben, wobei ich noch eigens bemerken muß, daß die Weser-Ztng (in *Bremen* erscheinend) national-liberal, preußisch-ministeriell – nicht nach Stellung sondern nach Ueberzeugung – und überhaupt das *vor-*

nehmste Blatt ist, das wir in Deutschland haben. An der Spitze stehen Männer wie Gildemeister, der, wenn ich nicht irre, vor 15 Jahren sogar der Chefredakteur des Blattes war. *Vier* Schiffe bilden eine Flotte; Werth derselben 40 Millionen Mark, also halb so viel wie früher der ganze preuß: Staat Jahres-Einnahme hatte, und in nicht voll 14 Tagen, ohne Sturm, bei dem klarsten Wetter, bei vollzähligster Bemannung sind drei Schiffe vorläufig unbrauchbar: eins total verloren, das andre halbruinirt, und das dritte dreimal auf den Grund gefahren. Wenn das alles *Unglück* ist, dann muß es von unsrem 70 er Kriege mit demselben Rechte heißen: alles *Glück*. Davon will man indessen – und mit Recht – nichts wissen. Ebenso wenig ist aber die Schiffsgeschichte »Unglück«. Was die Wes. Ztng. andeutet, aber nicht nennen will, das ist das von mir ewig gesungene Lied von der Examen-Weisheit und vom Examen-Dünkel. Erst neulich sagte ein ernsthafter Mann – ich glaube Meyer oder Gildemeister – wir seien die Vorder-Chinesen. Ja, das ist richtig. Einer wird dreimal oder siebenmal examinirt, und nun weiß er nicht blos alles, nun *kann* er auch alles. Bei jeder Entbindung, bei jedem verrenkten Fuß wird einem klar, was bei der ewigen Studirerei heraus kommt. Wissen ist gut, als Unterstützung, Förderung und Aufklärung im Praktischen, wenn es aber die Praxis ersetzen soll, so ist es keinen Schuß Pulver werth. Selbst in der Armee, dem besten was wir haben, fängt die Sache an gefährlich zu werden; jeder generalstäblert, schlägt Schlachten auf dem Papier und kann keine Sektion über den Rinnstein führen. Alles immer von höchsten Gesichtspunkten aus, alles immer im Zusammenhang mit Wissenschaft und Ewigkeit, und das Kleine, das recht eigentlich das Leben ausmacht, geht darüber verloren. Jeder hält sich für das Größte berufen und das Kleinste kann er nicht. Daher will alles Meister sein, Lehrlinge und Gesellen giebt es nicht mehr; jeder liest eine Zeitung, schreibt einen Brief und zahlt seine Steuern; und wer das kann und thut, der ist so gut wie sein Nachbar, der ja im Wesentlichen auch weiter nichts leistet. Vor diesem Geist der Unbotmäßigkeit erschrickt jetzt alles, aber damit daß sie wie verrückt nach Kirche und Polizei schreien, damit werden sie ihn nicht bannen. Entweder »Hammerschläge I.« und »Hammerschläge II.«, wie komischerweise in *Allein und Frei*, müssen kommen, oder, was schöner wäre, ein großer Mann, ein Erweckter, ein Licht- und Flammenträger muß die ganze Geschichte mal wieder aus ihrer Misere herausreißen. Ich freue mich in *dieser* Zeit gelebt zu haben und nicht ein Menschenalter oder ein Jahrhundert früher, aber das ist wahr, eine grenzenlose Fadheit und Flachheit gähnt einem überall entgegen und der gebildete Durchschnitts-Mensch, der Examen-Heilige macht einen unsagbar tristen Eindruck.

Dies ist ja eine wundervolle Pfingstpredigt geworden und natürlich auch von einem richtigen Klugschmus gehalten; aber 2erlei hab' ich voraus: erstens hab ich keine Examina gemacht, oder schlechte, und zweitens hab ich ein Einsehn davon, daß es mit meiner Weisheit nichts ist, daß es überall entsetzlich hapert. Dann und wann bin ich sicher, aber das sind dann Sachen, die mir der liebe Gott mit auf den Lebensweg gegeben hat. –

[...] Empfiehl mich allerseits. Dein

Th. F.

THEODOR AN EMILIE FONTANE

Berlin 10. Juni 78.
Potsd: Str: 134. c.

Meine liebe Frau.

Habe besten Dank für Deinen freundlichen Brief vom Sonnabend, in dem Du die Frage Th. F. und L. P. so freundlich und so schmeichelhaft für den erstren behandelst. Es mag auch alles so sein; es liegt aber auch noch an manchem andren, am Stil. Freilich ist es wieder wahr: le style c'est l'homme.

Was die politischen Zeitläufte angeht, so bist Du, wie alle Frauen, zu sehr für hängen und köpfen. Der Sache ist sehr schwer beizukommen. Es liegt »diefer« sagte jener Sachse.

Die Aufführung für die »Presse« war erbärmlich; ich schicke Dir morgen, was ich drüber gesagt habe, und zwar gesagt nicht gegen die *Theaterleute*, sondern gegen die *Presse*. Theo und Frau Stockhausen waren in der »Ahnfrau«; ich glaube, er hat Dir darüber geschrieben.

Gestern war ich von 2 bis 6 bei Wangenheims, heute, mit Theo (Friedel auf Landpartie mit Pege's) bei Stockhausens. Ueberall kommt mir die Stimmung in Bezug auf meine Person verschleiert vor, bei W.s beträchtlich, bei St.s nur ganz, ganz leise. Kaum ein haze. Alles in allem hab ich aber die Empfindung doch gerade stark genug, um von einem kl: Diner, das ich am Donnerstag geben wollte, wieder abgekommen zu sein. Daß ich dieselbe Empfindung Heydens und Zoellners gegenüber seit lange habe, weißt Du. Hundertmal frag ich mich, ob ich wohl Schuld sei, aber ich kann keine Schuld finden; ich bin artig, freundlich, gesprächig und wenn aus meinem Sprechen mitunter ein Ton der Besserwisserei herausklingen mag – *gewollt* ist es gewiß nicht – so muß man das hinnehmen; erstlich weil ich meist der ältere bin, zweitens weil ich am meisten weiß und selbstständigere Gedanken habe, als die andren, und drittens und hauptsächlichst, weil jeder heraushören muß, daß mir nur die Sache gilt, die Verfechtung einer bestimmten Idee, wobei ich an meine Person gar nicht denke. Man würde mir die Stellung, die ich verlange, auch einräumen, wenn ich in einer ansehnlichen Lebensstellung wäre. So klingt das »arme Luder« immer mit. Nur unter ganz Fremden ergeht es mir besser. Wenn ich an die beiden Gesellschaften bei

Lindau denke, oder an die Abende mit Dr. Meyer und Gildemeister! Im Kreise der mir Nächststehenden werd' ich ein Gefühl der Unsicherheit nicht ganz los, das mich soupçonnös macht und dann Kleinigkeiten zu Wichtigkeiten aufbauscht.

Morgen mehr. Dein Th. F.

Emilie an Theodor Fontane

Neuhof. d. 11. Juni. 78.

Mein lieber, alter Mann.

Ich beeile mich Deine heutigen Zeilen, mit der »Argwohns-Abhandlung« zu beantworten. Vorläufig war ich froh, daß Du nichts Schlimmeres schriebst, denn ich war schon auf alle möglichen Gräuel gefaßt, die Dir am Press-Theaterabend passirt seien, da Theo mir geschrieben, Du hättest dabei solchen Aerger gehabt. Bei manchem möchte ich Dir doch auch zurufen: take it easy. Wenn ich jetzt so aus der Ferne Deine Kritiken zu lesen bekomme, so fällt mir den armen Schauspielern gegenüber immer wieder ein gewisser schulmeistriger Ernst, eine Art schmerzlicher Resignation auf. Und daran möchte ich gleich anknüpfen um über Deine Bedenken zu Deinen Freunden etc. zu reden. Daß die Genannten Dich Alle lieben u. verehren, davon bin ich wie von meinem Leben überzeugt u. ich glaube auch angeben zu können, wodurch dann u. wann Deine Zweifel entstehen. Selbst *sehr kühl* u. wenig aufmerksam den Freunden gegenüber (so beabsichtigtest Du am Donnerstag, an *Heydens* Geburtstag ein kleines Diner zu geben, wozu Du ihn doch wohl nicht eingeladen hättest? Heydens, die Dir manchen Geburtstag verherrlicht haben.) bist Du in the long run so verwöhnt von allen Menschen, daß Du auch ein bissel viel Aufmerksamkeit verlangst. Daß Du in den

Gesellschaften von P. L. u.s.w. andere Aufnahme gefunden, ist ganz natürlich; dem Kreise bist Du »neu«; bewegtest Du Dich darin wie in dem Deiner Freunde, würde es bald anders sein. Nur *Du* bringst das Gefühl Deiner »Stellungslosigkeit« mit, die Anderen, mit Stellen etc., beneiden Dich darum u. meist auch darum, daß Du reden kannst, wie Dir der Schnabel gewachsen ist. In *Einem* glaube ich, bist Du manchmal auch Deinen wärmsten Verehrern u. rinnen unbequem, in Deiner Wahrhaftigkeit u. Gründlichkeit! Wehe, dem Unglücklichen, der *obenhin* Dir etwas erzählt; er muß jedes ausgesprochene Wort besiegeln u. beschwören u. wehe der Unglücklichen die eine leichte Frage hinwirft, sie muß die eingehendste Abhandlung aushalten. Nun, alles zu seiner Zeit. Auch die geistreichste Abhandlung ist gesellschaftlich 'mal nicht am Platz u. ein hingeworfenes Wort bleibt besser unerörtert. Aus dieser »liebenswürdigen Schwerfälligkeit[«], die Du manchmal hast, entsteht dann eine gêne, die Du dem einen oder anderen anmerkst, u. woraus Du dann Gott weiß was für argwöhnische Schlüsse machst. Deine Wahrhaftigkeit u. Dein auf Dein [!] Grund gehen, genirt die Menschen, auch die besten u. Dir wohlgewogendsten. (Mich nicht.)

[…] immer u. immer Deine Dich zärtlich liebende

Alte.

Theodor an Emilie Fontane

Berlin 12. Juni 78.
Potsd: Str: 134. c.

Meine liebe Frau.

Morgen, an Heydens Geburtstag – zu dem ich noch den üblichen Toast zu meiner und andrer Mattfreude (dies sag' ich aber wahrhaftig nicht aus gekränkter Eitelkeit) zu machen habe – wird aus dem Schreiben nicht viel werden; so will ich Dir schon heute für Deinen ausführlichen Brief danken. Es ist sehr liebenswürdig, daß Du auf meine vielleicht nur allzu oft wiederholte Klage eingehst und in aller Gütigkeit gegen mich, doch schließlich alles aus meinen eignen Fehlern und Schwächen, großen und kleinen, erklären willst. Es hilft mir nun mal nichts, es mag liegen wie es will, das Ende vom Liede bleibt doch immer, daß *ich* Unrecht habe. Mal sagst Du's freundlich, mal unfreundlich, aber es bleibt immer dasselbe. Streite ich mit dem dummsten Menschen über Kunst, schreibt mir wer einen anzüglichen Brief, findet wer meine Kritik zu scharf, meine Bücher zu langweilig, – Du sekundirst immer meinem Gegner. Diesmal meinst Du es sehr gut, aber es wird dadurch nicht richtiger. Ich bin kühl, nicht sehr aufmerksam, etwas rechthaberisch, etwas pedantisch und viel breiter und gründlicher, als die Menschen lieben. Es ließe sich über alle diese Punkte schließlich auch noch sehr streiten, aber ich will sie 'mal ohne Weiteres gelten lassen; ich sage nur einfach, sieh Dir die *andern* an. Denkst Du denn, daß mich Zoellners Urtheile über Bücher, die er nicht gelesen hat, besonders interessiren? Glaubst Du denn, daß es eine Freude für mich war, unsren alten Richard über seine unendlichen »Sitzungen« peroriren oder eine Onkel Ungersche Anekdote zum 20ten Mal vortragen zu hören? Denkst Du denn, daß es mir nicht eine Tortur ist, unsren Heyden, wenn er mit Macbeth oder Hamlet beginnt, sofort bei seinen Walkyren oder dem »Oluf« ankommen zu sehn? Von den viel mattren Pilgern der Gesellschaft – denn dies sind die glänzenden Nummern – will ich gar nicht erst sprechen. Aber hast Du je ein Zeichen der Ungeduld bei mir wahrgenommen? Zum Donnerwetter, wer sind all die lieben Leute, daß sie den Anspruch erheben könnten, meine Aufmerksamkeit fordern zu dürfen, während sie mir die ihrige, nach Laune, versagen oder gewähren. Du weißt recht gut, daß ich, mit alleiniger Ausnahme von Lazarus (und gerade über *den* hab ich mich nie zu beschweren) den andern an Wissen, Esprit und Gedanken überlegen bin, und ich verlange, daß man mir dies zugesteht, sonst soll man mich in Ruhe lassen. Ich dränge mich nirgends ein, man fordert mich auf zu erscheinen, und nachdem ich erschienen bin, Du wirst dies einräumen, schaff' ich Leben in die Bude. Dafür sollte man mir danken; ich habe Anspruch darauf »cajolirt« zu werden, denn, wie Du nur zu gut weißt, ich bringe Opfer wenn ich mich von meinem Buch und meinem Theetisch trenne und statt dessen in meinen halbschmutzigen weißen Handschuh fahre. Nun aber *ist* das Opfer gebracht, mit einem heitren Todesmuth, der einer beßren Sache werth wäre, spring ich in die Bresche und erzähle den Leuten (nicht zu meiner Erbauung; ich schweige lieber) vom Hundertsten und Tausendsten. Dafür verlang ich einen Gesellschaftsorden, aber nicht lange Gesichter. Wer mir *die* zeigen will, der soll mich zu Hause lassen. Von aus dem Moment heraus erwachsener Verschuldung, kann keine Rede sein; es wird nicht oft vorkommen; kommt es aber vor, so muß man eben dieselbe Nachsicht üben, die ich beständig übe, und muß es um so eher, als ich solche gelegentlichen Verstöße gleich selbst fühle und nie unterlasse um Entschuldigung zu bitten. Das thu ich auch in Bezug auf diesen Brief; ich habe nicht recht geschlafen, bin deshalb angegriffen, und so ist alles schwerfälliger und weitschichtiger herausgekommen, als es sollte. So viel bleibt aber bestehn, und das ist des Pudels Kern: *ich* bin, im gesellschaftlichen Leben, sehr artig, sehr milde, sehr zum verzeihen geneigt, und die andern sind es *nicht*. Am schlimmsten liegen seit einiger Zeit die Sachen bei v. W.'s Wie können sie mich zu Linau u. Frau überhaupt einladen? Es ist ein Unsinn.

[…] Alles grüßt aufs herzlichste. Am meisten Dein

Th. F.

Emilie an Theodor Fontane

Neuhof. d. 18. Juni. 78.

Mein geliebter Theodor.

Ich habe Dir wieder für zwei liebe, mich sehr erfreuende Briefe zu danken u. auch für den Aufsatz, den ich erst gestern früh erhielt; Sontag kam nur der Schein zum Unterschreiben, in meine Hände. Ich bin so froh, daß es Dir leidlich gut geht u. ebenso für Euch Städter daß es noch nicht heiß ist; ich habe freilich wenig in diesen 3 Wochen von Luft u. im Freien sitzen genossen u. unsere schönen Spazierfahrten müssen uns schadlos halten. Unter der Linde zu sitzen, ist es entweder zu feucht oder zu windig. Viel Zeit kosten die leidigen Kaffee's, die wir haben mitmachen müssen, gestern den dritten bei Sophie; ich war Dir sehr dankbar, daß Du mir den Aufsatz geschickt hast, so daß ich einen paßlichen Grund hatte, zwei anderen Einladungen zu entgehen. [...]

Und nun weiß ich nichts mehr. Grüße die Kinder u. die Freunde. Ich freue mich so auf Dich, daß die Redensart der alten Sohm, »das Herz bleibt immer jung« die ich so oft belacht habe, sich an mir rächt. Mir klopft das Herz vor Freude, bei dem Gedanken, Dich wiederzusehen. Laß es Dir gut gehen Du lieber Sekretair a. D.; es war ein böser Titel. Lächerlich an sich, für Dich – unter der Würde. Nein, wir wollen nun Th. F. leben u. sterben. Hoffentlich gemeinsam u. gesund noch lange das erstere.

Deine alte getreuste Frau.

Laß ja den Brief von Mete nicht *umher* liegen, Du wirst wissen, warum. Theo meinen besonderen Gruß, auch Tante Merckel.

IX
DER »KLEINE ROMANSCHRIFTSTELLERLADEN« IN DER POTSDAMER STRASSE: VON »VOR DEM STURM« BIS ZUM »STECHLIN«
(1879–1889)

»[…] so lächerlich es klingen mag, ich darf – vielleicht leider – von mir sagen: ›ich fange erst an.‹ Nichts liegt hinter mir, alles vor mir; ein Glück und ein Pech zugleich. Auch ein Pech. Denn es ist nichts Angenehmes, mit 59 als ein ›ganz kleiner Doktor‹ da zu stehn. Aber genug der Confessions.«
Theodor Fontane an Wilhelm Hertz, 18. August 1879

Emilie Fontane, Foto Loescher & Petsch, 1889

Nachdem der Vorabdruck von »Vor dem Sturm« abgeschlossen ist, schickt die »Daheim«-Redaktion das Manuskript im August 1878 zurück, und der Autor lässt es »mit eigenthümlichen Empfindungen« auf den Boden bringen. »So wird man auch selber mal bei Seite geschafft«, fügt er hinzu. »Müh' und Arbeit liegen zurück, und niemand kümmert sich mehr drum.« Fontane ist ziemlich deprimiert. Er nutzt die Gelegenheit, eine seiner von der calvinistischen Vorherbestimmungslehre geprägten Lebensmaximen vorzutragen: »Nichts ist vorher zu berechnen, alles ist Glück, Bestimmung, oder anständiger ausgedrückt Gottes Wille.« Und damit das nicht allzu defätistisch wirkt, erzählt er die aparte Anekdote vom »fromm-verrückten Pastor Bernhardi«, der an den Waschtagen seiner Frau – »d. h. sie wusch sich nicht, oder doch immer nur ad hoc« – den lieben Gott um Sonnenschein zum Trocknen der Wäsche bat.

»[…] alles ist Glück und Gnade«, resümiert Fontane, als er am 19. Juli 1886 diese Geschichte seiner Frau noch einmal erzählt, und er ist zweifellos von der Richtigkeit des Satzes überzeugt. Durchaus im Wissen um diese Voraussetzung baut er, mit knapp sechzig, seine dritte, seine eigentliche literarische Existenz auf: er war Apotheker, Journalist, Land-und-Leute-Schilderer, Kriegshistoriker, Theaterkritiker, und nun etabliert er sich als Erzähler, was er schon immer werden wollte.

Emilie, die sein Lebensziel, endlich Romane zu schreiben und damit vielleicht zu reüssieren, seit langem kennt und anerkennt, erfährt am 10. August 1878 auf ganz unspektakuläre Art von der

Fortführung seiner Arbeit. Inmitten von pikanten und interessanten Geschichten, von bedrückter Stimmung und bevorstehenden Reichstagswahlen sowie nach der ausdrücklichen Versicherung: »Hier ist seit gestern nichts passiert«, liest sie, dass er seine neue Novelle angefangen habe (»Grete Minde«), mit der er »den Leuten« zeigen werde, dass er auch eine »psychologische Aufgabe« lösen könne. Und diese Mitteilung ist programmatisch auf Nachhaltigkeit angelegt. Er hat ja gerade mit dem historischen Roman »Vor dem Sturm«, der ihn nahezu zwei Jahrzehnte beschäftigt und bekümmert hat, seine erzählerische Gesellenprüfung abgelegt und bestanden.

In seinem Stoff-Arsenal häufen sich die Materialien. Und so wächst in relativer Kontinuität in den letzten zwanzig Jahren seines Lebens dieser epische Kosmos von siebzehn Romanen und Erzählungen bis zum »Stechlin« heran. Die Produktivität in der Werkstatt ist hoch, denn parallel dazu entstehen zwei Bände Wanderungen (»Spreeland« und »Fünf Schlösser«), Rezensionen zu Kunst und Literatur, das Buch über Scherenberg, die beiden Autobiographien »Meine Kinderjahre« und »Von Zwanzig bis Dreißig«, und bis 1889 sitzt der Autor mindestens einmal in der Woche im Theater am Gendarmenmarkt und schreibt seine klugen Besprechungen.

Die Romanproduktion läuft dabei immer nach einem ähnlichen Schema ab: er findet einen neuen Stoff, deponiert ihn in seiner Materialsammlung oder ist so begeistert, dass er ihn und eine denkbare Handlung sofort fixiert. »In der Regel steht Dummes, Geschmackvolles, Ungeschicktes neben ganz Gutem und ist Letztres nur überhaupt da, so kann ich schon zufrieden sein. Ich habe dann nur noch die Aufgabe es herauszupulen. Dies ist zwar mitunter nicht blos mühsam, sondern auch schwer, es giebt einem aber doch eine Beruhigung zu wissen ›ja, da ist es, suche nur und finde.‹ Meine ganze Produktion ist Psychographie und Kritik, Dunkelschöpfung im Lichte zurechtgerückt.« Diese erste Niederschrift (das Brouillon genannt) legt der Autor dann meist erst einmal beiseite – auf Monate, ja auf Jahre, und dann folgt irgendwann, wenn die Sache im Kopf gereift ist, die eigentliche Ausarbeitung, das »Herauspulen« der Geschichte, und das ist mit unendlicher Mühe und endlosem Feilen verbunden. Im Tagebuch steht nur »gearbeitet«.

Da viele dieser Arbeitsschritte unterwegs in Sommerfrischen, auf Kuren, in schlichten Arbeitsaufenthalten im Riesengebirge, im Harz oder an der Nordsee gegangen werden, ist der Ehebriefwechsel oft eine Art Chronik von Entstehungs- und zunehmend auch von Veröffentlichungsgeschichte. Denn nachdem der über Jahre bewährte Verleger der »Wanderungen« und der »Gedichte«, Wilhelm Hertz in Berlin, erstaunlicherweise kein Zutrauen zum Erzähler Fontane zeigt (bei ihm erscheinen nur »Vor dem Sturm«, »Grete Minde, »Ellernklipp«, später noch »Quitt« und »Unwiederbringlich«), ist Fontane von Roman zu Roman auf der frustrierenden Suche nach einem Verleger. Er ist meist froh, wenn er wenigstens bei kleinen, am »Rande« liegenden Unternehmen unterkommt, auch wenn sich keine stabilen und dauerhaften Verbindungen daraus ergeben. An »Stine«, seit 1888 im Manuskript abgeschlossen, traut sich lange Zeit kein deutscher Verleger der Fontane-Zeit heran (unglaublich, aber wahr), bis Fontanes jüngster Sohn Friedrich, seit 1888 Chef eines eigenen, zunehmend profilierten Verlages in Berlin, das Büchlein des Vaters demonstrativ herausbringt (1890) und auch dessen Spätwerk erfolgreich betreut; von »Effi Briest« werden 1895, für Fontanes Verhältnisse der erste richtige Erfolg, fünf Auflagen binnen Jahresfrist gedruckt.

In all die mitunter komplizierten und aufwendigen Entstehungsgeschichten, die Nöte des Autors, seine Schreibhemmungen, seine krankheitsbedingten Ausfälle in den Wintermonaten ist die wichtigste Mitarbeiterin im Schriftsteller-Laden genauso eingebunden wie in die Verlagsverhandlungen: Emilie Fontane, Ehefrau eines – das mindeste zu sagen – nicht unkomplizierten Gatten, Erzieherin der vier Kinder, Lektorin, Sekretärin, Verbindungsfrau zum großen Freundeskreis. Sie schirmt den Hausherrn am Schreibtisch sorgfältig ab; wenn er zum Beispiel an einer Theaterrezension schreibt, haben die Hausmädchen strikte Order, unangemeldete Besucher mit dem Satz abzuweisen: »Der Herr hat heut Kritik.« Und, last but not least, ist da noch die Abschreiberin, auf die die Fontane-Biographik ihre Rolle lange Zeit reduziert hatte.

Man muss in Fontanes Korrespondenzen aufmerksam nach den seltenen Stellen suchen, an denen er ihre Teilhabe an seiner schriftstellerischen Tätigkeit registriert oder gar lobend hervorhebt. Da gibt es 1872 einen Brief an Mathilde von Rohr, der er die Geschichte vom Wettlauf zwischen dem Hasen und dem Igel erzählt: ohne die Igelin hätte der Igel die Wette nie gewonnen, und so merke er jetzt selber, »daß man ohne ›de Fru‹ verloren« ist. In der Autobiographie »Von Zwanzig bis Dreißig« wiederholt er die kleine Geschichte und sagt, darin sei (mit einem Zusatz von Pfiffigkeit) das »Musterstück einer guten Ehe« vorgezeichnet. 1874 spricht er von »kleinen Hilfen und Sekretär-Diensten« seiner Frau. Und in den achtziger Jahren gibt er gelegentlich offen zu, wie sehr er Emilie für seine diversen Arbeiten regelrecht »einspannt«.

Daneben aber war Emilie offenkundig sehr intensiv auch in die künstlerischen Aspekte bei der Entstehung der Romane involviert. Ein geradezu aufregendes Beispiel ist die schon erwähnte Briefdebatte um »Graf Petöfy« (14./15. Juni 1883) mit ihrem Ruf nach etwas Storm'schen »Bibber«. Da sie genau weiß, dass ihr Theo schnell allergisch auf Kritik reagiert, schreibt sie ihre Einwände auf den Innenseiten des zusammengefalteten Briefs auf:

»instehend mein ›Gequatsch‹«. Auf solche vorsichtigen Anmerkungen und riskanten Stichworte geht Fontane durchaus wohlwollend ein und lässt sich sogar zu ungewöhnlichen Bekenntnissen hinreißen.

Emilie ist eine vielfach gebildete und belesene Frau, Autodidaktin und Frau des Multitalents Fontane. Und wenn sie etwa nach dem Besuch einer Party im Hause des Verlegers Carl Müller-Grote seufzt: »[…] mein Gott, wie verwöhnt ist man doch in geistiger Beziehung«, dann zertifiziert sie das Bildungs- und Wissensniveau bei den Fontanes recht selbstbewusst. Der Gedankenaustausch 1884 über den Maler Gustav Richter und über Adolf Menzels Bild »Piazza d'Erbe in Verona« beweist Emiliens Kenntnis, Verständnis und Urteilsfähigkeit – auch ihren Mut, denn sie mäkelt an Menzels Werk herum und bezieht ihre Einwände zugleich auf die Bücher ihres Mannes. Fontane nimmt es lächelnd hin, und es wundert einen bei solchen Diskussionen nicht, dass er so gern mit seiner klugen Emilie Ansichten und Argumente austauschte. Sie wird es nicht als Drohung verstanden haben, wenn er ihr gelegentlich ankündigt: »Ich werde dies alles mündlich mit Dir weiter durchzusprechen haben.«

Auch Emilies Arbeit als Abschreiberin hat man lange Zeit nicht ernst genommen oder einfach als dazugehörige mechanische Tätigkeit abgehakt. Aber man bedenke die Umstände: sie hatte keinen eigenen Schreibtisch, hat wohl meist erst den Küchentisch abgeräumt, und sie schrieb, wie ihr Mann, mit der Schwanenfeder im Tintenfass; Scheibmaschine oder gar Computer lagen noch in weiter Ferne, und die Beleuchtung lieferten Kerzen oder Öllampen. (Und das bei ihren lebenslang beklagten Augenproblemen.) Die Vorlagen, aus denen sie eine Abschrift, das heißt ein Satzmanuskript herzustellen hatte, waren gewöhnlich wüst durch und durch korrigierte Blätter mit Ergänzungen an den Rändern, aufgeklebten Zetteln, Notizen und Veränderungen mit Farbstift.

Sie war, meinte selbst der Urheber, die Einzige, die sich in diesem Durcheinander zurechtfand und den logischen Ablauf eines Textes herzustellen verstand – in ihrer deutlichen, zierlichen, fast schülerhaften Handschrift. Fontane lobt sie für ihre Sorgfalt und für die Geschwindigkeit – nicht uneigennützig, was die Schnelligkeit angeht, denn bei seiner sprichwörtlichen »Peniblität in Drucksachen« hat er Emiliens Reinschriften mehr als einmal in ein neues Schlachtfeld verwandelt, das sie durch eine weitere Abschrift »bereinigen« musste. In der Autobiographie »Von Zwanzig bis Dreißig« hebt er diese Leistung immerhin eigens hervor (»gute vierzig Bände«), und er findet in diesem Zusammenhang erfreulich anerkennende Worte über seine Emilie und ihre Rolle als Ehefrau. Er lobt »ihr Temperament, ihren ausgesprochen ästhetischen Sinn, ihre Naivität und nicht zum wenigsten ihre Unlogik« und fügt generös hinzu: »Sie war vor allem auch eine Haushälterin von jener nicht genug zu preisenden Art, die Sparsamkeit mit Ordnungssinn und Helfefreudigkeit verbindet.« Er schiebt auch hier seinen oft gepredigten Grundsatz hinterher: »Eine richtige Sparsamkeit vergißt nie, daß nicht immer gespart werden kann; wer immer sparen will, der ist verloren, auch moralisch.« Anwandlungen, wie er sie seinem Komerzienrat Treibel in den Mund gelegt hat, kommen ihm nicht mehr: »Über Ehe kann nur sprechen, wer sie durchgefochten hat, nur der Veteran, der auf Wundenmale zeigt.« Diese Zeiten sind vorbei, und es ist die harmonische Gemütsverfassung der alt gewordenen Fontanes, in der jene tief wurzelnde Zuneigung und eine rücksichtsvolle Zärtlichkeit das Zusammenleben bestimmen und die alten Streitpunkte einer teilweise strapaziösen Ehe längst ausgeräumt oder besänftigt sind.

Naturgemäß werfen auch die vier heranwachsenden Fontane-Kinder reichlich Stoff für den Ehebriefwechsel ab, ja, er konstituiert sogar eine Art Familienautobiographie.

Der älteste Sohn, George, Jahrgang 1851, schlägt die Offizierslaufbahn ein und ist lange Zeit verschuldet »wie ein Major«, obwohl er nur den Hauptmannsrang erreicht. Seine Geldverlegenheiten bereiten den Eltern ständig Sorge und Verdruss, bis er, der vielfach musisch begabt ist, als Lehrer an verschiedenen preußischen Kadettenanstalten Fuß fasst. Wie schmerzhaft der Tod des Sechsunddreißigjährigen im Jahre 1887 die Eltern trifft, artikuliert Fontanes Gedicht »Meine Gräber« sehr berührend.

Theodor junior (geboren 1856) ist, was Zielstrebigkeit und seine Laufbahn als Verwaltungsjurist im Heeresdienst angeht, überaus erfolgreich. Man lernt ihn als korrekten, etwas arroganten jungen Mann kennen, als das einzige Familienmitglied mit Abitur und abgeschlossenem Studium. Fontanes Verhältnis zu ihm ist eher kühl; ihn stört das Beamtenhafte an ihm. Seit 1886 ist er mit Martha Soldmann verheiratet; über die Enkel Otto und Gertrud besteht die Familie auch heute noch fort.

Das Nesthäkchen Friedrich (geboren 1864, meist Fuz oder Friedel genannt) geht selbstbewusst seinen Weg, ohne zunächst vom Vater viel Beachtung zu erfahren. Er ist ein cleverer, praktisch veranlagter Junge, der im Verlagsbuchhandel den richtigen Beruf findet und seinen 1888 gegründeten Verlag rasch zu einer potenten Firma ausbaut, einer der wichtigen Verleger für neue Literatur um die Jahrhundertwende wird und auch das Spätwerk des Vaters erfolgreich betreut. Ihm verdankt die deutsche Verlags- und Kulturgeschichte ein bemerkenswertes Kapitel.

Die Fontanes haben bei ihrem reichen Kindersegen (sieben insgesamt) immer auf ein Mädchen gehofft, und das wird erst 1860 geboren: Martha, Mete genannt, der Verzug und das Sorgenkind der Eltern, der aparte Liebling des Vaters, die kränkelnde, depressive Tochter, die geistreiche Plaudergenossin, die angenehme Reisegefährtin und die gescheite literarische Beraterin. Sie heiratet nach Fontanes Tod den zweimaligen Witwer und viele Jahre älteren Architekten und Bauhistoriker Karl Emil Otto Fritsch und lebt bis zu ihrem Suizid 1917 in Waren an der Müritz.

Das Schreiben vom 28. Juli 1889 ist der letzte überlieferte Brief Emiliens an ihren Theo. Jeder der Briefe von 1889 (viermal Fontane, einmal Emilie) ist eine epistolographische Preziose für sich, und zusammengenommen fügen sie sich zu einem rührenden und berührenden Schluss dieses Buches über das Geheimnis der Zuneigung bei so viel subjektiven Polaritäten und objektiven Schwierigkeiten.

Theodor an Emilie Fontane

[Berlin,] Donnerstag
d. 29. Mai 79.

Nur mit ein paar Worten begleite ich die beiden beiliegenden Briefe. Das Wetter ist gleichmäßig sonderbar: Gewitterwind, Regen, Sonnenschein, alles bunt durcheinander. Das ist die 7 Monate lang erhoffte »schöne Jahreszeit«. Uebrigens nicht undankbar; der Winter war schön, nur nicht für Dich. Meinen beabsicht: Besuch bei Frau v. W. hab' ich nun heute wirklich gemacht. Sie war sehr nett und mittheilsam, über Windel betrübt. Er »schneidet« sie jetzt. Ich vertheidigte ihn, indem ich hervorhob: er kann nicht gut anders. Die Charlottenb. Stelle ging ihm an »Katholien« verloren und dies wünscht er nicht sich wiederholen zu sehn. Außerdem aber hat er sich W.'s gegenüber so hundertfältig von seiner unprotestantischen Seite gezeigt, daß er jetzt eine Art Gêne in ihrer Gegenwart empfindet. Frau v. W. gab mir in *beiden* Stükken Recht, Elsy nur in dem zweiten. Vielleicht aber ist gerade das erstre noch ausschlaggebender; – ich find' es nicht tapfer und hochherzig, aber menschlich begreiflich und verzeihlich. Zum Schlusse wurde mir mitgetheilt, daß das Prof. v. Treitschke'sche Paar für meinen Roman schwärmt, besonders *er*, was mir natürlich noch um ein Grad lieber ist als *sie*. »Das sei doch mal ein deutscher Roman, an dem man seine Freude haben könne.« Hat mir natürlich sehr wohl gethan. Es läppert sich schließlich doch so 'was zusammen. Im Urtheil *solcher* Männer: Droysen, Treitschke, Julian Schmidt, Geibel etc hab' ich bisher am besten abgeschlossen. Empfiehl mich. Wie immer Dein

Th. F.

THEODOR AN EMILIE FONTANE

Berlin 11. Juni 79.
Potsd. Str. 134. c.

Meine liebe Frau.

Wenn ich heute schreibe, so ist es eigentlich nur um Dir für Deinen apart netten und liebenswürdigen Brief zu danken. Denn zu berichten ist nichts. Daß Wilbrandts hier waren, hat Dir Mete geschrieben; später kam noch ein junger Schauspieler, ganz wie Ludwig aussehend, den ich noch morgen und am Sonntag beäugeln und bekritteln muß. Er war sehr nett, und sagte: daß wenn er die Wahl hätte zwischen einem Abend im Grünen und im Theater, er erstrem unbedingt auch den Vorzug geben würde. – Was Grete Minde angeht, so verlangst Du zuviel; ich kann nicht täglich ein Bewunderungstelegramm empfangen. Im Ganzen muß ich mit diesem Novellen-Debüt *sehr* zufrieden sein. An Heydens hab ich es noch nicht gegeben, werd' aber nächstens. Es versteht sich von selbst, daß die Freunde die einzigen sind, die es entweder noch nicht gelesen haben, oder wenigstens sich wieder aufs schweigen legen. Ich bin jetzt so weit, und Du wirst es mir vielleicht glauben, daß es mich amüsirt. Z. sagte nach halber, d. h. in Wahrheit nach Viertel- oder Sechszehntel-Lesung »is ganz hübsch, Noel«. Ich will ihm auch *dafür* schon dankbar sein, weil sich doch eine Art von Freundlichkeit darin ausspricht. Er meldet sich; er giebt ein Lebenszeichen. Au fond ist es aber doch *besonders* traurig. Es erwächst nämlich alles aus der Vorstellung, daß ich mit einem Dreier abzuspeisen bin; Ludowika schreibt eine Novelle, Frau v. Below schreibt eine Novelle, Noel schreibt eine Novelle. Novelle ist Novelle, d. h. gar nichts, etwas unsagbar Gleichgültiges und Ueberflüssiges. Daß dies ein Kunstwerk ist, eine Arbeit, an der ein talentvoller, in Kunst und Leben herangereifter Mann fünf Monate lang unter Dransetzung aller seiner Kraft thätig gewesen ist, davon ist nicht die Rede. Es ist so furchtbar *respektlos*, und bestärkt mich in meinen Anschauungen von dem innerlichst niedrigen Standpunkt unsrer sogenannten »regierenden Klassen.« Man spricht immer von Bourgeoisthum; unsre Bourgeois' sind lange nicht mehr die schlimmsten; der niedrige Geist des Bourgeoisthums steckt jetzt in der Militair- und Ober-Beamten-Schicht. Stellung, Orden, Titel, Vermögen, Hofgesellschaft – alles andre ist Kaff. Nun gut; ich setze Verachtung gegen Verachtung, und sage: erst recht Kaff! Uebrigens ist es zum Todtlachen, daß gerade Z., so lang ich ihn kenne, immer von »Fahne hoch halten« und »Wahrung der ideellen Interessen« spricht. Alles Larifari. Ich wiederhole, meinen Verbitterungsstandpunkt hab ich längst aufgegeben; aber wahr ist wahr. Ich seh die Dinge wie sie liegen; von Verranntheit und Schwarzseherei keine Spur.

Heute läuft alles mit »Kornblumen« im Knopfloch herum. Es ist eine lederne Blume, *blos* blau, ohne Duft, ohne Schönheit, ohne Poesie. So recht wie geschaffen für uns; irgendwo müßte sie noch einen rothen Hosenstreifen haben. Zahllose langbeinige Lieutenants, mit ihrem mephistohaften langen Krötenspieß an der Seite, die ganzen Kerle überhaupt wie hagre karrikirte Spanier aussehend, laufen in der Potsdammer Straße auf und ab und zwingen mich wieder zu einem beständigen Kopfschütteln. Und das findet man fein und schön! Ich habe kein Organ für all dies Wesen und mir wird immer erst wieder wohl, wenn ich von 10 bis 3 Uhr Nachts mit meinem Freunde Stanley um den Victoria-

Nyanza-See herumfahre und in der Schilderung seiner Erlebnisse die Stimme der Natur zu hören glaube. Da ich meine Orden schon vor 10 Jahren nur für den Zahnarzt hatte, so kannst Du nicht sagen, daß dies alles blos Anwandlungen oder gar Verstimmungen seien. Im Gegentheil; ich fühle mich sehr wohl dabei.

Die Abschrift hast Du einzupacken vergessen; ich erhalte sie wohl morgen.

Den Brief der Stockhausen schließe ich wieder bei, weil ich nicht will, daß Mete ihn von ungefähr unter meinen Papieren findet. Die Weiber bleiben sich doch immer gleich. Anstatt ihrem unschuldigen Julius, diesem Lamm, einen Nasenstüber zu geben, hechelt sie an Meten herum. Dabei ist die Bezeichnung »Schöngeist« nicht mal richtig; geistreich ist sie und etwas esprit fort; beides ist besser als »Schöngeist«, was nach Blaustrumpf und Blümchenkaffe schmeckt. Uebrigens thut dies meiner Liebe zu Frau Clara keinen Abbruch; sie hat sich nur, all ihrer Decidirtheit unerachtet, nicht die rechte Stellung zu geben gewußt. Moral: man heirathe keine berühmten Tenöre, oder aber man kratze sie wie Frau Niemann-Rabe. Und nun lebe herzlich wohl. Wie immer Dein

Th. F.

Uebermorgen ist bei Heydens Geburtstag.

Theodor an Emilie Fontane

Berlin 15. Juni 79.
Potsd. Str. 134. c.

Meine liebe Frau.

Es ist sehr freundlich von Dir, daß Du so oft schreibst, aber ich erwart' es nicht und entbinde Dich feierlichst davon; denn wenn *ich* schon nicht viel Stoff habe, so hast Du natürlich noch weniger. Ausmalungen im Stil Stiftterscher Studien waren nie Deine Sache. Deinen heutigen Brief gab ich, wie jeden, an Mete zum Lesen; sie revanchirte sich klugerweise dadurch, daß sie Dich bei Tisch besonders lobte und mir auseinandersetzte, wie sehr Deine Form des Esprit der unsres Theo überlegen sei. Es war alles druckfertig, und ich hinkte mit meinen Betrachtungen nur nach. Was Du schreibst, ist ja richtig, und sie ist selber klug genug, um das einzusehn; es ist auch ganz in der Ordnung, daß Du's nicht leiden willst und Dich mal auf mal dagegen auflehnst. Nur nimmst Du's um ein paar Grade zu feierlich; Du machst – nicht im Einzelnen – aber im *Ganzen* mehr davon als nöthig ist. Die Kinder sind alle respektvoll, aber nicht respektlos, und wir können mit *dem*, was uns nach dieser Seite hin zugefallen ist, ganz zufrieden sein.

Vielleicht sollte man überhaupt zufriedener sein, auch ich, der ich doch eigentlich nicht zu den Unzufriedenen gehöre. Aber ich ertappe mich jetzt beständig auf großen und kleinen Verbittertheiten, mindestens auf innerlichen Kopfschüttelungen. Ich habe nun mit zwei großen und ernsten Arbeiten Glück gehabt und doch auch wieder gar kein Glück. Und dies zieht sich durch meine ganze literarische Laufbahn von Anfang an. Denke an meine »Männer und Helden«, die mich auf einen Schlag zu einer kleinen Berühmtheit machten; an drei, vier Stellen wurden sie zu gleicher Zeit gedruckt, der Tunnel hatte gejubelt, in Theatern und öffentlichen Lokalen wurden sie gesungen, und G. Schwab bedauerte in einer Vorrede, »daß er die Bekanntschaft dieser Lieder im »Morgenblatt« zu spät gemacht habe, um sie noch in seine Sammlung aufnehmen zu können.« Seitdem sind sie volksthümlich geworden und die Lieder vom alten Zieten und Derfflinger stehen in allen Anthologieen. Und nun vergleiche damit, was ich davon gehabt habe. Ich meine nicht an Geld, nein, auch an Ehre,

Namen, Anerkennung. Die wenigsten wissen, daß ich diese Sachen geschrieben habe. Dies Schicksal begleitet mich nun durch dreißig Jahre. Die Sachen von der Marlitt, von Max Ring, von Brachvogel, Personen die ich gar nicht als Schriftsteller gelten lasse, erleben nicht nur zahlreiche Auflagen, sondern werden auch wo möglich ins Vorder- und Hinter-Indische übersetzt; um mich kümmert sich keine Katze. Es ist *so* stark, daß es zuletzt wieder ins Lächerliche umschlägt. Und das rettet mich, sonst würd' ich leberkrank. […]

Fahre fort Dich bei guter Luft und guter Pflege zu erholen, und schreibe nur wenn Dir so ist. Wie immer Dein

Th. F.

Theodor an Emilie Fontane

Berlin 25. März 80.
Potsd. Str. 134. c.

Meine liebe Frau.

Dein Brief vom 23., Dinstag, den ich heute Donnerstag erhielt – die Briefe gehen merkwürdig langsam – hat mich recht erfreut. Ich sehe doch im Ganzen einen guten Einfluß: Ruhe. Und Ruhe ist das Beste. Wegen der Witterung würd' ich mir an eurer Stelle keine Sorge machen; gerade weil der März so ganz märzlich ist, werden wir einen guten April haben, vielleicht ein paar Regentage, aber im Ganzen doch Milde. Und Milde ist fast so gut wie Ruhe. Habt ihr Glück, so wird das letzte Drittel eures Aufenthalts schon erquicklich und anmuthig sein. Schreibe mir nur Deine kleinen Erlebnisse und Beobachtungen; Du weißt, mich interessirt alles.

Mit mir geht es etwas besser. Ich muß in den letzten anderthalb Wochen eine Art Gallenfieber oder dem ähnliches gehabt haben; leider liegt es aber so, daß ich nicht verstimmt bin aus Galle, sondern gallig aus Verstimmung. An und für sich bin ich der ungalligste Mensch von der Welt; aber das Leben packt mir so viel kleinen Aerger auf, daß auch meine gar nicht auf Galle gestellte Leber ein Treibhaus-Beet wird, drauf sie üppig gedeiht. Der Aerger als Mist. Was er wirklich ist. Ich kann übrigens auch heute noch nicht sagen, daß ich mich bei den zurückliegenden Scenen vergallopirt oder irgend etwas übertrieben hätte. Das Geheimniß ist: man muß in Preußen etwas äußerlich *sein* oder *haben*. Nun weißt Du leider so gut wie ich, daß ich weder etwas bin, noch etwas habe. Und danach richtet sich der Ton der Menschen, mit denen man verkehrt. Überall prävalirt ein Standes- oder ein Bourgeoisgefühl, und ich kenne keinen, der sich ganz davon frei hielte. Ich habe das übrigens auch schon früher im Leben beobachtet und in Situationen wo nicht *ich* der Betroffene war, sondern *andre*, also in Fällen, wo von Voreingenommenheit und persönlicher Reizbarkeit gar nicht die Rede sein konnte. Mein Leben hat in dieser Beziehung viele Vergleichspunkte mit Scherenberg; in die Bewunderung oder doch mindestens Anerkennung seines Talents mischte sich immer Mitleid und Achselzucken, weil er ein armer Teufel war und blieb. Er war nur glücklicher und schlauer organisirt als ich und trug es mehr comme philosophe. Vielleicht liegt es auch darin, daß ich ein starkes Gefühl habe, mehr Ansprüche machen zu dürfen, als er. Ob als *Poet* mag zweifelhaft sein, denn er hat Einzelnes geschrieben, das sich neben das Beste stellen darf, aber aufs Ganze hin angesehn, bin ich ihm sehr über. Er war einseitig und verrannt und stand ganz außerhalb des Lebens und seiner Ansprüche.

[…] Ergeh es Dir gut. Wie immer

Th. F.

Emilie an Theodor Fontane

Berlin. d. 24. Juni. 81.

Geliebter Theo.

Endlich heut ist beifolgender Brief von George eingetroffen, es scheint demnach eine Karte verloren gegangen zu sein. Ueber den Schweitzer monnaie point schreibst Du ihm wohl; es ist schwer, denn macht G. Geschenke als Revanche, dann macht S. erst recht welche.

Gestern habe ich, nachdem ich Meten geschrieben, angefangen unsre Briefe zu lesen, resp. zu vernichten. Es ist ein schweres, ernstes Stück Arbeit u. mir war nach einigen Stunden Lektüre als könnte ich mich garnicht wieder in der Gegenwart zurecht finden u. als ich zu Jenny kam, war's mir immer als müßte ich sagen: denke mal, was mir Theodor geschrieben hat. Ich fuhr nämlich gegen Abend zu ihr u. fand sie recht gallenleidend, aber auch dabei amüsant; sie ging sehr nett darauf ein als ich ihr sagte, daß ich eigentlich aus »Letschin« käme u. wir ergingen uns in Erinnerungen. […]

Wie immer

Deine Alte.

Theodor an Emilie Fontane

Thale a/H 25. Juni 81.
Hôtel Zehnpfund.

Meine liebe Frau.

Habe Dank für Deine freundlichen Zeilen und die beigeschlossenen Briefe. Daß Du die Durchsicht der alten Correspondenz vorgenommen, ist gut, aber vertiefe Dich nicht zu sehr darin; es hat etwas von dem träumerischen Rausch, der einen jedesmal überkommt, wenn man Grabsteine liest, die von gelben Studentenblumen und allerhand andrem Blumen-Unkraut überwachsen sind. Ein Genuß und eine Trauer, und es ist schwer zu sagen, wovon mehr. Bei mir kommt in solchen Momenten Gott sei Dank immer noch ein Gefühl dankbarer Befriedigung hinzu, das Bewußtsein, den Kreislauf der Leben heißt, im Ganzen genommen freud- und nutzvoller erschöpft zu haben, als tausend andre. [...] Wie immer Dein alter

Th. F.

Theodor an Emilie Fontane

Berlin 19. Juli 82.
Potsd. Str. 134.

Meine liebe Frau.

Du hast Dich oft auf diesem »champ d'honneur« mit Ruhm bedeckt, aber nie so wie diesmal. Das alles in 3 Tagen! Es ist eine Fleißesleistung, die an Deine 18 jährige Zeit, an die Zeit der Billetfabrikation erinnert.

Sei nochmals bestens bedankt.

Ich glaube nicht, daß Du mit Deiner Ausstellung hinsichtlich Schachs Recht hast. Wär es so, so wär es schlimm, denn damit steht und fällt die ganze Geschichte. Leg es Dir noch einmal zurecht. Darauf, daß es *thatsächlich* geschehen ist und auch aus *dem* Grunde geschehen ist, den ich als Hauptgrund anführe, *da*rauf leg ich kein Gewicht. Es zeigt aber doch wenigstens *so* viel, daß dergleichen bei einem im Ganzen genommen durchaus gesund organisirten Menschen vorkommen *konnte*. Ich geh aber einen Schritt weiter und find' es vollkommen erklärlich. Er hat mit der

Mutter getechtelmechtelt (was *auch* mitwirkt) und hat hinterher in einem unbewachten Moment die mindestens in Frage gestellte Schönheit Victoirens über ihre große Liebenswürdigkeit und einen gewissen ihr verbliebenen Reiz vergessen. Nun soll er sie heirathen. Er schwankt, endlich will er's, weil er's wollen *muß*: die Mutter verlangt es, sein eignes Rechtsgefühl verlangt es, der *König* verlangt es. Dies Letzte giebt den Ausschlag, er muß nun *unbedingt*. Zugleich empfindet er, daß *er*, der eitle, stolze Mann, der ohne die Bewunderung der Welt und seiner Kameraden nicht leben kann, sich für immer zur Lächerlichkeit verurtheilt sieht, wenigstens erscheint es ihm so, und nicht aus noch ein wissend, erschießt er sich, nachdem er durch den Trauakt seinen faux pas rectificirt hat. Mir leuchtet das Ganze vollkommen ein, mindestens doch so wie der Tod des Hofmanns, der sich erschoß, weil er sich bei der Whistparthie mit 2 Kaisern und einem Könige, das Mindeste zu sagen »unanständig aufgeführt hatte.« Die Furcht vor dem Ridikül spielt in der Welt eine kolossale Rolle.

[…] 1000 Grüße von Deinem

Th. F.

Theodor an Emilie Fontane

Norderney 12. Aug. 82.
Marienstraße 3.

Meine liebe Frau.

Zu meinem Thee hab ich eben für 7 ½ Sgr. Kuchen gegessen, was ungeheurlich klingt, aber noch lange nicht so viel war wie eine halbe Zweigroschenbretzel; in einem semmelmüden Zustand (sick of it) mußt' ich eine solche Veränderung eintreten lassen, und fühle mich auch wohl danach. Die Verpflegungsverhältnisse sind hier sehr merkwürdig; mein Hauptnahrungsmittel ist »Gerstensuppe«, ein nationales Gericht, unsrer Graupensuppe aus Hammelfleisch, sehr ähnlich, aber noch kräftiger.

Das kleine Diner bei Kn.'s verlief gestern sehr angenehm; sie sind alle – namentlich auch *sie*, die Gräfin, – von großer Liebenswürdigkeit, einfach und natürlich, und in politischen Dingen ungeheuer »freiweg«. Wie ganz anders sind doch diese Leute als der märkische Durchschnitts-Adel, von dem, im Ganzen genommen, leider all das wahr ist, was Stein vor 80 Jahren über ihn gesagt hat. Sie sind eingebildet (man weiß nicht recht worauf), beschränkt, und im Ganzen genommen ruppig. Selbst von ihren speziellen militairischen Tugenden zu sprechen, ist lächerlich; jeder gesunde Mensch, der in bestimmten soldatischen Anschauungen von Jugend auf trainirt wird, giebt auch schließlich einen guten Soldaten ab. So war es schon vor 2000 Jahren und so ist es noch. Die Arnims sind die einzige Familie, die als *Familie* (ausgezeichnete *Individuen* kommen natürlich auch in den andern vor) eine Ausnahme machen. Die Schulenburgs, Alvenslebens, Knesebecks – die zu den guten gehören – sind schon keine richtigen Märker mehr, sie haben den Stempel der rein deutschen Niedersachsen, die das große Gebiet zwischen Elbe und Weser inne haben. Uebrigens steht dies in durchaus keinem Widerspruch zu meinen 4 Bänden »Wanderungen«; ich habe überall liebevoll geschildert, aber nirgends glorificirt, nicht einmal meinen Liebling Marwitz. Ich habe sagen wollen, und habe wirklich gesagt: »Kinder, *so* schlimm wie *ihr* es macht, ist es nicht« und dazu war ich berechtigt; aber es ist Thorheit, aus diesen Büchern herauslesen zu wollen: ich hätte eine Schwärmerei für Mark und Märker. *So* dumm war ich nicht. [...]

Emilie an Theodor Fontane

[Berlin,] d. 14. Juni. [1883]

Liebster Mann.

Instehend mein »Gequatsch« wie es mir, nach dem Abschreiben in die Feder kam; ich wollte es Dir erst nicht schicken, aber warum nicht? kleine Pferde machen auch …. u. Du siehst doch mein warmes u. ängstliches Interesse an Deiner großen Arbeit.

Das gestrige Diner war sehr, sehr hübsch u. ich empfand wieder einmal, daß mir Gesellschaft u. Menschen recht fehlen u. unsre Lebensweise eine mir nothwendig aufgedrungene, keine nach Wunsch u. Geschmack gewählte ist. Aber ich habe kein Bedauern mehr darüber, nur eine Kritik. Ich saß zwischen Lazarus u. Heyden, außerdem waren Türkheims, Zöllners u. Wolfs da; es herrschte ein harmloser, angenehmer Ton u. ich hatte den angenehmsten Eindruck, auch der Zugehörigkeit. Beifolgenden Brief von Meten fand ich noch als Extra-Dessert beim Nachhausekommen vor. Ich freue mich, daß die beiden armen Weibsen mal wieder unter Menschen kommen. (Bei »mal« von Dir adoptirt, fällt mir eine Schreibweise, die mir in dieser Arbeit neu erscheint u. sich oft wiederholt ein, Du schreibst so oft: von … *her*, von … *hin*, kurz, nach meiner Dummheit, braucht es oft *garnicht* da stehn.)

Heut werde ich mit der Abschrift fertig. Wir sind schon wieder in Wien. Ich bitte nochmals nichts für ungut zu nehmen, aber *ganz* Schweigen, wie ich erst wollte, hätte Dich doch stutzig gemacht u. da ich zum *großen* Publikum gehöre, so werde ich auch hoffentlich mit meinen Ausstellungen Unrecht haben. Ergeh es Dir gut. Von Morgen an, mache ich Besuche, vor allem bei Frau Lessing u. Herz.

In alter Verehrung Deine … lise

E. F.

[Auf den Seiten 2 und 3 das angekündigte »Gequatsch«:]

Ich muß mich natürlich jedes Urtheils enthalten, bis auf die Detail-Schilderung die schön, gewiß noch schöner ist, wenn man sie liest, u. nicht mühsam Wort für Wort schreibt. Die Handlung, Exposition fehlt mir; F. u. E. können doch nicht gleich in Liebe verfallen? er wirkt außerdem schemenhaft, man würde nicht begreifen, daß er kam, sah u. siegte. Sein Selbstgespräch: Weiter oder Rückzug? wirkt *zu* leidenschaftslos u. zu sehr *wie* von einem, der zu rechnen gewöhnt ist. Der Schluß des Kapitel's, wo er seine Stellung zu ihr in Erwägung zieht [ist] doch fast zu zurecht gemacht u. gruslich. Aber wie gesagt, ich komme durch das Abschreiben immer am schlechtesten fort.

Wenn F. so gleich dem ersten, besten, den sie sieht, zum Opfer fällt, dann muß der alte Graf ein schlechter Menschenkenner gewesen sein, daß er einen solchen Feuerbrand auf seine alten Tage nehmen konnte; die Liebe der beiden, *wenn* eben nichts in den ersten Kapiteln vorausgeht, erscheint so abrupt, daß man nicht recht daran glaubt. Dazu ist F. zu, ich weiß nicht wie geschildert, zu sehr Welt, Menschen etc. kennend, u. resignirt, nicht wie ein frischer Springquell. Doch ich schwatze u. weiß nichts. – Schrecklich für mich ist die immer wiederkehrende Abkürzung von: wurde in wurd'; es sieht auch schon so schlecht aus. Liebesschilderungen, merkt man Dir doch zu sehr an, sind nicht Deine Sache; ein *Tröpfchen* von Storms »Bibber« könnte meinem Geschmacke nach nicht schaden.

Theodor an Emilie Fontane

Thale a.H. 15. Juni 83.
Hubertusbad.

Liebe Frau.

Besten Dank, auch für das was Du ohne Noth als »Quatsch« bezeichnest, es ist alles ganz verständig und wahrscheinlich, mit einigen Einschränkungen, auch richtig. Ich kann liebevollen Tadel sehr gut vertragen, ja er braucht noch nicht mal liebevoll (wie es der Deine ist) zu sein; nur Tadel der nicht blos unliebevoll, sondern auch unverständnißvoll und eigentlich unehrlich ist, *den* kann ich nicht vertragen, am wenigsten dann, wenn er sich auch noch mit Anmaßung oder doch wenigstens mit Ueberlegenheits-Allüren paart. Ueberlegenheit: Wer hat *die*? Die ganz Wenigen, die sie vielleicht haben dürften, die wissen wie schwer Kunst ist und machen, im Letzten und Innersten bescheiden, keinen Gebrauch davon. Ich habe jetzt den ersten Band Zola durch. Hundert Tollheiten, Unsinnigkeiten, Widersprüche hab' ich notirt, dabei ist das Ganze seinem Geist und Wesen nach tief anfechtbar (*nicht* vom Moral-Standpunkt aus) und doch bin ich voll Anerkennung und vielfach auch voll Bewunderung. Wenn mich einer *so* tadeln wollte, wie ich Zola tadle, so wollt' ich ihm den Droschkenschlag aufmachen. Die Hand ihm küssen, ist mir, bei der Unsicherheit der Hände, um einen Grad zu viel. Einiges von Deinen Ausstellungen wird sich erledigen, aber nicht viel. Egon und Franziskas Verhältniß spukt schon in den ersten 12 Kapiteln stark vor; er macht sich nicht viel aus ihr, aber sie liebt *ihn* vom ersten Augenblick an, was sich darin zeigt (und dies ist durch die ganze Arbeit durchgeführt) daß sie in seiner Gegenwart immer nervös ist und sofort in eine pointirte, halb leidenschaftliche Sprechweise verfällt. Im Uebrigen weiß ich sehr wohl, daß ich kein Meister der Liebesgeschichte bin; keine Kunst kann ersetzen, was einem von Grund aus fehlt. Daß ich aber den Stormschen »Bibber« *nicht* habe, das ist mein Stolz und meine Freude: Storm ist ein kränkliches Männchen und ich bin gesund trotz meiner äußren Kränklichkeiten. »Her« und »hin«, »wurd'« etc. das sind Bagatellen. Alles hängt natürlich an den Charakteren Franziskas und des alten Grafen; Du stellst Dich zu Beiden nicht richtig, was aber freilich partiell wenigstens meine Schuld sein mag. Im Ganzen schilderst Du den Charakter F.'s richtig, *aber so soll sie sein.* Und was den alten Grafen angeht, so will er nichts als unter »Beobachtung aller Dehors« eine geistreiche pikante Person um sich haben. Er berechnet nicht klug genug, daß dies seinem im Ehrenpunkte schließlich doch sehr diffizilen Charakter gegenüber, auf die Dauer nicht geht, und *an diesem Rechenfehler geht er zu Grunde.* Einen Tugendspiegel heirathen zu wollen, davon ist er weit ab. Du sagst »Du seiest großes Publikum«, dies aber drückt Deine Stellung solchen Dingen gegenüber doch nicht scharf genug aus. »Großes Publikum« bist Du *des*halb nicht, weil Du en détail einen sehr feinen künstlerischen Sinn hast, aber Du bist allerdings wie die meisten Frauen eine conventionelle Natur. Im Leben ist dies ein Glück, aber zu Beurtheilung von Kunstwerken, deren Zweck und Ziel ist sich *über das Conventionelle zu erheben*, zur Beurtheilung solcher Kunstwerke reicht natürlich der Conventionalismus nicht aus. Er ist das Gegentheil ihrer selbst. So richtig Du alles verstanden hast, so seh ich doch, daß Du meinen Intentionen gar nicht gefolgt bist und nicht blos die Geschichte, sondern auch die beiden Hauptpersonen mit einer der landläufigen Novellenliteratur entnommenen Alltags-Elle ausmißt. Natürlich werden das die *andern* Leser erst recht thun. Du wirst es aber begreiflich finden, wenn ich sage, daß dies gar keinen Eindruck auf mich machen kann; das Kunst- und Erkenntniß-Vermögen jener »andren« (the Million) liegt eben weit hinter mir. Leider bin ich äußerlich nicht in der Lage, dies alles vornehm leicht nehmen zu dürfen, aber wenn ich nur noch 7 Jahre lebe, was doch möglich, so werd' ich *doch* durchdringen. In einigen Köpfen fängt es bereits an zu tagen.

Marthas Brief ist sehr nett; ich freue mich auch aufrichtig, daß beide Freundinnen ihre Einsamkeitstage so nett unterbrochen sehn. Aber Wildunger soll sie nur weiter trinken; das wirkt immer erst nach. – An Frau v. H. hab ich eben geschrieben; wenn es irgendwie paßt, so sag' ihr doch, sie sollte mir nicht antworten. »*Eine* boucle ist genug.« Es genügt, wenn *er* eine Zeile schreibt. Braucht aber auch nicht. Daß der Geburtstag so hübsch war, hat mich gefreut. Aber »Haus-machen« ist nicht immer so nett. Gruß euch allen. Wie immer Dein

Th. F.

Theodor an Emilie Fontane

Nordernei 19. Juli 83.
Marien-Straße 3

Liebe Frau.

Die Regenstunden in Emden nahmen also endlich ihr Ende und um 1½, ziemlich pünktlich, ging das Schiff. Natürlich ein »Kaiser Wilhelm«, aber ein Klapperkasten, der nicht 86 Jahr alt werden wird. Etwa 20 Passagiere an Bord. Ich befreundete mich erst mit einer sächsischen Familie aus Weißenfels, dann mit einer jüdisch-polnischen aus Posen oder Warschau. Der sächsische Herr mit Frau u. drei Kindern hatte den amüsanten, mir äußerst sympathischen Zug, den fast alle Sachsen haben: gut gelaunt, etwas witzig, etwas humoristisch und voll schelmischer Selbstironie. Er bestellte sofort 5 Tassen Kaffe. Als diese kamen, beiläufig wahre Riesenexemplare (sogenannte Bowlen) sagte ich ihm: »ich hätte ihn gleich wiedererkannt, aber Gewißheit hätte mir erst der Kaffe gegeben; gestern Abend 5 große Tassen in Leer, heute 5 noch größere an Bord.« Er lachte und sagte: »Gott, ich bin ein Sachse; dem müssen Sie in *diesem* Punkte schon was zu gute halten.« Als ich ihm darauf erwiederte: »ich hätte es kaum herausgehört; er mache von seinem Sächsisch einen sehr diskreten Gebrauch«, antwortete er: »Gott, wir sind auch nicht von den Schlimmsten; wenn wir nach »Leipz'g« kommen, so lachen wir.«

Die jüdisch-polnischen Leute verfügten über einen reizenden Sprachenfond (auch wohl noch über andre Fonds); unter sich sprachen sie polnisch, was beiläufig sehr schön klingt, mit der Erzieherin französisch, und mit dem Rest der Menschheit deutsch. Die alte Dame war sehr verbindlich gegen mich. Was früher die jungen Damen an mir versäumt haben – worüber ich jetzt sehr milde und beinah dankbar denke – holen die alten nach. Beiden liegt wohl ein richtiger Instinkt zu Grunde: die jungen fühlten heraus, daß Liebe nicht meine Force war, und die alten fühlen jetzt heraus, daß ich ein artiger und amüsabler alter Herr bin. Irgendwie kommt man immer auf seine Kosten.

Die Fahrt ist langweilig und eigentlich eine Geduldsprobe, besonders deshalb, weil man, wenn man schon da zu sein glaubt, festsitzt und halbe Stunden lang, oft viele Stunden lang, auf Fluth warten muß. So ging es auch gestern, aber doch nicht so schlimm wie im vorigen Jahr. Bald nach 6 konnt' ich die Kirche, das Conversationshaus, die Knyphausensche Villa deutlich erkennen und um 7½ legten wir an dem Pier an. Ein Junge nahm mein Plaid und so steuerten wir auf die Marienstraße zu. N° 3, in dem im vorigen Jahr ein beständiges Trepp auf und ab war, hatte etwas von einem Mausoleum; ich ließ mich durch diesen Eindruck aber nicht stören und miethete von einer kleinen »Schließerin« aus West-Accummersiel die vorjährige Wohnung unter den vorjährigen Bedingungen. Sie, die Schließerin, war durch Frau Capitain

Warneke bereits unterrichtet und zeigte sich freundlich, artig, verständig, was ich so gern habe.

Nach einer kleinen Säuberung ging ich nun in die Stadt, um einige kleine Einkäufe zu machen, zwei Karten zur Post zu geben (eine an die Kreuz-Ztng.) und in Schuchardt's Hôtel zu Abend zu essen.

Erst in die Apotheke. Hier traf ich Herrn Apotheker Ommen in Person, einen stattlichen Friesen von Bildung, Manieren und Distinktion. Eine Inselgröße. Ich bat um ein Fläschchen Esprit de Menthe und bestellte mir für heut ein großes Oxycroceum-Pflaster. Bei der Gelegenheit nannte ich ihm meinen Namen und begann diesen wie gewöhnlich zu buchstabiren. Er lehnte dies aber mit einer verbindlichen Handbewegung ab und sagte nur, halb fragend halb sich verneigend »*Theodor* Fontane« mit Betonung des Vornamens. Als ich nun meinerseits nickte und so zu sagen meinen Prinzen-Stern zeigte, murmelte er allerlei dunkle Huldigungsworte, so daß ich die Apotheke mit dem Gefühl verließ, den größten Triumph meines Lebens erlebt zu haben. Und dies ist nicht etwa scherzhaft, sondern ganz ernsthaft gemeint. Du weißt, wie mißtrauisch und ablehnend ich in diesem Punkte bin. Dies war aber *wirklich* 'was und wiegt mir drei Orden auf, denn Anerkennung, Freude, ja selbst Respekt (*der* Artikel also in dem man ganz besonders und bis zur Ungebühr zu kurz kommt) sprachen sich in dem Benehmen des Mannes aus. Dies lange Schreiben darüber mag etwas Komisches haben, ich befinde mich aber in der Lage eines jungen Mädchens, die sich gestern Abend verlobt hat und ihrer Freundin über diesen Lebensakt berichtet.

[…] Und nun Ade. Habe gute Tage, grüße die Kinder. Wie immer Dein alter

Th. F.

THEODOR AN EMILIE FONTANE

Norderney 23. Juli 83.
Marienstraße 3.

Madame

Madame »la plus gracieuse physiquement et moralement.«

Ich will mit der Liebeserklärung beginnen, daß die Desteuque beinah Recht hat. Du bist, nicht nur Deiner thatsächlichen Abstammung, sondern auch Deinem ganzen Menschen nach, halb aus Beeskow und halb aus Toulouse. Hast Du Deinen Toulouser Tag, so hat die Desteuque vollkommen recht, hast Du Deinen Beeskower so hapert es. Ich bin Dir aber das Zeugniß schuldig, daß, wenn nicht kleine Verhältnisse Dich niederdrücken, der Toulouser Tag vorherrscht. Am toulousesten bist Du, wenn gut Wetter im Kalender steht, in Deinem eignen Hause. Unter Fremden, wenn sie fein, klug und vornehm sind, bist Du mehr oder weniger befangen und wenn sie trivial sind, gehst Du sofort auf ihre Trivialitäten ein und wirst kleinstädtisch und spießbürgerlich. Uebrigens hat sich das Letztre in neuster Zeit erheblich gebessert. [...]

THEODOR AN EMILIE FONTANE

Norderney 8. Aug. 83.
Marienstraße 3.

Liebe Frau.

Heute bin ich 3 Wochen hier und der Tag leitete sich durch einen Brief von Dir, auf den ich nicht einmal gerechnet hatte, angenehm ein.

Du beklagst Dich über meine Weitschweifigkeit. Ja, was ist

darauf zu sagen? Eigentlich nichts, was nicht schon längst gesagt wäre. Alles in allem ein wundervoller Stoff, um *aufs Neue* in Weitschweifigkeit zu verfallen. Du weißt, daß ich auf solche Kritiken immer gleich eingehe und so bestreite ich auch diesmal nichts oder doch nicht viel. Es ist aber doch ein Unterschied, ob ich nervös und dröhnig nach einem gleichgültigen Wort suche oder ob ich weitschweifig bin d.h. über den linken Hinterfuß eines Flohs eine Abhandlung schreibe. Das Dröhnen ist unter allen Umständen eine Tortur für die Hörer und sans phrase ein Fehler, eine Ungehörigkeit; die Weitschweifigkeit aber die ich übe, hängt doch durchaus auch mit meinen literarischen Vorzügen zusammen. Ich behandle das Kleine mit derselben Liebe wie das Große, weil ich den Unterschied zwischen klein und groß nicht recht gelten lasse, treff ich aber wirklich mal auf Großes, so bin ich ganz kurz. Das Große spricht für sich selbst; es bedarf keiner künstlerischen Behandlung um zu wirken. Gegentheils, je weniger Apparat und Inscenirung, um so besser. Ich kann also unter Einräumung des Thatsächlichen den Fehler, der in dem »Auspulen« stecken soll nur sehr bedingungsweise zugeben. »Wär' ich nicht Puler, wär' ich nicht der Tell«. Daß diese Pul-Arbeit vielen langweilig ist und immer war, davon hab' ich mich in meinem Leben genugsam überzeugen können; ich hab' aber nicht finden können, daß all diese Dutzendmenschen, die durch die Nase gähnten, intressanter waren als ich. Dann und wann find' ich einen, freilich selten, der Geschmack an mir findet, und da dies in der Regel keine schlechten Nummern sind, so muß ich mich trösten. Herwegh schließt eins seiner Sonette (»An die Dichter«) mit der Wendung:

> »Und wenn einmal ein *Löwe* vor Euch steht,
> Sollt Ihr nicht das *Insekt* auf ihm besingen.«

Gut. Ich bin danach Lausedichter, zum Theil sogar aus Passion; aber doch auch wegen Abwesenheit des Löwen.

[…] Grüße die Jungens und Meten. Wie immer Dein

Th. F.

THEODOR AN EMILIE FONTANE

Norderney 12. Aug. 83.
Marienstraße 3.

Liebe Frau.

Heute werd' ich mich kurz zu fassen suchen, vielleicht weil ich eine große Nachricht habe, und wie ich Dir neulich schrieb, die Kürze bei mir immer nur beim »Großen« [*Korrigiert aus:* anfängt] eintritt. Zunächst aber besten Dank für Deine zwei Karten von Donnerstag und Freitag. Daß Theo wieder da ist, ist ganz gut für Dich, er bringt doch etwas Zerstreuung und Berliner Unterhaltungsstoff ins Haus. Daß die Katholikin ausbleibt, ist recht gut. Ich bin in nichts ein Prinzipienreiter und so recht einer, der ein Verständniß und meist auch ein liking für Ausnahmefälle hat. Das hebt aber den alten Satz nicht auf: besser ist besser. Je älter ich werde, je mehr bin ich für reinliche Scheidungen, Haare aparte und Cotelette aparte. Jude zu Jude, Christ zu Christ, und natürlich auch Protestant zu Protestant. Geschieht das nicht, so heißt es immer einmal: »richtiger alter Jude«, »richtiger alter Katholik« etc. Ich habe vieles erlebt, daß [!] mir eine tief-innerliche Freude gemacht hat: die Herausreißung Deutschlands aus der politischen Misere, die Mündigwerdung des Volks, die Säuberung d. h. Sauberwerdung Berlins, das Aufhören der Pfennigwirthschaft und der damit innig zusammenhängenden Gesinnungsruppigkeit etc. etc. Zu diesen Herrlichkeiten, an denen meine

Seele lutscht wie an einem Bonbon, gehört auch der immer mehr zu Tage tretende Bankrutt der Afterweisheit des vorigen Jahrhunderts. Das Unheil, das Lessing mit seiner Geschichte von den drei Ringen angerichtet hat, um nur *einen* Punkt herauszugreifen, ist kolossal. Das »seid umschlungen Millionen« ist ein Unsinn. Hoheitsaufgaben, die doch nicht gelöst werden können, verwirren die Menschheit nur. Ganz ganz allgemein aufgestellt sind unerfüllbare Sätze wie »liebet eure Feinde« groß und segensreich. Denn der Einzelne kann sich daran in den Himmel hineinstrampeln. Und ich bewundre es dann. Aber so wie das praktische Leben für den Alltagsgebrauch danach eingerichtet werden soll, gerathen wir in die Nesseln und schreien au.

Daß Du mit meinen Kapiteln (vielleicht hat es sich inzwischen schon wieder geändert) einverstanden bist, freut mich sehr. Ach, wenn es nur erst eingepackt und auf dem Wege nach Stuttgart wäre.

[…] Und nun lebe wohl, grüße die Kinder, insonderheit auch den Sommerlieutenant. Wie immer Dein alter

Th. F.

EMILIE AN THEODOR FONTANE

Berlin. d. 11. Juni. 84.

Mein lieber Theodor.

Auch heut keine Nachricht von Meten; ich vermuthe es ist ein Brief oder Karte verloren gegangen. Ich wollte Dir gestern schreiben, da kam Jenny u. nach dem sie ein Stündchen hier war, nach ½ Jahr noch 2 Billets; Lischen war leider ausgegangen, Jenny machte sich schnell auf um ihrer Tochter das eine Billet zu bringen u. ich machte mich zögernd zur Oper zurecht. Noch auf der

Straße u. als ich eben in den Omnibus steigen wollte, kam Lischen, machte die üblichen öden Redensarten u. fuhr ab. Nachdem ich mit Fuz zur Nacht gespeist, ging ich noch mit ihm zu Müller-G. die uns zum Sonnabend um 2 Uhr zu einer Landparthie nach Saatwinkel eingeladen haben; ich werde mit Theo die Parthie mitmachen, auch Lischen wenn sie noch hier ist u. Friedel wird nach kommen. Sie erzählten uns das Lipperheide'sche Gartenfest neulich hätte zwischen 3 bis 4000 Mark gekostet! Ja, die verschiedenen Zahlen. Dagegen kommen sich nun wieder M.-G. arm vor u. wie reich mögen *wir* wieder so Manchem erscheinen.

Deine Briefe erfreuen mich, vor allem, daß Du endlich gewillt bist, Dir ein wenig Muße zu gönnen; thue es aber auch, Du bringst es dann mit ausgeruhten Nerven reichlich ein u. Du hast es zu nöthig. Wenn Du nur recht nette Menschen findest, mit denen Du Dich ausreden kannst u. die die Freude haben u. zeigen Dir zuzuhören, ein Mangel, den ich bei mir Dir gegenüber oft recht empfinde. Gestern waren wir auch vor Menzel's Bilde; es wirkt erst wie ein Sammelsurium u. macht auf mich als Ganzes gar keinen Eindruck. Verzeih, auch darin Deiner Produktion etwas ähnlich. Aber die Details, die kostbaren, interessanten Details, ich konnte mich garnicht losreißen u. wünschte ich könnte tagelang eine Stunde es studieren u. mich an jeder neuen Entdeckung eines Zuges, einer Person erfreuen; es erfüllt mich wie Ehrfurcht, vor *diesem* Fleiß.

[...] Und nun leb wohl bester der Menschen! faulenze so viel Du kannst u. nimm jede Stunde mit. Sobald Nachricht von Meten da, erfährst Du es von Deiner

alten Frau.

Theodor an Emilie Fontane

Thale 12. Juni 84.

Besten Dank für Deine freundl. Zeilen vom gestrigen Tage. – 3 bis 4000 Mark für ein »Gartenfest« finde ich nicht zu viel, was vielleicht nur aufs Neue beweist, daß *die*, die nur 10 Mark besitzen, immer 6 Nullen hinter einer Zahl verlangen wenn sie ihnen imponiren soll. Ich kann mir nicht helfen, ich finde Geld, so lange man genug zu bescheiden-anständigem Leben hat, gleichgültig; selbst die unzweifelhafte Machtstellung, die es giebt, imponirt mir nicht. Ein guter Magen und guter Schlaf sind viel wichtiger zu dem, was man Glück nennt.

[…] Am Sonntag haben wir großes Concert hier und zwar von der Magdeburger Theater-Kapelle. Grüße Theo, Friedel, Treutlers. Wie immer Dein alter

Theo.

Emilie an Theodor Fontane

Berlin. d. 12. Juni. 84.

Lieber Mann.

Heut früh traf nun endlich beifolgender Brief von Mete ein; das arme Kind ist reisemüde, ich habe ihr sofort geantwortet. Dann ging ich, da Treutler's heut Nachmittag kommen, mit Lischen in die Richter-Ausstellung. Es war mir höchst lehrreich; die ganze Ausstellung hätte ich hingegeben u. dafür mir noch stundenlang Menzel's Piazza d'Erbe ansehn [können]; ich habe für Richter's Bilder gar keine Bewunderung u. ärgre mich über die hochmüthigen u. leeren Aristokraten-Visagen, wie über die geldsatten Semiten. Und nun gar die Verherrlichung seiner *eignen* Judensippe. Am meisten hat mich sein *eignes* letztes Portrait ergriffen, wo schon nichts mehr von Jugend, Lebensgenuß u. Weltlichkeit mitspricht. Vornehm wirkt das ganze Arrangement der Ausstellung.

Gestern Abend ging ich noch da Lischen ausgebeten war, zu Theo, der zu Hause war u. mit ihm u. Dr. Schlenther der zufällig auch kam, zum Weihenstephan, wo wir bei einem Glase Bier bis nach 10 Uhr sehr nett plauderten. In meiner Abwesenheit hatten: Philipp Graf zu Eulenburg, München, u. Dr. Witte ihre Karten abgegeben.

Nun wollen wir essen, uns ausruhen u. nach Hôtel Hohenzollern. Hoffentlich hast Du nicht vergessen zu Morgen an Heyden zu schreiben, ich will es noch thun. Dank für Deine heutigen Zeilen; wenn Du mir »eine Liebe« anthun willst, so berichte so lange wie möglich: daß Du Dich dem süßen Nichtsthun ergeben hast. Mit 1000 Grüßen

Deine Frau.

THEODOR AN EMILIE FONTANE

Thale 13. Juni 84.

Von Quedlinburg zurückkehrend (von 10 bis 3 waren wir dort) fand ich Deinen lieben Brief vor. Dein Urtheil über G. Richter ist *sehr* treffend, ich habe genau dasselbe empfunden, aber, milder beanlagt wie Du, lasse ich das Ganze doch viel mehr gelten. Es war ein Pech für ihn, daß er nur Trivial-Comtessen und Juden-Madames zu malen hatte. Wir haben keine rechte Aristokratie, so daß man schließlich froh ist, bei einem christlichen oder jüdischen Parvenü unterkriechen zu können. – An Graf Philipp Eulenburg hatte ich in den letzten Tagen viel gedacht; nun gerade giebt er seine Karte ab. – Daß Du beim Weihen-Stephan einen gemüthlichen Abend verplaudert hast, war ich froh zu hören. – Den Nichts-thun-Wunsch erfüll' ich Dir gründlich; noch habe ich die Feder nicht angesetzt.

Mete's Brief ist wieder brillant; schade, daß sie körperlich so leidet. Da hört ja jede Freude auf. Das Heimweh gönn' ich ihr, weil es sie vielleicht von dem Wahne heilen wird, daß Geld, Gasthöfe, Galerieen und galonirte Diener irgend einen Menschen glücklich machen können. Kümmerliche Verhältnisse sind schrecklich, kleine Verhältnisse sind ein Segen. Kleine Verhältnisse nenn' ich Professor, Pastor, Landrichter. Sie würde in Amerika nicht mal glücklich sein, wenn ihr auch die kühnsten Träume in Erfüllung gingen und sie den »Nabob« (oder Californier) kriegte, der Tante Lisen entschlüpfte; ich sage »wenn«; aber wer garantirt ihr den »Californier?« Ich nicht. Vorläufig wünsche ich von Herzen, daß sie Italien hinter sich haben möge; sie wird sich sofort wohler fühlen, wenn sie wieder deutsche Luft athmet. Was sie über »Petöfy« schreibt, ist richtig; höher potenzirte Menschen von Geist und Wissen sprechen *beständig* so, wie der alte Graf, Franziska, Phemi und Pater Feßler sprechen. Die Trivialität unsrer Schmierer (die Weiber an der Spitze) hat es zum Axiom erhoben, daß in Novellen und Romanen nur Blech vorkommen darf. Das ist aber nicht blos trostlos langweilig, sondern auch einfach unwahr. Denke Dir doch, wir sind mit Martha im Bade, Frau Keßler-Kahle ist auch da, und Windel und Frau v. Wangenheim kommen zu einer Kaffe- oder Thee-Plauderstunde hinzu. Da wird noch viel kühner, intrikater und geistreicher gesprochen.

Montag über 8 Tage werde ich wohl an einer Tagespartie nach Goslar theilnehmen; im Ganzen hat das »sight-seeing« aufgehört, noch irgendwelches Interesse für mich zu haben, Kirchen, Schlösser, Bilder sind mir langweilig geworden, aber Goslar macht doch eine Ausnahme.

[…] Wie immer Dein alter

Th. F.

Emilie an Theodor Fontane

Berlin d. 16. Juni. 84.

Mein lieber Theo.

Vielen Dank für Deinen Brief. Wie erfreulich, daß Du auch Parthien machst, nur daß Du unter der jetzigen kühlen Witterung so leidest, thut mir sehr leid, kannst Du denn nicht heizen lassen? es kann doch nicht so bleiben. Mein heutiger schwer wiegender Brief mit der Einlage von Stuttgart wird Dir ganz angenehm sein; ich denke da Du höchstens auf 100 Mk. gerechnet, schenkst Du mir für meine Abschriften 100, damit ich meine Garderobe etwas aufbessern kann. […]

Ich will nun zu Herrlich's gehen u. mich bedanken, sie hatten mich mit nach Sonnenburg nehmen wollen. Dann muß ich anfangen, Besuche zu machen, vor allem mich nach meinem alten Witte umsehen. Möchte es Dir nun bald gut gehen, der Harz muß doch seine Kraft wieder an Dir bethätigen. Noch keine Antwort von Kröner? mein Gott, *wie verwöhnt* ist man doch in geistiger Beziehung! ich muß noch einmal darauf zurückkommen. Das schöne M. G. Haus! aber wie leer wirkt es doch auf die Dauer, bei genauer Besichtigung; selbst Größen wie J. Wolff u. Gussow können es nicht retten. Und das Schlimmste ist der Mangel an geistiger Freiheit! Jedes Kunsturtheil muß erst verbrieft u. versiegelt sein, oft durch Größen, die auch nichts wissen. Aber genug, darüber müssen wir papeln. Mir geht's heut wieder gut u. die Kühle ist entzückend, selbst Regen u. Wind haben mir heut wenig an. Was sagst Du zu Anna Ivens? Mit tausend Grüßen

Deine Alte.

Morgen geh ich in die spanische Ausstellung.

Theodor an Emilie Fontane

Thale 17. Juni 84.

Habe Dank für Brief und Geldsendung. Was die gewünschten 100 Mark angeht, so mache ich mir ein Vergnügen daraus, Dir die ganzen 250 zu Füßen zu legen. Mache damit was Du willst, nur kaufe nichts *für mich*, sonst hört ja der Witz auf und nur Rubrik und Name haben gewechselt.

An Anna Iwens werde ich natürlich schreiben. Man liest dergleichen immer wieder gern, aber die »Blume« ist doch weg. Auch Lob ist werthlos. Ich habe noch keine 6 Kritiken über mich gelesen, von denen ich sagen möchte: »*Das* ist was.« Das Beste war, glaub ich, *das*, was Rodenberg mal über meinen Roman schrieb.

Maler Encke ist ein sehr artiger Mann, fast noch artiger als ich. […]

Die Kroener'schen Briefe brauche ich nicht mehr; bitte, bewahre sie aber gut auf. Vielleicht empföhle es sich, für solche Skripturen eine eigne Mappe anzuschaffen. Andrerseits, es verlohnt sich kaum noch. Aus der Art und dem Resultate der Unterhandlungen wirst Du ersehn, daß ich gar nicht so furchtbar anspruchslos bin. Ich bin zeit meines Lebens anspruchslos gewesen, weil ich's sein *mußte*. Ich habe immer ein Auge für die Thatsächlichkeiten gehabt, und die Thatsächlichkeiten schrieben mir

Bescheidenheit vor. Ebenso ist es mit meiner gesellschaftlichen Stellung. Wie man über Dichter denkt, erhellt sehr gut aus der ausgeschnittnen Zeitungsstelle, die ich hier beiklebe. Danach habe ich mich immer benommen, denn man kann die Menschen nicht von heut auf morgen bekehren. In meinem *Herzen* aber hat es mir nie an Selbstgefühl gefehlt. Was wäre auch wohl sonst aus mir geworden? Andre (merkwürdigerweise Dich ausgenommen) haben immer nur gezweifelt und gelächelt. Gott, und in der Regel was für Nummern! Wie immer Dein alter

Th. F.

Theodor an Emilie Fontane

Krummhübel 21. Juli 84.
Augusta-Bad.

Liebe Frau.

Eben erhalte ich Deinen lieben Brief vom Sonntag, für den ich bestens danke. Was meine »Stimmung« angeht, so schießt Du vorbei wie gewöhnlich; Du hast wie Tante Jenny ein riesiges Talent die Dinge nicht so zu sehn wie sie sind, sondern wie Du sie sehn willst. Du hast Dir aus dem Th. F. von Gottes Gnaden einen Th. F. von Emiliens Gnaden zurecht gemacht und alles was Du über mich denkst und sprichst, sind Sätze die auf Deine Phantasie-Puppe passen, aber nicht auf mich. Indessen es schadet nichts; ich bin vielfach nicht gut dabei gefahren, aber vielfach auch sehr gut und so mag sich's balanciren. Nur der Sinn für *exakte* Beobachtung des Thatsächlichen fehlt Dir. [...] Wie immer Dein

Th. F.

Die Notiz für das »Magazin« (über Storm etc.) hast Du sehr gut abgefaßt.

Theodor an Emilie Fontane

Krummhübel 6. Aug. 84.

Meine liebe Frau.

Nur ein paar Worte, denn ich habe mich bei Tisch verplaudert (mit *Scherenberg* = Schönbergs) und soll um 4½ schon wieder am Waldhaus in der Nähe von Wang sein.

Das Nächste, Wichtigste ist Mete, wenn sie *wirklich* morgen (Donnerstag) reist. Ich bin über den Stand der Sache absolut im Unklaren – seit etwa 10 Tagen habe ich in *dieser* Angelegenheit kein Wort mehr gehört – und kann nur einfach sagen: Gott mit ihr, diesseits und jenseits des großen Wassers! Daß *Du* Dich in dieser Frage beruhigt zu haben scheinst, ist mir hoch erfreulich; man kann seine Kinder nicht lebenslang an der Schürze haben, was flügge ist, will fliegen, und schließlich, und nicht zum kleinsten Trost, es giebt keine Entfernungen mehr. Bis New-York ist nicht schlimmer als 3 mal nach London und bis S. Francisco doublirt die Sache noch mal. C'est tout. Die Welt ist aus dem Engen heraus, und man hat keine andre Heimath mehr als die Erde; Greiz, Schleiz, Lobenstein sind abgelöst und selbst »Mark Brandenburg« trotz Ludovika.

Dresden ist momentan Thorheit, denn die Dresdner Luft ist noch schlechter als die Berliner. Und Du mußt vor allem in *nervenstärkende* Luft. Dann werden auch die gastrischen Zustände sofort besser werden. Also Krummhübel! Heut oder morgen über 8 Tage erwarte ich Dich; ich bin sicher, daß Du's hinterher mir danken wirst; Du wirst Dich hier neu beleben, gerade *Du* und speziell in Deiner jetzigen Verfassung.

Grüße George, Friedel, und gieb meiner Mete den herzlichsten der Küsse. Weiter habe ich nichts für sie; – wenig aber mit Liebe. Wie immer Dein

Th. F.

Theodor an Emilie Fontane

Seebad Rüdersdorf.
10. Juli 87.

Sei schönstens bedankt für Kiste, Brief und Karte, letztre von Friedel. Alles ist mit gewohnter Promptheit besorgt worden und sogar mit einem Agio: Tasse, Milchtopf, Fleischextrakt. Mit Hülfe von Papierscheere, Falzbein und Eggers[s]chem Korkenzieher habe ich geöffnet und ausgepackt und mein Zimmer in a snug home umgewandelt. Uebrigens hatte sich's schon vorher gebessert, gestern kam der Glaser, ein Tisch mit Tischkasten hat sich eingefunden und bei der Frau habe ich einen Stein im Brett. Noch mehr bei der alten 87 jährigen Französin, Liesen's Mutter.

Gestern Abend hatten wir hier ein schweres Gewitter, das von 9 bis 11 dauerte; gegen 10 war es sehr stark. Ich mußte an den armen George denken, dem Gewitter so unangenehm sind und der nun gerade um die Zeit seine Reise in einem wahrscheinlich überfüllten Coupé antreten mußte. Heut ist er nun hoffentlich wohlgeborgen und sieht die Welt wieder in einem fröhlicheren Licht. Daß es ihm etwas schwer gemacht wird, glaub ich. Aber! Ich komme darauf zurück. Mete macht nun heut ihre Rheinfahrt, hoffentlich bei gutem Wetter und in guter Gesellschaft; sie wird viel zu erzählen haben.

Ich bedaure aufrichtig, daß es Dir wieder nicht gut geht. Woher kommt es? Du bildest Dir immer noch ein, daß die Berliner

Sommerluft gerade so gut sei wie andre Luft und daß die Malariafrage für Dich gar nicht existire. Da bist Du aber sehr im Irrthum. Könntest Du morgen nach Blasewitz reisen oder an den Staremberger See, so wärst Du in 24 Stunden gesund. Wenn man sich 11 Monate lang durchgekrebst hat und der 12. Monat ist dann ein Berliner Juli (Frau Schillers Wohnung stand zufällig auf derselben Berliner Höhe) so kriegt man eben gastrisch-nervöse Zustände. Vielleicht kommst Du die nächstnächste Woche auf drei oder fünf Tage heraus; das wird Dir Wunder thun. Es ist hier *viel* besser, als ich anfangs gedacht habe, *beide*, er und sie, sind ausgezeichnete Wirthe, verbindlich, umsichtig, alles was man genießt appetitlich und wohlschmeckend und die Nächte weder durch Gluth, noch Mücken noch Schlimmeres gestört. Ich kam etwas deprimirt heraus, fand alles in einem traurigen Schmuddelzustand vor, namentlich sehr unordentlich, und sah nun die Sache trostloser an als nöthig. Ich bin in diesem Augenblicke mit meinem Aufenthalte *vollkommen zufrieden* und zieh ihn Interlaken oder Raggatz oder Thale weit vor. Du verkennst ganz meinen Geschmack. Stünden mir für Juli und August alljährlich 2000 Thaler zu Gebot, so ginge ich nach Scheveningen oder Isle of Wight oder Sorrent (himmlisches Tramontane, noch dazu Reimwort auf unsren Namen) und da wollt' ich mit Dir und Mete ganz angenehm leben, aber aut aut; so lieb es mir ist, alle diese Finessen kennen gelernt zu haben, so habe ich mich nur wohl dabei gefühlt weil ich es als »Studie« ansah, als unerläßlich für meine Stellung und meinen Beruf, *zu Haus* war ich auf diesen Höhen des Lebens nie, weil ich arm wie eine Kirchenmaus ins Leben eingetreten bin und ebenso wieder herausgehe. Wie so vieles, ist auch *das* lediglich eine Geldfrage, Bleichroeder gehört nach Tréport oder Biarritz, *ich* gehöre nach Seebad Rüdersdorff. Und wenn ich es an solchem Platze nur nicht *zu* tief unter den märkisch-landesüblichen Ansprüchen finde, so bin ich zufrieden. Ich übe diese

Sorte von Anspruchslosigkeit nicht aus Bescheidenheit, sondern aus künstlerischem Sinn, ganz so wie unsre kl. Schneiderwohnung für unser Mobiliar und unsren ganzen Lebenszuschnitt das einzig Richtige ist. Die alte Erbuhr in ein Zimmer mit Stuckposaunenengeln gestellt, ist ein Unding; bei *uns* freue ich mich, wenn ich sie sehe. – Die R. Frage nimmst Du viel zu feierlich; gieb mir drei Quartblätter mit dem Auftrage die Geschichte der Häuser Kummer-Rouanet[-]Müller[-]Below und Rouanet Müller-Goersch, dann die der Fontanes und schließlich die der Sommerfeldts zu schreiben, so, sag ich Dir, stehen da Sachen drauf, die die R.'s etc. auch nicht schlimmer besorgt haben. Die Liebespunktsgeschichten sind doch nur eines im Leben und meist nicht das Schlimmste; Niedrigkeit, Ruppigkeit und mitunter sogar riesige Langeweile sind viel schlimmer. Wie immer Dein

                                                        Alter.

THEODOR AN EMILIE FONTANE

[*Vorgedruckt:* Kissingen, den] 28. Juni 1889.

[*Vorgedruckter Briefkopf:*

HÔTEL VICTORIA & KAISERHOF
Bad Kissingen
HÔTEL STRAUSS
Nürnberg,
Gebrüder Todt.
Telegramm-Adresse:
Victoriahotel Kissingen
Strausshotel Nürnberg.]

Verehrteste, Geliebteste, Arbeitsamste etc.

Hôtel Straus, Gebrüder Tod! Gebrüder Tod sind nicht so schlimm wie blos Tod jedenfalls ist Straus da und lehrt den Kopf in den Sand stecken. Ich werde es thun. – Eben, nachdem ich mein Frühstück in einem anmuthigen Hôtelgarten genommen, drang Hurrahrufen von einer der entfernteren Straßen herüber, die Kaiserin war angekommen; gleich danach erschienen töchterreiche Familien aus der hohen Industrie und haute finance ausnahmsweise keine Juden, und erzählten »sie sähe so einfach aus«. Es ist fraglich, ob es ein Glück ist, immer grade daran erkannt zu werden. An zwei, drei Nachbartischen saßen englische und amerikanische Reporter; da bin ich doch für Pietsch. Die Kerle wirkten alle wie Roller, recte vom Galgen; von »Eleganz« keine Spur, auch von einer merkwürdigen Unverfrorenheit, womit sie mir noch für 3 andre Planeten aushelfen könnten.

Die Fahrt gestern war nicht allzu bedrücklich, was ich zu gutem Theil dem großen Speisewagen zu verdanken habe. Schon in Wittenberg (einzige Station bis Halle) wurde angefragt, ob man im Speisewagen essen wolle. »Ja.« In Groß-Heeringen – in der Bohnenzeit kein übel gewählter Name dazu – verließen alle die Coupés, kletterten in den Speisewagen hinein und blieben nun eine gute Stunde, essend und trinkend, in diesem Wagen. Dabei flogen wir an Weimar vorüber und ich sagte mir überlegen: «hier lebte Göthe.« Darauf beschränkten sich meine Huldigungen gegen den Genius. In Neu-Dietendorf stiegen wir wieder in unsre Coupés. Diese mindestens 1 stündige Unterbrechung ist ein wahres Labsal, man sieht andre Gesichter, hat einen andren Platz, sitzt auf Holz, die Hosen schneiden weniger ein und dabei wird man gut verpflegt. Es war nur eine Stimme darüber, wie gut es sei. Dabei gar nicht theuer: 2.50, St. Julien 12½ die halbe Flasche, Kaffe 3, Cognac 3. In diesem Augenblicke nehmen 2 Engländerinnen neben mir Platz und stören mich einigermaßen durch cold und hot und up stairs und Vorschläge über einen walk. Aber zurück zu meiner Berichterstattung. Ich kam 7¼ hier an und erhielt ein hübsches kleines Parterrezimmer, merkte aber, daß jeder, der seine Ankunft nicht telegraphisch anzeigt, mehr oder weniger unterm Schlitten ist. Dennoch werde ich es nie thun; ich will untelegraphirt auch den Rest der Lebensreise machen. Im Hôtel ist alles gut, nur mit Hammelcoteletts fiel ich gründlich rein und die hier lebenden Engländer müssen auf *diese* nationale Speise allhier verzichten, sonst sind sie verloren. Der Spessart, die hohe Rhön, oder wie sonst die nächsten Berge heißen mögen, scheinen in ihrem Graswuchs auch nicht die geringste Aehnlichkeit mit den South-Downs zu haben. Nach dem »tea« wollte ich im Kurgarten etc. spazieren gehn, ging der Musik nach und befand mich nach 3 Minuten in einem großen hohen Tanzsaal. Ein lächerliches Paar eröffnete den Reigen: *er* ein Mischling von Louis, Tanzlehrer und Friseur (sein Haar ein Bau) *sie* eine kleine 18 jährige pechschwarze Jüdin, die sich an seine Brust preßte und sich mit ihrem halben Gesicht in seiner Innen-Weste verlor. Schließlich wurde es lebhafter und Einiges von verwogenem märkisch-schlesischem Adel mischte sich in das Orientalische hinein. Nur *eins* war reizend: zwei hellblau gekleidete Schwestern von 17 und 18, sicher aus einem sehr guten Hause, die die fragwürdige Herrenschaft verschmähten und miteinander tanzten. Sie bildeten die einzige Augenweide und söhnten mich mit der Menschheit aus. Es werden der Engländerinnen immer mehr, es sind jetzt schon 7, sie sitzen mir unmittelbar im Rücken und leisten wahrhaft Deutsches im talk. In der Nacht – denn das Wetter hatte sich nach einem Regen stark abgekühlt – fror ich jämmerlich und nur das neue lange Büßerhemd rettete mich, mehr noch mein alter Sommer-Ueberzieher, den ich als Nachtjacke anzog. Man darf nie von seinen altbewährten Lebensprinzipien abgehn d. h. nie ohne Reisedecke und Winterüberzieher reisen. Aber warum habe ich mich bestimmen lassen! Bitte, schicke diesen Brief auch an Mete, da ich nun Wohnung suchen will und nicht dazu kommen werde, noch einen zweiten Brief zu schreiben. Lebe herzlich wohl; grüße alles. Wie immer Dein alter Th. F.

THEODOR AN EMILIE FONTANE

Kissingen 29. Juni 89.
Haus Will.

Liebe Frau.

Heute habe ich und zwar vor einer halben Stunde, in der Kur-Colonade gesessen, die dem eigentlichen Kurhause gegenüber liegt und wirtschaftlich vielleicht gar keinen Zusammenhang damit hat. Ich rechnete, da es doch nur sehr mässig war, auf einen mässigen Preis, es kostete aber 3 Mark 50, St. Julien[,] reiche Leute und man kann nur 'mal eine kleine Gastrolle geben. Natürlich kommen auch Arme her, aber man kann doch nicht in einer Ausspannung essen, weder von Ehren- noch von Magenpunkts wegen. Unser Zimmer recht hübsch und 1 Treppe hoch, kostet pro Tag 4 Mark, was ich vergleichsweise billig finde. Du kannst danach gleich den Hauptüberschlag machen:

Reise (4 mal 30) …….......	120 Mark
Wohnung (4 mal 30) …….	120 Mark
Mittagbrot (10 mal 30) …..	100 Mark
Arzt, Trinkgelder, Badetaxe	100 Mark
Soolbäder ……………........	50 Mark
Kleine Extras …………......	50 Mark
	840 Mark

Es ist möglich dass sich das Mittagbrot etwas (glaubs aber kaum) billiger stellen wird, alles andre aber ist eher zu niedrig als zu hoch gerechnet. Du darfst Dir aber dadurch die Laune nicht verderben lassen, sonst verwünsche ich den Vorschlag hierher zu gehn. Du musst durchaus, nicht blos um unsres Vergnügens sondern um meiner Gesundheit willen, die Absicht mitbringen, dies alles leicht nehmen zu wollen. Wenn ich eine sozialdemokratische Ader hätte, so könnte ich murren, denn wer sind die Bevorzugten, die sich hier 'rumzieren. – Bitte, bringe auch blaues Löschpapier mit, dieser Sandstreuer ist schrecklich. – Ich habe noch keine Zeitung erhalten, auch keinen Korrekturbogen.

Grüsse Reisemarschall Friedel und Zöllners, wenn Du sie noch siehst.

Wie immer Dein

Alter.

Theodor an Emilie Fontane

Kissingen, 2. Juli 89.
Gottfr. Will.

Liebe Frau.

Um 4 singt eine Tyroler Familie, Entré 1 Mark, und diesen Kunstgenuss will ich mir gönnen, war übrigens auch schon mal im Theater, kostet aber 3 Mark, was doch zu teuer. Um 4 also Hinterlacher oder Hinterwalder, jedenfalls ist es ein Name mit einem Hintern, was auch nur in der Ordnung, denn ich habe den Haupttyroler schon heute Vormittag gesehn und bin über all seine Drallheiten orientirt. Jetzt ist es 3 Uhr 20, ich darf also nicht zu breit werden.

Dass Mete diesmal die Besorgte war – ich glaub es noch nicht ganz, denn ich entsinne mich Deines Gesichtsausdrucks und Deiner Stimmungen als Anfang voriger Woche diese Frage auf dem Tapet war – hat mich einigermassen beruhigt, denn ich fand es wirklich starken Taback. Begraben wir's und warten wir ab.

Mein Tag ist nun gut eingetheilt: um 7 bin ich am Brunnen, um 8½ wieder zu Haus, Frühstück, gearbeitet – die Gedichte machen mir gerade jetzt viel zu schaffen und dabei kein Buch zum Nachschlagen, gegen 2 in den »Frühlingsgarten«, dem ich bis auf Weiteres treu bleiben will, dann Kaffee auf irgend einem hochgelegenen Punkt mit Blick auf die Stadt, dann Concert und Promenade, dann Spaziergang, dann Abendbrot, dann Thee, dann Zeitung lesen. Um 10½ zu Bett. Die Langeweile ist kolossal und wäre noch kolossaler, wenn ich nicht das Menschenbeobachten zu einer mir lieben, unterhaltlichen und lehrreichen Kunst ausgebildet hätte. Ja, es steckt was von Genuss drin, von einer ganz feinen Sinnlichkeit, wie sie der künstlerisch beanlagte Mensch immer hat und haben *muss*, so lang er als Künstler sieht und empfindet. Die Toiletten, ihre Schönheit und Sonderbarkeit, interessieren mich gleichermassen und am meisten die Frauengesichter, aus denen man lange schreckliche Romane herauslesen kann, schrecklich durch Schuld und schrecklich durch Sühne. Mitunter sieht auch ein Gesicht nach Busse aus, nach Reue *nie*. Nichts ist seltener als Reue; jeder ist schließlich mit seinem Thun zufrieden und würd' es, wenn es ginge, wieder so machen. Diese Beobachtungen retten mich, sonst käme ich um vor Langerweile. Nein, dies ist nicht richtig, die Langeweile stört mich nicht, ist mir fast willkommen, – ich würde nur immer tiefer drin versinken.

Man quatscht immer von der »kleinen Welt«, ich selbst an der Spitze. Und dann sieht man diesen Satz doch wieder glänzend widerlegt. In Norderney, bei meiner 2. Anwesenheit, kannte ich unter den 10,000 Menschen keinen Menschen und hier, unter den gegenwärtig versammelten 6000, auch keinen. Ich kenne doch 3 Dutzend Maler und Bildhauer, 2 Dtz. Geheimräte, ebensoviele Stabsoffiziere, Rittergutsbesitzer, Professoren und Direktoren, Juristen, Schriftsteller, Schauspieler und Zeitungsmenschen – aber keine Katze ist zu sehn.

Heute wirst Du nun Deine Ottilie los; ich beglückwünsche Dich dazu, *sie* wird aber auch froh sein. Du hast alles in einem falschen Lichte gesehn und ihr Motive unterschoben, die gar nicht da waren. Sie war nichts als eine grenzenlos verwöhnte Krabbe, die weiter verwöhnt sein wollte; sie wollte pet sein und man sollte ihr sagen: »nun, Ottilichen, nun kommen Sie mal her, wir wollen das so machen; es braucht ja nicht gleich zu glücken, aber Sie sind ein liebes, kleines Balg; kommen Sie her, Töchterchen, ich will Ihnen einen Kuss geben.« Da war sie nun furchtbar schlecht bei uns angekommen, denn so gut und rücksichtsvoll die Mädchen bei uns im Allgemeinen behandelt werden, so quietscht diese Behandlung doch von Nüchternheit und Langerweile. Sie passte nicht für uns, aber wir auch nicht für sie; die kommen, sind weichlich, verwöhnt, anspruchsvoll, eitel und ohne den Drang und Ehrgeiz der Pflichterfüllung; sie wollen einen guten Tag leben und beschäftigen sich nur mit sich, was sie in der Ordnung finden, weil sie eine sehr hohe Meinung von sich haben. Uebrigens ist dies alles bei ihren natürlichen Gaben (in denen sie den bockbeinigen Knubbelmärkern unendlich überlegen sind) nicht ohne einen gewissen Grad von Berechtigung. Wenn sie dienen wollen, gehören sie ganz in »feine Häuser«. Dazu kann ich unsres, trotz seiner Vorzüge, nicht rechnen. – Theo wird nun wohl nicht mehr kommen; er ist gewiss ganz unschuldig, aber das Ganze wirkt doch etwas theosch. Jeder hat so seine Arten von Pech und Ungeschick; ich kenne nur 2 Berühmtheiten auf diesem Gebiet: Lepel und Lucae und als Dritten mich selbst; in meinen letzten Briefen habe ich solche Geschichten neuesten Datums erzählt. Musst Du nicht noch zu Menzels? Die arme alte Noville! Ich erwarte Dich Donnerstag, übereile aber nichts und vor allem äschre Dich nicht ab; es kann auch Freitag und Sonnabend werden.

Grüsse Fuz, Marthachen, Rud. Zöllner.

Wie immer Dein

Alter.

Theodor an Emilie Fontane

Bayreuth 27. Juli 89.
Abends 7½. Gasthaus zur Post.

Liebe Frau!

Es wäre hier alles ganz gut, aber die Gerüche sind fürchterlich. Wenn ich sie in ihrer Zusammensetzung erkennen könnte, möchte es gehn, aber in dem Undefinirbaren liegt etwas Schreckliches. Mir zur Seite, wenn auch 2 Etagen tiefer, ist eine Gänsehürde – diese habe ich im Verdacht, die Hauptsünderin zu sein; allgemein Sonnabendsches – es wird alles gescheuert – mischt sich ein. Der Bahnhofsportier schickte mich durch eine Duenna hier herüber und ich bin ein bischen das Opfer einer Kleinen Leut- und Unter der Hand-Verschwörung. Jetzt habe ich es: es sind die gewaschenen Wolldecken, die meinen alten Ingrimm gegen blankets etc nur noch steigern.

Die Stadt und das Leben hier sind hoch interessant: vergohrene Residenz, malerisches Drecknest und dazwischen das denkbar feinste und intelligenteste Publikum – Engländer aller Arten und Grade, sehr vornehme und daneben kolossale Karikaturen. Bierkneipen und Hôtels 1. Ranges, in deren einem »zum Reichsadler« (mit einem alten malerischen Brunnen in Front) ich eben gegessen habe. Nach den Anstrengungen des heutigen Tages mußte ich mir etwas gönnen und die »Gerüche« hier verlangen Balancirung, sonst werde ich krank.

Ich freue mich, dass ich hier bin, sehe aber ein, dass die ganze Geschichte doch nur für Lords und Bankiers inscenirt ist. So dass man eigentlich nicht hinein gehört. Wer mit keinem Tonnengewölbe-Koffer ankommt, ist von vorn herein unten durch. Zwei Tage wird es aber gehen. Alvari habe ich eben gesehn, viel England und Amerika um sich her. Grüsse die Kissinger. Wie immer
Dein Alter.

Ich schreibe morgen nicht, es bleibt also bei diesem ersten und letzten Briefe.

Eben habe ich die letzten 3 Fremdenlisten gekauft und durchgesehen: ⅔ sind Engländer und Amerikaner; Amerikaner noch mehr als Engländer, viele aus Denver, wo die zweite Hälfte meines schlesischen Romans spielt.

EMILIE AN THEODOR FONTANE

Kissingen. d. 28. Juli. 89.
Mein lieber Theo.

Mir ist als wärest Du schon 8 Tage fort u. ich bete immer: Gott erhalte ihn mir! Eben kommt Dein Brief u. ein höchst liebenswürdiger von Lazarus, den ich beifüge u. nach dem wir doch wohl einen Abstecher nach Schönfeld machen müssen. – Was Du über Bayreuth schreibst, ist mir sehr interessant, ich meine aber Du gehörst mehr hin wie Engländer u. Amerikaner, denn es kommt doch auf das Verständniß an, u. das, selbst das Musikalische, stelle ich bei Dir höher. Uebrigens um Dein Selbstgefühl zu stärken, Du stehst gestern in der Vossin in einem Artikel über Kissingen, mit Menzel gesperrt gedruckt. Ich habe den Ausschnitt Meten zur Auffrischung geschickt. Die Chanzen für München steigen; Frl. Hannchen hat eine sehr gute Adresse eines hôtel garni bei einem Apotheker in der Ludwigstr., für uns ausfindig gemacht u. es wird vielleicht gut sein, wir schreiben vorher, aber das besprechen wir noch.

Ich lebe ganz solo, was mir, da Du lieber Alter mir die Freude machest, schon am Dinstag wieder zu kommen, sehr angenehm ist. So lebe ich ganz nach meinem Gefallen u. bin ich weder noch ist mir jemand lästig. Dazu kommt das Regenwetter u. gestern ein heftiges Gewitter. Ich schrieb nach Deiner Abreise diverse Briefe u. ging dann auf den Bahnhof um die Abreise der Kaiserin zu sehen. Ein günstiger Zufall führte mich in den Wartesalon I, von dessen Fenster aus ich vorzüglich die hohe Frau sowohl wie die 4 Prinzen u. den train der Begleitung sehen konnte. Sie hat eine so herzgewinnende Freundlichkeit, daß mir (u. vielen) bei ihren Abschiedsgrüßen aus dem Coupé, den kleinsten Prinzen hochhaltend, die Thränen in die Augen traten; überall rührt doch das einfach menschliche am meisten. – Dann ging ich in unsre Wohnung zurück, aß die Reste und trank die Neige u. legte mich vergnügt, Herr meiner Zeit zu sein, zu einem langen nap auf's Sopha. Dann zog ich mich an, u. ging nach dem Gewitter auf die Promenade, sah aber niemand bekanntes, nur eine völlig veränderte, nun ganz jüdisch gewordene Gesellschaft. Der Regen trieb mich nach Hause, ich schrieb wieder, bestellte mir Thee, Bier, ein Ei, las noch etwas von Franz Coppée u. schlief um 9 ein, bis 7½ heut [mo]rgen! ging auf die Promenade, trank mein Glas, kaufte Frühstück, holte Marken u. Karten von der Post, u. trank, Zeitung lesend, mit vielem Behagen meinen Kaffee. Möge es Dir eben so gut ergehn, wie mir. Und heut Nachmittag werde ich im Geist von 4 Uhr an, neben Dir sitzen.

In Liebe Deine alte Frau.

[*Bleistiftzusatz Fontanes am Briefkopf:*]

Ich schließe auch diesen Brief Metens noch bei, wegen der Stelle über die Kaiserin.

THEODOR AN EMILIE FONTANE

Bayreuth 28. Juli 89.
Sonntag Abend 9 Uhr.

Liebe Frau.

Ich mache mir den Spass noch mal zu schreiben und vermute, dass diese Zeilen gleichzeitig mit den etwa vor 2 Stunden zur Post gegebenen, bei Dir eintreffen werden. Denn *bis Mitternacht* ist die Post auf.

Es ist jetzt 9 und wenn ich bedenke, dass frühstens nach abermals einer Stunde »Parsifal« zu Ende ist, so weiss ich nicht, wie ich diese Äonen innerhalb des Theaters hätte erleben wollen. Die Ouvertüre habe ich gehört und im Hinausgehen noch einen glimps von der 1. Szene gehabt; dann bin ich langsam nach Hause geschlendert (ziemlich weit) und habe gelesen, dann bin ich in die Stadt gegangen und habe erst bei einem Conditor in Nähe der grossen Brücke (gegenüber der Kaserne) und dann bei dem vielgenannten Sammet zum zweiten Male Kaffee getrunken, weil ich doch was tun musste. Dann wieder nach Hause, wo ich zwei Briefe schrieb, den an Dich und den an das Bühnenfest-Comité. Diese Briefe brachte ich zur Post und ging wieder eine halbe Stunde spazieren. Dann las ich, wieder zu Hause angekommen, eine ganze Stunde und habe eben auf meinem Zimmer mein Abendbrot und meinen Thee zu mir genommen und – Parsifal ist trotzdem noch lange nicht aus. Die 1500, die heute drin waren, müssen wundervoll gesund sein oder 750 davon haben nach drei Tagen – denn es regnet und ist hundekalt – Katarrh, Brechdurchfall, Magenerkältung und Rheumatismus. Der passionirte Mensch hält alles aus; ich meinerseits bin doch fast traurig, auf Reisen (und vielleicht auch sonst) immer ein Schwächling gewesen zu sein. – Graf Schwerin aus Wolfshagen, der große Franzose von der Trimburg, ist auch hier. In der Fremdenliste steht hinter Wolfshagen (das in der Uckermark liegt) Steiermark in Parenthese, was sich unglaublich komisch ausnimmt. Ich sehe ordentlich die Gemsböcke springen. – Unter den Fremden ist auch Eugen Zabel von der National Zeitung; als halber Petersburger gehört er beinah hierher. Jetzt ist es 9 Uhr 20, aber Parsifal spielt noch immer. Die Esszelte sind im Freien; es muss einige Erfrorene geben, sonst ist keine Raison mehr in der Welt.

Wie immer Dein

Alter.

X
RESIGNATION UND DIE GEWISSHEIT: »UM NEUN IST ALLES AUS«
(1891–1898)

»Wie vieles ist seitdem anders geworden; das war 6 Wochen vor unserer silbernen Hochzeit, jetzt fehlen nur noch 9 Jahr an der goldenen. Damals ältlichte man, jetzt ist man alt, aber ich bin nicht wie Bogumil Goltz, der vor Wut über sein Alter auf den Tisch schlug. Resignieren können ist ein Glück und beinah eine Tugend.«

Theodor an Emilie Fontane, 21. August 1891

Vater und Tochter in der Sommerfrische in Arnsdorf
im Riesengebirge, 1886

Das Ehepaar Fontane ist, trotz vorgerückten Alters, auch in den neunziger Jahren ständig unterwegs, teils gemeinsam, teils auf getrennten Wegen. 1890 und 1891 trinken sie, jeweils im Sommer, in Kissingen ihren Brunnen. Als Anfang August 1891 die umfangreichen Reparaturen in der Potsdamer Straße 134 c beginnen (das Johanniter-Haus wird durch einen benachbarten Neubau erheblich beschädigt), überwacht die resolute Emilie die Handwerker in der Wohnung, und Fontane zieht sich nach Wyk auf Föhr zurück und erlebt dort – von Husten und Schnupfen geplagt – einen anhaltend nassen und kalten August; es ist sein letzter Aufenthalt an der See. 1892 zwingt seine schwere Erkrankung (aus einer Grippe entwickelt sich eine Depression) die Familie zu längerem Verweilen im geliebten Riesengebirge (»vier schlimme Monate an der sonst so schönen Stelle«, heißt es im Tagebuch). In höchst desolatem Zustand bringt Emilie ihren Theo Mitte September nach Berlin zurück, und erst als er auf den Rat seines kundigen Arztes Wilhelm Delhaes im Oktober anfängt, seinen autobiographischen Roman »Meine Kinderjahre« niederzuschreiben, erholt er sich allmählich wieder. »Ich […] darf sagen, mich an diesem Buch wieder gesund geschrieben zu haben«, vertraut er dem Tagebuch an.

Der gleichwohl fragiler werdenden Gesundheit versuchen die Fontanes vor allem durch sommerlich-frühherbstliche Kuren in Karlsbad aufzuhelfen (regelmäßig von 1893 bis 1898). 1896 reisen sie obendrein nach Waren an der Müritz, 1897 ins Augusta-Bad in Neubrandenburg. Und noch in Fontanes Todesjahr, im

Frühjahr 1898, findet man sie auf dem Weißen Hirsch in Dresden, wo er die frische Luft und die »Manierlichkeit der Leute« genießt, aber die sächsischen Saucen moniert, die sich vom Prinzip der »Mehlpampe« nicht lösen können. Nach der Karlsbader Kur fährt Fontane am 10. September nach Berlin zurück, während Emilie ihre alte Freundin Johanna Treutler in Dresden-Blasewitz besucht, wohin diese nach dem Tod ihres Mannes umgesiedelt ist. In Blasewitz erreicht Emilie die Nachricht vom plötzlichen friedlichen Tod ihres Mannes am Abend des 20. September; am nächsten Tag holt der Verlegersohn Friedrich die Mutter ab. Gefasst tritt sie zu Haus an das Totenbett mit den Worten: »Es war ein schönes Leben mit ihm, ich würde es gleich noch einmal beginnen.«

Die bereits erwähnte Tatsache, dass nach dem 28. Juli 1889 keine Briefe Emiliens an Theodor *erhalten* sind, bedeutet übrigens keineswegs, dass sie ihm nicht mehr geschrieben hat; das wäre bei den Fontanes wohl gar nicht möglich gewesen. Aus dem knappen Dutzend der erhaltenen Briefe an seine Frau ist klar ersichtlich, dass er ständig auf Äußerungen und Mitteilungen von ihr reagiert. Wir müssen uns halt mit seinen Reaktionen begnügen, die aufschlussreich genug sind.

Gemessen an den besonders zahlreichen Briefen des Autors aus den neunziger Jahren (etwa an Georg Friedlaender oder Tochter Martha, Rodenberg und die Schlenthers, James Morris und Ernst Heilborn), nimmt sich die Zahl der Briefe an die Ehefrau bescheiden aus, aber auch diese wenigen gehören zu der großen Konfession des Ehebriefwechsels, und der Kosmos der Fontane'schen Interessen leuchtet selbst dort noch einmal auf – auch wenn markante Vorgänge im öffentlichen und privaten Leben nicht oder höchstens indirekt reflektiert werden, weil die Fontanes sie in Berlin oder in Kur und Sommerfrische gemeinsam erleben und »besprechen« konnten. Daher kommen 1891 der Schillerpreis (»Sehr erfreut, vielleicht am meisten wegen der 3000 Mark«, steht im Tagebuch) und 1894 die Verleihung der Ehrendoktorwürde durch die Berliner Universität überhaupt nicht vor (in der Satirezeitschrift »Ulk« war zu lesen: »Fontane ist nun schön heraus, / Doktor wurde das alte Haus, / Und will er nicht bürgerlich mehr bleiben, / So kann er sich auch *von Tane* schreiben«). Weder das lebensbedrohliche Krankheitsjahr 1892 wird erwähnt, noch ist die Rede von den Sturz-Unfällen von 1890 (Theodor) und 1894 (Emilie). Selbst »Effi Briest« und der »Stechlin« (Emilie hat beide abgeschrieben!), weder »Meine Kinderjahre« noch »Von Zwanzig bis Dreißig« tauchen auf.

Stattdessen dominiert Fontanes schmerzhaftes Unbehagen an den öffentlichen Zuständen, besonders in Preußen; er registriert, wie so oft in seinem Leben, »unsere grenzenlose Unbeliebtheit«, artikuliert seinen Zorn auf »Kommißstempel« und »Ledernheit« und nennt alles in Politik, Religion und Moral »Phrase«; sobald man nach Berlin komme, so sei es mit »chic« und »Elegance« vorbei, und er empfindet das besonders stark, wenn er aus dem mondänen Karlsbad zurückkehrt.

Er hat sich sein Leben lang mit einer fragilen Gesundheit herumgeplagt und ausgiebig darüber referiert. Doch nun rücken seine physischen Gebrechen, seine klapprig gewordene Gesundheit immer stärker in den Vordergrund, zumal sich die stets besorgte Emilie speziell dafür interessiert. Er spricht, ohne alle Wehleidigkeit, rückhaltlos von seinem »pitoyablen« Befinden, seinen 34 Pulsschlägen und seinem unendlichen Ruhebedürfnis.

In dieser körperlichen Hinfälligkeit, die aber geistige Klarheit und gedankliche Regsamkeit einschließt, überdenkt er zunehmend intensiv sein Leben, seine Stellung in der Gesellschaft, seine Rolle in der Literatur, und er reflektiert auf seine typische Art darüber: »Ein so glückliches und bevorzugtes Leben und doch: ›Was soll der Unsinn?‹« Aus solchen Überlegungen heraus klopft er sich sozusagen selber auf die Schulter und bewundert seine Lebensleistung. Schon am 23. August 1891 hatte er, in scheußlichen »Schnupfenzuständen«, jene frappierende autobiographische Rückschau formuliert: »[...] ein Apotheker, der statt von einer Apotheke von der Dichtkunst leben will, ist so ziemlich das Tollste, was es giebt«. Er kommt sich im Nachhinein vor wie der »Reiter über den Bodensee« in einem Gedicht von Gustav Schwab.

Bei aller ironischen Melancholie und trotz aller resignativen Untertöne ist in den Briefen aus den letzten Lebenstagen der alte Fontane in seinen facettenreichen Interessen unverkennbar. Wie er die Behaglichkeit seiner bescheidenen Wohnung und die heitere, niveauvolle Geselligkeit darin schildert, wie der bekennende Frauenschwärmer noch immer alle Register der vergleichenden Frauenverehrung zieht (»die Schmidt und die Conrad« bis hin zu dem »himmlischen« Backfisch Gertrud Mengel und den Überlegungen, welche der Nichten der gerade erst verwitwete Verleger Parey wohl heiraten wird), wie er sich über Harmonie in der Mode als die »eigentliche Schönheit« artikuliert – das ist bester Fontane.

Nachdenklich können bei alledem Fontanes Anmerkungen über das »Zauberfest« stimmen, das er am 16. September 1898 zur offiziellen Verlobung von Tochter Martha in seiner Wohnung gibt. Mete hatte sich – nach mehreren merkwürdigen Eskapaden – mit dem Berliner Architekten Karl Emil Otto Fritsch verbunden. Die Verlobung datiert vom Januar 1898, da war aber Fritschs zweite Frau gerade erst acht Wochen tot, so dass man schicklichkeitshalber die Sache vorläufig geheim hielt. Warum dann freilich die offizielle Feier im September in Abwesenheit von Emilie stattfand, ist nicht recht klar. Auffällig ist nur die zurückhaltende Art, wie Fontane darüber schreibt. Paul Schlenther, 1898 gerade Burgtheater-Direktor geworden, notierte nach Fontanes Tod über das Fest und den Gastgeber: »Voller Entwürfe, voll regsten Interesses für alles und jedes, so sah ich ihn noch Freitag, den 16. September, abends in seinem Arbeitsstübchen zwischen Erich Schmidts und meiner Frau sitzen. Zur Feier der Verlobung seiner ihm geistesverwandten einzigen Tochter war ein kleines, feines Essen bereitet worden. Nur neun Personen. Der Alte in seiner herrlichen, lieben Greisesschönheit Mittelpunkt und Seele der Unterhaltung.«

Im Grunde umkreisen die Gedanken des ganz alten Dichters zwei von ihm gern zitierte Wendungen: »Was soll der Unsinn?« und »Um neun ist alles aus«. Und seine Emilie hat das durchaus richtig verstanden, weil sie die Hintergründe beider Sentenzen kannte und sie nicht einfach im Sinne von Verzweiflung und Todessehnsucht deutete. Die eine war seinerzeit als Trostwort von Schauspielern mit Lampenfieber geläufig, und die andere hat ihren Ursprung in einer pikanten Anekdote, die ganz nach seinem Geschmack war und der Frage nach dem Sinn des Unsinns alles Negativ-Pessimistische entzieht und superiores Darüberstehen empfiehlt.

»Resignieren können ist ein Glück und beinah eine Tugend«, hatte Fontane schon 1891 von Wyk aus verkündet, und in diesem Sinne schreibt er am 9. Mai 1897 an Tochter Martha: »Die Welt wird überall roher und gemeiner. Nur Potsdamerstraße 134. c. drei Treppen gibt es noch ein Plätzchen, wo edlere Menschen wohnen, darunter auch der Gefertigte, Dein alter Papa.« Und so wird der »kleine Romanschriftsteller-Laden« mitten in der großen Stadt Berlin am Ende zur Metapher für ein humanistisches Idyll für Theodor und Emilie Fontane.

Theodor an Emilie Fontane

Wyk 21. Aug. 91.

Meine liebe Frau. So recht was zu schreiben, habe ich eigentlich nicht. Die Tage vergehen im Gleichmaß, erst kurz vor 9 auf, von 10 bis 2 gearbeitet, bis 3½ zu Tisch, dann bis 5 in meiner Wohnung Zeitung gelesen; dann zu Friedländers um Kaffe zu trinken und zu plaudern (bis 8) und dann wieder nach Haus, um bei Thee und Schinken den Tag zu beschließen. Ist das Wetter gut, so fällt in die Zeit von 5 bis 8 auch ein längerer Spaziergang entweder am Strand hin oder nach dem reizenden Dorfe Baldyum, stürmt und regnet es aber, was meistens der Fall, so fallen diese Spaziergänge natürlich aus. Heute war nur Sturm und Regen, aber das Meer vor mir, kam ich kaum zu einem rechten Unmuth und wurde an unsre Berchtesgadener Tage erinnert, wo wir von dem reizenden großen Balkon aus bei nicht aufhörendem Regen in das schöne Gebirgsthal hineinsahen. Wie vieles ist seitdem anders geworden; das war 6 Wochen vor unsrer silbernen Hochzeit, jetzt fehlen nur noch 9 Jahr an der goldenen. Damals ältliche man, jetzt ist man alt, aber ich bin nicht wie Bogumil Goltz, der vor Wuth über sein Alter auf den Tisch schlug. Resignieren können ist ein Glück und beinah eine Tugend.

Das Wetter, ein paar schöne Tage abgerechnet, ist so andauernd toll wie ich mich gar nicht entsinnen kann ein Wetter erlebt zu haben. Dazu, in Folge der Amrummer Partie, total erkältet,

Husten und Schnupfen und ein bischen Fieber. Die Wohnung ist gut, die Verpflegung noch besser und in Friedländers habe ich einen Anhalt und die Möglichkeit eines Gesprächs; käme das in Wegfall, so wäre ich längst wieder hier fort. Es ist ganz unmöglich an solchem Ort in Einsamkeit auszuhalten, ich kann mit den Menschen nicht anknüpfen, ich will aber auch nicht, das öde Getratsch ist mir zu langweilig. Wer in Bäder und Sommerfrischen gehen will und alt ist, der muß Bekanntschaft um sich her haben, hat er *die* nicht, so thut er besser er bleibt zu Haus und legt sich ins Bett.

Mein Rheumatismus quält mich nicht mehr, auch die Fußverhältnisse sind ziemlich gut; gesegnet sei das Seifenpflaster. Was Du mir über Witte's schriebst, darauf vergaß ich zu antworten. Ich freue mich ihrer Anhänglichkeit, Güte, Treue, das Register ihrer Tugenden ist groß, aber mitunter entwickelt sich ein vollkommener Quatsch und es ist mir lieb, daß Du der neusten Auflage davon entgegengetreten bist. Es ist ja alles Unsinn und erinnert an die Tage, wo »Martha besser verpflegt werden sollte.« Wer bei uns nicht leben kann, der kann überhaupt nicht leben; Plätze, wo man von morgens früh bis Abends spät in Watte gewickelt wird und Nachts erst recht, giebt es nicht. Ich bin sehr für Bequemlichkeit, aber man kann die Unbequemlichkeiten nicht aus der Welt schaffen. Du hast Sturmangst und Theo Gewitterangst, aber ihr müßt Beide weiter leben und es geht auch.

22. August, Nachmittag. Ich dachte, daß heute früh ein Brief von Dir kommen würde; vielleicht ist einer verloren gegangen, was hier häufiger vorkommen soll. Die halbe Nacht habe mich mit Husten zugebracht; ein nasses Tuch hätte vielleicht geholfen, aber alle Taschentücher sind in der Wäsche oder stark im Gang und so ging es nicht. Hoffentlich kommt heute Succurs. Ich bringe diesen Tag auf meinem Zimmer zu, um meinen pitoyablen Zustand nicht noch zu verschlechtern, Kaffe ist gestrichen und selbst der Rothensteiner, nur Thee und Sodawasser, eine erbärmliche Sorte von Ernährung. Lesen kann ich auch nicht. Zum Glück kam Friedländer um 11 und leistete mir drittehalb Stunden Gesellschaft; in solcher Lage merkt man erst, was ein Plauderer werth ist. Der richtige Germane kommt freilich mit ausstrecken und rauchen ebenso weit. Seit einer Stunde ist das Wetter besser und alte befahrene Leute versichern »nun wird es.« Es wäre zu wünschen. – Nächsten Freitag den 28. werde ich wohl hier abreisen und komme dann etwa um 1 Uhr Nachts in Berlin an. Eine etwas unbequeme Zeit, so sehr, daß ich vielleicht in Niebüll bleibe und dann am Sonnabend zu so guter Stunde in Hamburg ankomme, daß ich noch einen Nachmittagszug nach Berlin benutzen kann. In Hamburg nächtigen, ist langweilig und kostspielig. Hoffentlich ist diese Ankündigung für den 28. oder 29. kein Schreckniß; schreibe mir darüber; ist die Wohnung noch immer nicht beziehbar, so muß ich mich hier noch ein paar Tage länger 'rumdrücken. Aus Helgoland wird nichts, es ist mir all dergleichen zu umständlich und langweilig; an nichts nehme ich mein Alter so sehr wahr, als an dieser Art von Interesselosigkeit. Nichts verlohnt sich mehr. – Die Zeitungen lese ich hier ziemlich regelmäßig; immer Roggenzoll, Kronstadt und Portsmouth. Von der Gesamtlage läßt sich sagen: »ich trau dem *Frieden* nicht recht.« Es riecht nach Pulver und Theo kann bald Brote backen lassen, leider nicht von russischem Roggen, denn einmarschieren werden wir wohl nicht. – Wie geht es mit Hand und Zunge? Grüße die Jungens und Anna. Wie immer Dein Alter.

Theodor an Emilie Fontane

Wyk Sonntag d. 23. Aug. 91.

Meine liebe Frau.

Eben erhalte ich Deine Karte und weiß doch nun auch den Namen: »Hautneurose«; ich habe nie bezweifelt, daß es das und nichts andres sein werde, ein Nervenleiden, das die Haut empfindlich macht und allerlei Erscheinungen hervorruft; es ist unbequem genug, aber doch vergleichsweise nicht was sehr Schlimmes. Am meisten beklage ich, daß Du Dich tagelang, eh Delhaes zurückkam, so geängstigt hast; die Frage, ob mit Recht oder nicht, ist dabei ganz gleichgültig; Todesangst ist Todesangst, auch wenn man leben bleibt. – Das mit unsrem guten Zöllner nimmst Du, glaub ich, tragischer als nöthig; für mich liegt es so, daß die arme Frau, die diese ganze Nuddelei zu besorgen hat, doch fast mehr zu beklagen ist, als er, eben weil er das Elend nicht mehr voll empfindet. Ueber »traurige Zustände«, die einem die Unvollkommenheit und Hinfälligkeit alles Irdischen demonstriren, groß zu klagen, habe ich aufgegeben; tritt einem diese Hinfälligkeit, dies Elend, in Schmerz- und Leidenserscheinungen entgegen, so wird man erschüttert und empfindet *Mitleid*, so lange man noch ein Herz in der Brust hat; ganz allgemeine Hinfälligkeiten aber, Absterben ohne Schmerz, das ist Vollziehung allgemeiner Naturgesetze, was mich nicht besonders niederdrücken kann. Natürlich kann es mich auch nicht erfreun, aber es bietet mir nicht Stoff zu besondrer Trauer. Der arme Z. ist abgeschieden, er athmet nur zufällig noch.

Mir geht es nicht sehr gut; gestern war mir miserabel und ich blieb ein und hungerte, heute ist es etwas besser, aber ich kann nicht ausgehn und muß meine Hungerkur fortsetzen. Natürlich bleibe ich meinem Charakter treu und suche mir das Gute heraus; ein tapfrer Schnupfen war das, was ich seit einigen Jahren vergeblich herbeisehnte; nun ist er da. Der Husten, als Zugabe, war sehr lästig, scheint aber nachlassen zu wollen; stuff a cold and starve a cough. Jetzt ist starvation, morgen hoffe ich wieder bei stuffing zu sein. Alles arbeiten habe ich einstellen müssen und glücklicherweise habe ich auch nichts zu lesen, – damit verdirbt man sich immer bei Schnupfenzuständen. Ich beschäftige mich damit, mein Leben zu überblicken, allerdings in etwas kindischer oder doch mindestens in nicht sehr erhabener Weise; bei den ernsten Dingen verweile ich fast gar nicht, ich sehe sie kaum, und lasse Spielereien, Einbildungen und allerhand Fraglichkeiten an mir vorüberziehn. Das Endresultat ist immer eine Art dankbares Staunen darüber, daß man, von so schwachen wirthschaftlichen Fundamenten aus, überhaupt hat leben, 4 Kinder hat groß ziehn, in der Welt umherkutschieren und stellenweis (z. B. in England) eine kleine Rolle hat spielen können. Alles auf nichts andres hin, als auf die Fähigkeit, ein mittleres lyrisches Gedicht und eine etwas bessere Ballade schreiben zu können. Es ist alles leidlich geglückt und man hat ein nach mehr als einer Seite hin bevorzugtes und namentlich im Kleinen künstlerisch abgerundetes Leben geführt, aber, zurückblickend, komme ich mir doch vor wie der »Reiter über den Bodensee« in dem gleichnamigen Schwabschen Gedicht und ein leises Grauen packt einen noch nachträglich. Personen, von solcher Ausrüstung wie die meine war, kein Vermögen, kein Wissen, keine Stellung, keine starken Nerven das Leben zu zwingen, – solche Menschen sind überhaupt keine richtigen Menschen und wenn sie mit ihrem Talent und ihrem eingewickelten 50 Pfennigstück ihres Weges ziehn wollen (und das muß man ihnen schließlich gestatten) so sollen sie sich wenigstens nicht verheirathen. Sie ziehen dadurch Unschuldige in ihr eignes fragwürdiges Dasein hinein und ich kann alle Deine Verwandten, darunter namentlich meine immer noch von mir geliebte Clara Below, nicht genug bewundern, daß sie mich von Anfang an mit Vertrauen, Herzlichkeit und beinah Liebe behandelt haben. Ich wäre gegen mich selber viel flauer gewesen, denn ein Apotheker, der statt von einer Apotheke von der Dichtkunst leben will, ist so ziemlich das Tollste, was es giebt.

24. Aug. *Stralauer* Fischzug.

Es ist noch immer rauh, Nordwind, aber ich bin doch froh, daß ich 50 Meilen von Stralau entfernt bin. Ich kenne die Mark zu gut, um nicht dann und wann froh zu sein, sie hinter mir zu wissen. Meine Erkältung will nicht weichen, was bei diesem Wetter kein Wunder ist, der Regen hat aber wenigstens aufgehört und so habe ich mich herausgemacht und bin zu Tisch gegangen, auch ein bischen spazieren. Von heute ab soll 10 Tage lang schönes Wetter sein, so hat ein 90 jähriger, der auf einer der Halligen sitzt, verkündet und alle glauben ihm, auch die Einheimischen. Mit 90 ist alles Orakel und gilt. Es wird nun schon leer und die Table d'hôte ist fast so klein wie zuletzt im Centralhôtel in Kissingen; am Donnerstag früh reisen Friedländers, bei ruhigem Wetter mit der Cobra, sonst zu Land über Niebüll und Husum. Kommen wirklich noch schöne, vielleicht selbst milde Tage, so bleibe ich gern noch eine Woche, bleibt es aber regnigt oder was ebenso schlimm ist kalt, so will ich es doch so einrichten, daß ich am Sonnabend zu guter Zeit wieder in Berlin bin. Zum Theil werde ich es auch von Deiner Meldung über die Wohnungsverhältnisse abhängig machen. – Herrlichs sind nun zurück; ich nehme an, daß es zu keinen Unliebsamkeiten gekommen ist, schweben die Dinge aber noch, so kann ich Dir nicht genug empfehlen fünfe grade sein zu lassen. Es bleibt doch die Thatsache bestehn, daß wir nun seit 19 Jahren bequem und ohne jede Wirthsquälerei in unsren 4 Pfählen wohnen und das ist nicht hoch genug zu veranschlagen, denn meine ganze Arbeitsmöglichkeit hängt damit zusammen. In einem Hause wo ich mich ärgern müßte, sähe es schlecht aus mit meiner Schreiberei. – Was ich über Zöllner geschrieben, kann vielleicht mißverstanden werden; ich will daher noch mal in aller Deutlichkeit sagen, es hängt alles davon ab, ob jemand, auf Schmerzen hin angesehn, leidet oder nicht leidet. Daran hängt das Maß des Mitleids! Das bloße jämmerliche Verfallen und Hinschwinden ist auch traurig, aber zuletzt doch so sehr Regel und Gesetz, daß man sich damit wie mit etwas Alltäglichem einleben muß. Wie bei Hofe darf in diesem Falle nur »kleine Trauer« angesagt werden.

Ich erwarte Friedel, heut oder in den nächsten Tagen, hier auftauchen zu sehn; viel wird er hier nicht finden, da das Ganze, so hübsch ich es finde, sowohl landschaftlich wie gesellschaftlich hinter Helgoland und Sylt erheblich zurückbleibt. Grüße Theo und Anna. Für Mete bestelle ich nie Grüße, weil ich davon ausgehe, daß Du ihr die Briefe schickst. Ergeh es Dir gut. Wie immer Dein Alter.

THEODOR AN EMILIE FONTANE

Berlin 11. Sept. 98.
Meine liebe Frau.

Habe Dank für Deinen lieben Brief, der nach Wohlbefinden und Munterkeit schmeckt.

Ich weiß nicht, ob Mete Dir heute eine Karte geschrieben und so will ich noch thun was möglich ist; freilich ist es schon in zehn Minuten 10 und von Eintreffen dieser Zeilen am Frühstückstisch ist keine Rede mehr. Grund der Versäumniß: ich hatte mich an die Lektüre der bekannten alten märkischen Schmöker (Fidicin, Berghaus etc.) herangemacht und habe mich dabei zu lange »verweilt«. Ich wollte durchaus was finden, aber dies mißlang und so suchte ich immer weiter. Solche Bücher giebt es nur in Deutschland und das heißt dann »Geschichtschreibung«; die ganze Ledernheit und Ungeschicklichkeit hiesiger Menschheit tritt auch *da*rin hervor.

Mein Brief gestern war kaum fort, als der gute Herrlich mit einem dicken Kopf zu mir heraufstürmte und mir mit zitternder Stimme (was ich ihm aber hoch anrechne) das Schreckenstelegramm aus Genf vorlas. Ueber alle Begriffe niederträchtige That! Solche gute, harmlose, unglückliche Frau, die niemandem je ein Leids gethan, wie prädestinirt für harte Schläge. Und nun dies als Letztes. Die Sozialdemokratie wird die Zeche bezahlen müssen und die berühmten 4 Buchstaben gehen ihr muthmaßlich mit Grundeis.

Ompteda's Stück hat nur einen sehr schwachen Erfolg gehabt; die Kritik geht aber milde mit ihm um; anständige Leute werden doch auch meist anständig behandelt.

Mete hat gestern einen anstrengenden Tag gehabt, ist aber gut drüber hin gekommen; in den Abendstunden war sie mit Fritsch und Lise im Grunewald; heute, glaub ich, Reunion auf dem Balkon. Sie ist noch nicht zurück. Ergeh es Dir gut. Empfiehl mich. Wie immer   Dein Alter.

Um 1 war ich in »Gala« bei Lessing; er war aber, wie ich erwartet, in Meseberg. Es geht ihm ganz gut.

THEODOR AN EMILIE FONTANE

Berlin 12. Sept. 98.
Meine liebe Frau.

6 Briefe habe ich heute Vormittag schon geschrieben; da denn auch gleich heraus mit dem 7.

Die 6 waren an Dr. Ewert (Arnstadt), Egon Fleischel, Apotheker Neufeldt, Paul Warncke, Magistratssekretär Ferd. Meyer und Lehrer A. Poppe. Die drei letzten dieser Briefe gingen alle nach Berlin N., eine Stadt- und Himmelsgegend in die hinein ich alle Jahr höchstens einen Brief schreibe. Das hängt damit zusammen, daß es sich in diesen Briefen mit der Zubezeichnung N. um *Friesack* handelte. So wie die richtige Mark Brandenburg einspringt, wird man wie von selbst aus W. nach N. versetzt; die Degradation beginnt. Das schadet aber nichts.

Der Brief von Apotheker Neufeldt war ein Bettelbrief; der Kollege schrieb an den Kollegen. Ich kam aber doch in eine ganz fidele Stimmung und sagte mir nachdem ich gelesen: »*jetzt* beginnt für Dich die Epoche der Royalty[«]; schon neulich hat Mauthner den »alten Fontane« neben dem »alten Fritzen« und dem »alten Wilhelm« aufmarschieren lassen und nun kommt Kollege Neufeldt und erklärt mich schlankweg als »Dichterkönig«. *Dem* hab´ ich nicht widerstehen können und mein Gnadengeschenk bewilligt. Noblesse oblige!

Heute Vormittag war auch Theo hier; ganz mobil. Die Reise ist ihm gut bekommen und er hört auch wieder viel besser. Die Ohrenbläsereien taugen nie was und in der Heilkunde erst recht nicht.

Mete macht einen Besuch bei der kleinen Conrad, die sich 2 mal legitimirt hat, erst mit einem selbstgezogenen Myrthenbaum und einen Tag darauf mit einem Rosenbouquet. Mein Liebchen, was willst Du noch mehr. Das Ganze wirkt wie eine Darstellung der 24 Stunden von Braut zu Frau.

Das mir gespendete Sopha ist etwas kaklig, sonst aber ganz gut; das alte, mit seinen egyptischen Figuren, sah so verschmustert aus, als wäre Amenophis I. darauf gestorben.

Dir geht es hoffentlich gut. Empfiehl mich. Wie immer Dein
Alter.

Theodor an Emilie Fontane

Berlin 13. Sept. 98.

Meine liebe Frau.

Mete ist mit Fritsch, Annie und – Theo im Grunewald; da habe ich es übernommen statt ihrer zu schreiben. Sie hat sich heut einen hübschen Hut gekauft, der ihr auch kleidet, und will nun darin paradiren. Vorläufig mag es so gehn; aber auf ihre Zukunft hin angesehn, muß sie die Wurst von der andern Seite her anschneiden und nicht ängstlich reformatorisch, sondern kühn revolutionär auftreten. Mit einem *Einzel*stück (*unsre* Kasse läßt nicht mehr zu) ist es nie gethan; ein schönes *Einzel*stück wirkt oft halb verrückt und schadet mehr als es hilft. Wer sich wirklich modisch und zugleich geschmackvoll tragen will, muß immer beflissen sein, ein harmonisches Ganzes herzustellen. Es muß alles zu einander passen und stimmen. Diese Harmonie ist die eigentliche Schönheit und kann mit einer Kattunlode, einem weißen Kragen und einer gef. Schleife besser hergestellt werden, als aus einer confusen Anhäufung von Werthstoffen.

Aber genug von diesem Schneiderthema.

Gestern Abend waren Sternheims von 8½ bis 10 bei uns; lieb und gut wie immer, *sie* in Staat; aber (ich gerathe noch einmal in mein Schneiderthema hinein) doch lange nicht staatsmäßig genug. Wenn ich mir da die Karlsbader Toiletten in's Gedächtniß zurückrufe! So wie man Berlin betritt, ist es mit chic und Elegance vorbei. Die Gesichter, die Stoffe, der Schnitt, die Haltung, – alles ist von einer leidlich ausreichenden *Durchschnittsmäßigkeit*; aber darüber hinaus geht es nicht. Findet sich eine Ausnahme, so bedingt die *Persönlichkeit* diese Ausnahme, nie die Landessitte, der allgemeine Geschmack.

Der einliegende Brief von *Laura* (Martha sagt: schon der zweite) bringt hoffentlich nichts Unangenehmes. Will sie Deine

Fürsprache, Deinen Beistand, so gehe darin bis an's Menschenmögliche. Denn so sehr ich auf »viele andre« schimpfe, so darf ich doch auch sagen, ich habe ein Dankgefühl für die, die einem in schwerer Zeit wohlgesinnt gewesen sind. –

Vormittags beschäftige ich mich immer mit *Friesack* und habe schon eine Menge notiert. Habe ich nur erst den ganzen Stoff zusammen – was allerdings sehr mühsam ist und noch lange dauern wird – so ist das Schreiben ein Vergnügen.

Die Kaiserein Elisabeth muß eine hervorragend gute, kluge und interessante Frau gewesen sein und eine Kreuzträgerin dazu. Solcher *freien* Persönlichkeit an solcher Stelle zu begegnen, ist eine wahre Wonne. Wie immer Dein Alter.

Theodor an Emilie Fontane

Berlin 17. Sept. 98.

Meine liebe Frau.

Mete hat Dir schon geschrieben, aber ich will doch noch ein paar Zeilen folgen lassen. Das Zauberfest erschien mir gelungen und was wichtiger ist, auch die Gäste schienen dieser Ansicht zu sein. Natürlich ist man immer geneigt, auf schmeichelhafte Redensarten einzugehn, aber ich möchte doch beinah annehmen, daß bei uns die Dinge wirklich um ein paar Grade günstiger liegen, als wo anders. Das Materielle (gestern war es gewiß so) wächst meist nicht unbeträchtlich über das hinaus, was einem wo anders geboten wird, weil wir alle drei nach dem Prinzip verfahren »wenn schon, denn schon«, also die Geld- oder Sparungsfrage gar keine Rolle spielen lassen. Durch 5 Mark ersparen wollen, kann man sich ein ganzes Diner ruinieren und der Pferdefuß der Ruppigkeit kommt irgendwo 'raus. Dies alles ist aber nicht die

Hauptsache. Die Hauptsache ist der freie Ton, die Ungenirtheit, die sich jeden Augenblick bis zu Ulk und selbst bis zu Gewagtheiten (bei denen man dann freilich an richtiger Stelle die Grenze ziehn muß) steigern kann. Ganz besonders günstig wirken auch die dürftig kleinen Räume, die aber auch wieder *nicht* dürftig sind, oder wenigstens das Gefühl davon nicht aufkommen lassen. So sorgen sie für Behaglichkeit. Der richtig organisirte Mensch (und gerade bei Prinzen und Grafen findet sich das am häufigsten) pfeift auf 15 Fuß hohe Salons mit tubablasenden Stuckengeln und ist froh eine Stimmung kultiviren zu können, als befände er sich in Schlafrock und Pantoffeln. Die beiden relativ älteren Damen, die Schmidt und die Conrad, benahmen sich musterhaft und waren zu der jungen Frau Oberstleutnant hervorragend nett, was uns natürlich sehr angenehm war. Schlenther sprach wieder sehr reizende Worte, Toast auf Mete und Fritsch, und war für einen Ostpreußen kolossal herzlich und gemüthlich. Ich mußte wieder »kommen Sie, Cohn« vorlesen und weil es mir ganz fremd geworden war, so daß ich ein paarmal festsaß, so wirkte die Sache ganz wie neu, weil mich ein paar Stellen beim Lesen selbst erheiterten. Befrage ich den Gesamteindruck – und als ich heute früh eine halbe Stunde mit Theo, unsrem »Intendanten«, plauderte, wiederholte sich dies – so tritt das triviale Lied, das in unsrer Jugend in jeder Gesellschaft gesungen wurde, wieder vor mich hin. Es hieß in der ersten Hälfte des Liedes refrainmäßig: »ach, könnt ich doch erst Hauptmann sein« und dann in der zweiten Hälfte: »ach, könnt' ich wieder Leutnant sein.« So verläuft jedes Leben. Schlenther, so gut es ihm geht, denkt doch halb sehnsüchtig an die Tage zurück wo wir bei Raehmel beim Frühschoppen saßen. – Grüße; empfiehl mich. Wie immer Dein Alter.

Theodor an Emilie Fontane

Berlin 18. Sept. 98.

Meine liebe Frau.

Mete hat Dir schon geschrieben, aber ich will Dir doch auch noch danken für Deinen liebenswürdigen Brief, der in besonders guter Stimmung geboren schien. Ich soll mich statt um das ewige »Friesack« lieber um Otto Lessing und Koner kümmern und ich habe auch den besten Willen dazu, aber Du vergißt meine 34 Pulsschläge. Wenn ich beim Thee sitze, geht es und wenn ich meine gute Frau Sternheim sehe, geht es noch besser, aber so wie ich aus der Ruhe heraus und in irgendwelche Aktion hinein soll, ist es mit der ganzen Herrlichkeit vorbei. Ich erschrecke vor allem und selbst wo sogenannte Vergnüglichkeiten in Sicht stehn, ist mein Trost: »um 9 ist alles aus.« Nicht im Sinn einer Todessehnsucht, sondern nur in dem tiefen Verlangen nach Ruhe. Freilich spukt das andere darin vor, was auch wohl recht gut ist. Ein so glückliches und bevorzugtes Leben und doch: »was soll der Unsinn?« Dies kann man beinah wörtlich nehmen; in der Politik gewiß und in Religion und Moral ist alles Phrase. Früher statuirte ich Ausnahmen; jetzt kaum noch.

Fritsch holt eben Martha zu einer Fahrt nach Potsdam ab; Gertrud, noch um wenigstens 2 Fingerbreit gewachsen, als dame d'honneur. Sie ist eine der entzückendsten Erscheinungen, die ich in meinem ganzen Leben gesehn habe und könnte in einem Völkermuseum als reiner Typus deutscher Menschenrasse für Geld gezeigt werden. Dagegen verblaßt alles, Jüdinnen nun schon gewiß und auch die romanischen Schönheiten. Desgleichen die Engländerinnen, die – und wenn sie noch so schön sind – reine Kunstprodukte sind, zurechtgemacht. Hier alles Natur, Menschheitsblüthe. Und dabei nicht mal der Evazug, sondern etwas

Himmlisches. Klingt alles lächerlich, ist aber die reine Wahrheit. Wie immer Dein alter

Alter.

Das Allertollste aber ist, daß dieses sublime Menschenbild »Mengel« heißt, ein Name, viel viel schlimmer als Müller. Sie müßte Genoveva v. Stahremberg heißen.

Theodor an Emilie Fontane

Berlin 20. Sept. 98.

Meine liebe Frau.

Dies sind nun also die letzten Zeilen; übermorgen Mittag dürfen wir Dich erwarten. Es freut mich, dass Du dies Zusammensein mit Deiner alten Freundin noch haben konntest. Ganz einverstanden bin ich damit, dass Du auf einen Besuch bei Stegemanns verzichtet hast; so nett beide sind, so wäre es doch zu viel gewesen.

Unsre zweite Gesellschaft verlief ebenfalls zufriedenstellend, weil alle voll guten Willens waren. Dass dieser so oft fehlt, daran scheitern so viele Gesellschaften. Zu den Haupttugenden die Zöllners und wir in alter Zeit vertraten, gehörte diese absolute gesellschaftliche Zuverlässigkeit. Die Meisten machen sich ein Vergnügen draus, wenigstens den einen oder andern zu ärgern.

Mit Metes und meinem Befinden ist es so, so; man arbeitet am Trapez immer weiter und leistet dasselbe wie andre, aber es fehlt – einzelne Momente abgerechnet, wo einen ein Witz oder eine Skandalgeschichte erheitert – die rechte Freudigkeit weil die Kräfte nicht ausreichen. Das prädominierende Gefühl bleibt doch immer: »lägst Du nur erst wieder im Bett.« Bei mir ist dies Gefühl so stark, dass selbst meine berühmte Artigkeit zusammenbricht und ich mir sage: »wird Dir das und das übel genommen, nun, so auch gut.[«] Es ist vielleicht eine kleine Tugend, von dem Urteil der Menschen abhängig zu sein, aber bequemer haben es die Rüpel, denen all so was ganz gleichgiltig ist.

Gestern Mittag war ein russischer Wirklicher Staatsrat über eine Stunde bei mir, Wladimir Gringmuth, Chefredakteur der »Moskowskija Wjedomosti«; er bereist alle Länder und Hauptstädte West-Europas. Sie haben da mehr Geld und die Kleinstietzigkeiten, in denen wir immer noch gross sind, fehlen. – Nach des Russen Besuch, ging ich eine Stunde spazieren und traf Parey; er erzählte mir vom Tode seiner Frau und welchen »goldnen Humor« sie gehabt habe, er sei ganz gebrochen, alles habe jedes Interesse für ihn verloren, auch sein Geschäft, und dabei weinte er beständig. Er sei um sich 'rauszureissen, in England gewesen und habe mit zwei englischen Nichten seiner Frau, eine Reise nach Schottland gemacht. Die jüngere sei heiter und ausgelassen und habe den »goldenen Humor« seiner Frau; die ältere, die jetzt bei ihm sei, sei aber ernster. Ich glaube, er war ganz aufrichtig in seiner Trauer und doch habe ich nie so stark den Eindruck gehabt: »dieser Trauernde wartet das Trauerjahr nicht ab;« eine der beiden Nichten muss es werden. Wohl die mit dem »goldenen Humor« seiner Frau. So geht es. Und die Witwen sind noch flinker als die Witwer! –

Empfiehl mich allerseits aufs herzlichste, besonders Tante Johanna.

Wie immer Dein

Alter.

ANHANG

KOMMENTIERTES VERZEICHNIS HÄUFIG ERWÄHNTER PERSONEN

Alberts, Maurice (gest. 1876), 1848–1867 im diplomatischen Dienst Preußens; seit 1849 an der Gesandtschaft in London, seit 1857 als Kanzleivorstand

alter Wilhelm siehe *Wilhelm I.*

Baeyer, Johann Jacob (1794–1885), Geodät und hoher Offizier im preußischen Generalstab; Begründer und Organisator der internationalen Erdmessung; seit 1826 mit Eugenie Hitzig (1807–1843) verheiratet

Below, Clara von, geb. Müller (1813–1895), Halbschwester von Emilie Fontane; seit 1834 verheiratet mit Oberstleutnant Wilhelm von Below (1801–1876) in Ludwigslust

Berndal, Karl Gustav (1830–1885), Schauspieler; gehörte von 1854 bis zu seinem Tod zum Ensemble des Königlichen Schauspielhauses in Berlin

Beutner, Tuiscon (1816–1882), konservativer Journalist; 1853 bis 1872 Chefredakteur der »Kreuzzeitung«

Bleichroeder, Gerson (1822–1893), Berliner Bankier; galt als der reichste Mann der Stadt; Finanzberater und Bankier Bismarcks; Emilie Fontane war mit ihm bekannt

Blomberg, Hugo Freiherr von (1820–1871), Maler und Schriftsteller

Bormann, Karl (1802–1882), Pädagoge; Provinzialschulrat in Berlin

Brachvogel, Albert Emil (1824–1878), Dramatiker und Romanschriftsteller in Berlin

Chevalier siehe *Zöllner*, Karl

Decker, Rudolf Ludwig von (1804–1877), Verlagsbuchhändler und Druckereibesitzer in Berlin; in seinem Verlag erschienen die drei »Kriegsbücher« Fontanes sowie »Kriegsgefangen« und »Aus den Tagen der Okkupation«

Dominik, Emil (1844–1896), Redakteur, Herausgeber der »Deutschen Illustrirten Zeitung« und Verlagsbuchhändler in Berlin; verlegte 1890/91 die erste Sammelausgabe der Fontane'schen Romane und Erzählungen

Droysen, Johann Gustav (1808–1884), Historiker; seit 1859 Professsor an der Berliner Universität

Eggers, Friedrich (1819–1872), Kunsthistoriker und Publizist; im Freundeskreis wegen seiner stets grellfarbenen Westen viel bespöttelt

Elisabeth (1837–1898), seit 1854 mit Kaiser Franz Joseph I. von Österreich-Ungarn verheiratet; bei einem Attentat von einem italienischen Anarchisten getötet

Elsy siehe *Wangenheim*, Elise

Encke, Fedor (geb. 1851), Maler

Fontane, August (1804–1870), Halbbruder von Fontanes Vater (»Onkel August«)

Fontane, Elise siehe *Weber*, Elise

Fontane, Emilie, geb. Labry (1798–1869), Fontanes Mutter; seit 1819 mit Louis Henri Fontane verheiratet; lebte seit 1850 ohne Scheidung von ihrem Mann getrennt, zunächst in Berlin, dann in Neuruppin

Fontane, Jenny siehe *Sommerfeldt*, Hermann

Fontane, Louis Henri (1796–1867), Fontanes Vater; Apotheker; lebte seit 1850 ohne Scheidung von seiner Frau getrennt, zunächst in Neustadt (Eberswalde), seit 1855 in Schiffmühle bei Freienwalde

Fontane, Max (1826–1860), Apotheker; Bruder Fontanes

Fontane, Philippine, geb. Sohm, meist »Pine« oder »Tante Pinchen« genannt (1810–1882), Schauspielerin; Frau von Fontanes »Onkel August«

Frerichs, Friedrich Theodor von (1819–1885), Mediziner (Internist); seit 1859 Professor in Berlin

Friede siehe *Eggers*, Friedrich

Geibel, Emanuel (1815–1884), Lyriker und Übersetzer

Genée, Rudolf (1824–1914), Lustspieldichter und Kritiker, Theaterhistoriker in Berlin

George siehe *Fontane*, George

Grimm, Ferdinand, Jurist; seit 1866 Obertribunals-Vizepräsident in Berlin

Gussow, Karl (1843–1907), Maler; seit 1875 Professor an der Akademie der Künste; später Leiter einer privaten Malschule, an der auch Fontanes Tochter Martha Unterricht nahm

Hahn, Ludwig (1820–1888), Geheimer Oberregierungsrat im preußischen Innenministerium; zuständig für Presseangelegenheiten

Herrlich, Karl (1822–1903), Erster Sekretär des Johanniterordens; wohnte wie Fontane im Haus Potsdamer Straße 134 c in Berlin

Hertz, Wilhelm (1822–1901), Verleger in Berlin; Inhaber der Besserschen Buchhandlung; verlegte Fontanes Gedichte und die »Wanderungen durch die Mark Brandenburg« sowie »Vor dem Sturm«, »Grete Minde, »Ellernklipp«, »Quitt« und »Unwiederbringlich«; verheiratet mit Fanny Johanna Hertz (1826 bis 1913)

Hesekiel, George (1819–1874), Schriftsteller und Publizist; Romanautor; seit 1848 Redakteur an der »Kreuzzeitung«

Hesekiel, Ludovica (1847–1889), Romanschriftstellerin; Tochter von George Hesekiel

Heyden, August von (1827–1897), Historienmaler; Professor für Kostümkunde an der Akademie der Künste in Berlin; verheiratet mit Josephine von Weigel; lange Jahre hindurch mit Fontane befreundet

Jenny siehe *Sommerfeldt*, Hermann
Johanna siehe *Treutler*, Johanna

Kahle, Richard (1842–1916), erfolgreicher Charakterdarsteller im Ensemble des Königlichen Schauspielhauses in Berlin; seit 1880 mit der Schauspielerin Marie Keßler verheiratet

Keil, Ernst (1816–1878), Publizist und Verlagsbuchhändler; verlegte die »Gartenlaube«

Klein, Adolf (1847–1931), aus Österreich stammender Schauspieler; Mitglied im Ensemble des Königlichen Schauspielhauses in Berlin

Knochenhauer, Laura, geb. Goersch, Frau des Färbereibesitzers August Knochenhauer in Luckenwalde; mit Emilie Fontane weitläufig verwandt

Koblanck, Johann Heinrich Albert (gest. 1877), Mediziner in Berlin; langjähriger Hausarzt der Familie Fontane

Kögel, Rudolf (1829–1896), protestantischer Theologe und Kirchenpolitiker; ab 1863 Hof-, seit 1880 Oberhofprediger in Berlin

Kröner, Adolf (1836–1911), Verlagsbuchhändler in Stuttgart; seit 1889 Besitzer der Cotta'schen Verlagsbuchhandlung

Kugler, Franz (1808–1858), Kunstwissenschaftler, Historiker und Dichter (»An der Saale hellem Strande«)

Kummer, Karl Wilhelm (1785–1855), Hersteller von Globen und Reliefkarten in Berlin; seit 1827 Adoptivvater von Emilie Rouanet; seit 1839 in dritter Ehe mit Bertha Kinne (1807–1870) verheiratet

L. P. siehe *Pietsch,* Ludwig

Lazarus, Moritz (1824–1903), Schriftsteller und Philosoph; Professor der Pschologie und Völkerpsychologie in Bern, später Berlin

Lehnert, Hermann (1808–1871), preußischer Beamter; Unterstaatssekretär im Kultusministerium

Lepel, Bernhard von (1818–1885), preußischer Offizier, Lyriker und Dramatiker; langjähriger Freund und Korrespondenzpartner Fontanes

Liesen, Charles, Wirt in der Pension »Seebad Rüdersdorf« in Rüdersdorf östlich von Berlin, wo sich Fontane im Sommer 1887 zu einem Arbeitsaufenhalt befand

Lischen siehe *Weber,* Elise

Lucae, Richard (1829–1877), Architekt; seit 1862 Professor, seit 1872 Direktor der Bauakademie in Berlin

Ludchen siehe *Hesekiel,* Ludovica

M. G. siehe *Müller-Grote*, Carl

Marlitt, eigentlich Eugenie John (1825–1887), vielgelesene Unterhaltungsschriftstellerin

Mengel, Richard (1852–1910), mecklenburgischer Rittergutsbesitzer; seit 1882 Pächter der Domäne Schwiggerow bei Güstrow; verheiratet mit Lise Witte, der Freundin Martha Fontanes

Menzel, Adolph (1815–1905), als Mitglied des Rütli-Kreises häufig in Kontakt mit den Fontanes; gemeinsamer Kuraufenthalt von Emilie Fontane und Menzels Schwester Emilie Krigar (1823–1907)

Merckel, Wilhelm von (1803–1861), preußischer Jurist und Schriftsteller; Kammergerichtsrat in Berlin; 1850 vorübergehend Leiter des Literarischen Cabinets, dessen Mitarbeiter Fontane wurde; gemeinsam mit seiner Frau Henriette, geb. von Mühler (1811–1889), unterstützte er die Fontane-Familie uneigennützig mit Rat und Tat

Metzel, Ludwig (1815–1895), preußischer Beamter; seit 1853 Leiter der Centralstelle für Preßangelegenheiten in Berlin und in dieser Eigenschaft bis Ende 1858 Fontanes unmittelbarer Vorgesetzter

Müller-Grote, Carl (1833–1905), Verleger in Berlin; brachte 1885 »Unterm Birnbaum« heraus

Noel siehe *Fontane*, Theodor

Pietsch, Ludwig (1824–1911), Journalist und Zeichner; seit 1864 Mitarbeiter der »Vossischen Zeitung« für Kunstkritik, Gesellschafts- und Reiseberichte; mit Fontane gut bekannt

Quehl, Ryno (1821–1864), preußischer Journalist; Leiter der Centralstelle für Preßangelegenheiten in Berlin; Chefredakteur der »Preußischen (Adler-)Zeitung«; lebte später in Kopenhagen

Reil, Johann Christian (1759–1813), Arzt; seit 1787 Professor in Halle, seit 1810 in Berlin

Richter, Gustav (1823–1884), Maler in Berlin; vor allem Porträts der zeitgenössischen Gesellschaft

Ring, Max (1817–1901), Arzt und Schriftsteller in Berlin

Rohr, Mathilde von (1810–1889), adliges Fräulein in Berlin; seit 1869 Stiftsdame in Dobbertin (Mecklenburg); mit Fontane befreundet, der jahrzehntelang mit ihr korrespondierte und ihr zahlreiche Details aus märkischen Familiengeschichten verdankte

Rouanet, aus Toulouse stammende Hugenottenfamilie; Jean Pierre Barthélemy Rouanet (1747–1837), Stadtkämmerer in Beeskow, war der Großvater von Emilie Fontane

Scherenberg, Christian Friedrich (1798–1881), Epiker und Balladendichter in Berlin; 1884 erschien Fontanes Buch über »Christian Friedrich Scherenberg und das literarische Berlin von 1840 bis 1860«

Scherz, Hermann (1818–1888), Rittergutsbesitzer und Ökonomierat in Kränzlin bei Neuruppin; seit der gemeinsamen Schulzeit mit Fontane befreundet

Schmidt, Julian (1818–1886), Literarhistoriker und Publizist in Berlin

Schönlein, Johann Lukas (1793–1864), Professor für Medizin in Berlin; Leibarzt König Friedrich Wilhelms III.

Sommerfeldt, Hermann (1820–1902), Apotheker; übernahm nach dem Verkauf der Letschiner Apotheke 1864 die Luisenstädtische Apotheke in der Köpenicker Straße in Berlin; seit 1850 mit Fontanes Schwester Jenny (1823–1904) verheiratet

Stockhausen, Julius (1826–1906), Konzertsänger, Dirigent und Musikpädagoge in Hamburg, Berlin und (ab 1878) in Frankfurt am Main; verheiratet mit Clara Toberentz (1842–1908), mit den Fontanes freundschaftlich verbunden

Tieck, Johann Ludwig (1773–1853), Dichter der Romantik; lebte in Dresden

Treitschke, Heinrich von (1834–1896), Historiker und politischer Schriftsteller; seit 1874 in Berlin

Treutler, Georg Friedrich Rudolf (1820–1891), Kommerzienrat in Neuhof bei Liegnitz; Besitzer eines einträglichen Zuckerrübengutes; mit Johanna Mattersdorf (1826–1899) verheiratet, die seit den vierziger Jahren mit Emilie Fontane befreundet war und der sie zahlreiche Sommeraufenthalte ermöglichte

Triepcke, Thérèse, geb. Rouanet, verw. Müller (1790–1867), Mutter von Emilie Fontane; seit 1842 in zweiter Ehe mit Oberförster Karl Gottlob Triepcke (1777–1856) in Liegnitz verheiratet

Wangenheim, Karl Hermann Freiherr von (1807–1890), preußischer Oberregierungsrat; verheiratet mit Marie, geb. Freiin Aickner von Heppenstein (1814–1891); Fontane hatte 1853 bis 1855 die Zwillingstöchter der Familie, Ida und Elise, unterrichtet; Wangenheims gehörten zum engeren Freundeskreis der Fontanes

Weber, Elise (1838–1923), jüngste Schwester Fontanes (»Lischen«); seit 1875 mit dem Kaufmann Hermann Weber verheiratet

Wen(t)zel, Rudolph (1807–1869), preußischer Journalist; 1855/56 Mitarbeiter Fontanes an der »Deutsch-Englischen Korrespondenz« in London

Wilms, Friedrich Robert (1824–1880), Mediziner; seit 1848 als Chirurg am Diakonissenkrankenhaus Bethanien in Berlin, von daher mit Fontane bekannt

Windel, Karl Friedrich Adam (1840–1890), protestantischer Theologe; von 1879 bis 1890 Hofprediger an der Friedenskirche in Potsdam

Witte, Friedrich (1829–1893), Apotheker; 1845–1849 Lehrling bei Julius Eduard Schacht in der Polnischen Apotheke in Berlin, wo er sich mit Fontane anfreundete; ging 1853 nach Rostock und gründete dort eine pharmazeutische Fabrik; später auch Reichstagsabgeordneter

Wolff, Julius (1834–1910), Autor vielgelesener Romane und Versepen in Berlin

Zabel, Eugen (1851–1924), Theaterkritiker der »National-Zeitung« in Berlin

Ziegler, Clara (1844–1909), Schauspielerin in München; weithin bekannt durch ihre Gastspiele

Zöllner, Karl (1821–1897), Jurist; Gerichtsrat am Berliner Stadtgericht; 1876 Nachfolger Fontanes als Erster Sekretär an der Akademie der Künste in Berlin; verheiratet mit Emilie Timm (1828–1924); die Zöllners waren jahrzehntelang mit den Fontanes befreundet

ZU DIESER AUSGABE

Dieser Auswahl liegt die erste Sammlung aller derzeit erhaltenen Briefe zugrunde, die Theodor und Emilie Fontane zwischen 1844 und 1898 gewechselt haben. Die Edition erschien 1998 zum 100. Todestag des Dichters als eigenständige Abteilung der Großen Brandenburger Ausgabe; sie wurde, unter Mitarbeit von Therese Erler, von Gotthard Erler herausgegeben (3 Bände, Aufbau-Verlag Berlin). Mit 750 Briefen (180 von Emilie, 570 von Theodor) ist es der umfangreichste überlieferte Brief*wechsel* des Dichters.

Der vorliegende Band erzählt in 123 von leidenschaftlichen Epistolographen geschriebenen Briefen die spannungsvolle Geschichte dieser Schriftsteller-Ehe, die über alle Krisen und Kräche, alle wirtschaftlichen Nöte in der Küche und künstlerischen Problemen am Schreibtisch hinweg ein halbes Jahrhundert stabil bleibt und einen wenig bekannten Ehemann Fontane und eine lange verkannte starke Frau an seiner Seite zeigt. 32 Briefe sind von Emilie, 91 von Theodor Fontane geschrieben. Diese »Ehe in Briefen« ist ein Hohelied über die Rätsel menschlicher Zuneigung und gewährt ungewohnte Einblicke in Leben und Werk eines noch immer populären Dichters aus dem 19. Jahrhundert.

Die Texte werden, wie in der dreibändigen Ausgabe, buchstaben- und zeichengetreu nach den Originalen wiedergegeben. Dank der freundlich-großzügigen Zustimmung des Theodor-Fontane-Archivs Potsdam können die späten Briefe Fontanes an Emilie (vom 21./22. und 23./24. August 1891 sowie 11., 12., 13. und 17. September 1898) erstmals ebenfalls nach den Handschriften abgedruckt werden; sie waren erst nach dem Erscheinen der großen Ausgabe (die sich seinerzeit mit Kopien begnügen musste) wieder aufgetaucht und wurden vom Archiv erworben. Dazu gehört auch Fontanes Brief vom 28. Juni 1889, den Christine Hehle und Hanna Delf von Wolzogen anlässlich des 80. Geburtstages des Herausgebers zum ersten Mal veröffentlicht haben (»Fontane Blätter« 95/2013). Der Text erscheint hier erstmals in einer Buchedition.

Ein alphabetisches Verzeichnis ausgewählter Personen soll durch knappe biographische Informationen Textzusammenhänge verstehen helfen. Auf eine umfassende Kommentierung wurde verzichtet; Leser, die sich genauer und speziell informieren wollen, seien auf den umfangreichen Anmerkungsapparat der dreibändigen Ausgabe verwiesen.

Für konstruktive und angenehme Zusammenarbeit danke ich meiner Lektorin Nele Holdack.

G. E.

BILDNACHWEIS

Archiv Aufbau Verlag   3, 4, 6
Christa Klünner, Berlin   9
Landesgeschichtliche Vereinigung für die Mark Brandenburg, Archiv   10
Privatbesitz   1 (Foto: Jürgen Strauss)
Schiller-Nationalmuseum / Deutsches Literaturarchiv, Marbach a. N.   2
Theodor Fontane. Heiteres Darüberstehen. Familienbriefe. Neue Folge. Hrsg. von Friedrich Fontane. Mit 8 Bildnissen und einem Handschriftenfaksimile. Berlin 1937   5
Theodor-Fontane-Archiv, Potsdam   7 (Signatur AI 158), 8 (Signatur B 316, Bl. 2 v.)

INHALT

I
Endlich verheiratet, aber schon wieder getrennt:
Ein Sommer in London und Liegnitz (1852)
5

II
Der »kleine Engländer«:
Fontane als Hobby-Gynäkolog (1856)
33

III
Familienzusammenführung und vergleichsweise
friedliche Tage in Camden Town, St Augustine Road
(1857)
61

IV
Das Psychogramm einer Ehe in einem
heiteren Sommerbriefwechsel (1862)
81

V
»Unterwegs und wieder daheim«:
Reisen in Mitteleuropa (1863–1869)
101

VI

Ein Jahr und zwei Katastrophen:
Ehekrach und Kriegserfahrung (1870)
133

VII

»Es wird uns eine Sehnsucht im Herzen bleiben«:
Reisen nach Italien (1874/75)
173

VIII

»Mir ist die Freiheit Nachtigall, den andern Leuten das Gehalt«:
Start der Erzähler-Karriere (1876–1878)
191

IX

Der »kleine Romanschriftsteller-Laden« in der Potsdamer Straße:
Von »Vor dem Sturm« bis zum »Stechlin« (1879–1889)
229

X

Resignation und die Gewissheit:
»Um neun ist alles aus« (1891–1898)
283

ANHANG

Kommentiertes Verzeichnis häufig erwähnter Personen   307
Zu dieser Ausgabe   316
Bildnachweis   318